晚清驻华外交官传记丛书
丛书主编　周振鹤

山茂召少校日记及其生平

美国第一任驻广州领事

[美] 乔赛亚·昆西 Josiah Quincy／编著

褚艳红／译

广西师范大学出版社
·桂林·

SHANMAOZHAO SHAOXIAO RIJI JIQI SHENGPING

图书在版编目（CIP）数据

山茂召少校日记及其生平：美国第一任驻广州领事 /（美）昆西编著；褚艳红译. —桂林：广西师范大学出版社，2015.6
（晚清驻华外交官传记丛书 / 周振鹤主编）
ISBN 978-7-5495-6889-5

Ⅰ. ①山…　Ⅱ. ①昆…②褚…　Ⅲ. ①山茂召，S.（1754~1794）－日记②山茂召，S.（1754~1794）－传记　Ⅳ. ①K837.127=4

中国版本图书馆 CIP 数据核字（2015）第 126678 号

广西师范大学出版社出版发行

（广西桂林市中华路 22 号　邮政编码：541001）
（网址：http://www.bbtpress.com）

出版人：何林夏
全国新华书店经销
湛江南华印务有限公司印刷
（广东省湛江市霞山区绿塘路 61 号　邮政编码：524002）
开本：880 mm × 1 240 mm　1/32
印张：10.125　　字数：230 千字
2015 年 6 月第 1 版　　2015 年 6 月第 1 次印刷
定价：49.00 元

如发现印装质量问题，影响阅读，请与印刷厂联系调换。

《晚清驻华外交官传记丛书》序

周振鹤

中国自晚明到晚清,大致完成了从"中国的世界"到"世界的中国"的观念的转变。晚明以前,中国就是世界,世界就是中国。表示世界观念的是"天下"这个概念,中国人心目中的世界就是中国加上四夷的天下。这样思考问题似乎是有其合理原因的,自先秦到晚明,中国就一直都被视为天下的中心,在陆上有参天可汗之道,从海上则是万国梯航来朝。中国文化的影响既深且远,按照晚明人的算法,受到中国文化影响的周边国家至少有五十多个,所谓"声教广被,无远弗界"是也。在这种情况下,中国与其周围的国家之间并不存在平等外交的意识,有的只是藩属朝贡的概念。但16世纪末,情况开始有了变化。欧洲天主教耶稣会士来到中国,带来了先进的世界地图。一些中国知识分子注意到,声教所被的周边国家与中国合在一起,也只不过占世界的五分之一而已,还有更多的国家处在"化外之地"里。原来中国只不过是万国之一的知识开始出现,也就是说,在少数人中间,世界的概念已经开始代替了天下的意识。

但值得注意的是,在晚明这还只是部分知识分子的觉悟而已。对于大部分人来说,他们并不知道有世界地图这回事,而对于统治者而言,则是不愿意正视这一事实。其实清朝前期天主教传教士在宫廷中绘制过几种世界地图,但这并没有动摇皇帝的天下意识。1793年来华的英国马戛尔尼使团要求的是平等而不是朝贡式的外贸关系,但装载使团进献给皇帝的礼物的车子上,依然被插上了写有进贡字样的旗子。乾隆皇帝不但认为天朝大国无所不有,毋庸与远在九万里之外的蕞尔小夷互通有无,而且仍以天下共主的意识,要求使团人员行不平等的三跪九叩礼。乾隆是看过世界地图的,但心理上依然不放弃"中国的世界"的观念。但不过半个世纪,他的孙辈就不得不面对从"中国的世界"到"世界的中国"的痛苦的、真正的转变。列强要求中国建立近代化的外交制度,而不是将他们当朝贡国看待。他们要求在京派驻外交官,以平等礼节觐见皇帝,也就是建立近代化的外交关系。但是很不幸,这些要求都是在中国被西方列强打败的情况下提出来的,所以中西及后来中日的外交关系,从一开始就处于不平等的状态。对于这一时期的外交史的研究,自然是晚清史的重要组成部分,而作为外交史舞台上主要演员的外交官又当然是外交史的重要研究对象,但我们不得不承认,晚清外交史的研究还相当薄弱,而其中对驻华外交官的研究更几乎是一个空白的领域。

正当传教士研究近些年来已经进入我们的视野中时,我们对最早来华的三类洋人之中的外交官与商人实际上并没有开展多少深入的研究,尤其是在个案方面。例如,19世纪后期先后担任过驻华与驻日外交官的巴夏礼,其传记的下半部写的是驻日生涯,在日本早就被翻译了出来。而在中国可以说很少有人知道这部传记的存在,更不知道其上半部主要写的是巴夏礼的在华经历。《晚清驻华外交官传记丛书》的目的就是想对晚清外交史的研究贡献一些基本的文献资料。法国史学家朗格鲁瓦(C. V. Langlois)和塞格诺博(Charles Seignobos)说过:"历史学家与文献一道工作……不存在文献的替代物:没有文献就没有历史。"这套丛书就是从这一宗旨出发而提供给读者的一批基本文献,让读者看到晚清的外交史的部分图景。当然,传记并非原始资料,而是传记作者的研究成果。但是在不掌握第一手资料的一般读者看来,它仍然可以作为研究传主生平的津梁,只要我们在阅读的时候不被其结论所制约,而只着重其对事实的铺陈。当然事实也可以粉饰,更可以歪曲,但如果我们能不止于阅读一种传记,而是在阅读传记的同时参考更多的历史资料,粉饰与歪曲是可以被我们看穿的。这就是鲁迅所说的比较的阅读法。因此,这样的文献是必须进行批判性的阅读才能起到真正的作用的,这一点相信任何读者都是心中有数的。

历史作为消逝了的过去,并不是今天人们直接面对的事实,它只能在人们的重新认识与诠释中再现,所以历史本体自身必然带有诠释性,本体意义上的历史事实不可能完全重现——这当然指的主要是人类史而不是自然史,人们几乎无法原封不动地将其复原。如果说历史上的典章制度的复原还有一定的客观性的话,对于人物生平活动的复原就更多地带有历史编纂家的主观意识。因此,通常我们所了解的历史事实,只能是经过历史认识主体重新建构的历史。也因此,我们并不担心这套丛书原作者所构筑的历史就会直接成为读者心中的历史,而相信读者心中的历史必定是远比传主所复原的更加完善的历史。

因此,收入本丛书中的传记对传主的某些不合适的赞许——这恐怕是所有传记作者写作的基本目的,并不代表此丛书策划者以及译者的观点,更不是策划者有意的导向,我想,在这个读者有独立阅读与判断水平的年代,如果以为策划者与译者有导向的能力,那会是对读者的一种不敬。这套传记的出版除了给读者提供一种文献的来源以外,还希望读者借着这一文献进而检索该传记所依据的更为原始的史料,同时还发现其他的史料作为补充或者修正,以彻底了解历史的本来面目。举例而言,本丛书中的美国外交官伯驾传,除了这本传记外,在中国人的记述里,还有其他的资料,这里仅举两条以资对照。道光二十七年(1847)的一件《粤东全省商民直白》中有这么几句话:"咪利坚美士伯架,设立医馆,赠医送药,普济贫民,而中华士庶,无不赞羡其德。"这是指的他当传教士医生时的事。而在前一年的《广东全省绅耆士庶军民人等声明》则说:"该国现有医生伯驾,向习外科医眼等症,并无别术声名,不识民情事势,不过在粤业医数年,稍晓广东土话数句而已。兹因该国公使不在,暂令其摄理印信,辄敢窃权持势,狐假虎威,随处生波,骚扰居民,始则骗租晓珠、下九、长乐各铺,继则图佔靖远、荳栏、联兴等街,又强租硬佔潘姓行宇。我等初犹以为彼建讲堂医馆公事起见,讵料假公济私,营谋己宅,至乖条背约,欺蒙陷良,贪得无厌,廉耻罔顾。今又骗租南关曾姓房屋,至今舆情不协,街众弗容。伊乃胆敢砌词,混耸大宪,辄称条挟制,诬告我父母官长,种种不堪,殊堪发指。"这两条都是当时绅民对伯驾的认识,此外中国官员对伯驾也另有评论,这里不烦具引。所有这些记述,我们都可以作为重建历史的文献使用,至于对所有文献的理解能力,我们与读者是处于同一个水平之上的。

外交官天然地代表着派出国的利益,这是毋庸置疑的。但在晚清时期列强的外交官远不止是这一利益的代表,而是带有明显的殖民主义与帝国主义特征,这是人所共知的事实。我们过去在批评传教士的时候,往往用上"伪善"这个词,那无异于说,有些传教士表面上看来至少是善良的。但是外交官则不然,他们差不多连伪善的面目也不存在,善者不来,来者不善,他们有许多是明火执仗登堂入室的强盗。但有这点共识,并不意味着我们不需要从个体上对他们进行研究。如果说传教士至少在客观上对中外文化交流起了重要作用的话,那么外交官所起的作用与影响又是如何呢?即使我们在传记作者那里所看到的只是对传主的一味颂扬,但从他们对传主一生的叙述,我们依然可以明显看出"弱国无外交"的残酷现实。上面提到的英国驻华外交官巴夏礼可以说是一名典型的帝国主义分子,但他对中国的深刻了解,却使之将"强权即是公理"的手段运用得十分纯熟。事实上,晚清到中国的许多外交官对中国都有一定程度的了解,有的甚至了解得极为深刻,这一点早在晚清就被认识到了。冯桂芬在《校邠庐抗议》里就说道:"通市二十年来,彼酋之习我语言文字者甚多,其尤者能读我经史,于我朝章、吏治、舆地、民情类能言之。而我都护以下之于彼国则懵然无所知。相形之下,能无愧乎?"在这种情况下,我们难道不需要多知道一些驻华外交官一生的经历以理解他们在中国的所作所为吗?毫无疑问,传记作者的偏见以及对传主的喜爱或崇拜,必定会使他们在写作传记时有意无意地夸大或缩小,甚至掩盖某些事实真相。但上面已经提到,历史并不是只靠唯一的史料来塑造的,读者必定会搜寻相关史料来对传记内容进行批判性的阅读,以提高自己的鉴别能力,这是毋庸置疑的。

从另一方面看，这些在政治经济方面与中国发生直接关系的外交官，是不是有些在客观上对中外文化交流起了重要的作用呢？答案是肯定的。如英国驻华公使威妥玛（此人也是一个不折不扣的帝国主义分子）就对外国人的汉语学习贡献颇大，他编的汉语课本，他提倡的学习北京官话的做法，甚至对中国标准官话从南到北的转向起了重要的促进作用，而他设计的汉字罗马拼音系统一直到现在还在使用，他本人后来则成了剑桥大学第一任汉学教授。又，英国驻宁波的第一任领事罗伯聃，也对中英语言接触有重要贡献，他将伊索寓言翻译成中文，并且将寓言的内容改成中国人易于接受的形式，又编纂有英语教科书《华英通用杂话》，成为后来中国人自己编写英语教科书的范本。再如英国驻华使馆的外交官翟理斯，编纂了一部卷帙浩繁的汉英词典，至今依然在语言接触史上有其参考价值，他又改进了威妥玛的拼音体系，使之更为完善。后来他继威妥玛成了剑桥大学的汉学教授，对在西洋传播中国文化起了重要的作用。

因此无论从哪一方面来看，列强驻华外交官多数在晚清都起着形形色色的重要影响，而由于种种原因这种影响至今并没有完全理清楚。我们要理解晚清以来的全部历史，就不能不把所有与这段历史有关的人物都作一番彻底的清理。传教士是一部分人，外交官又是一部分，如果我们对这些人没有比较透彻的了解，我们又如何全面深刻地认识晚清的历史呢？不管我们愿意不愿意，不管挨打的原因是不是落后，晚清的历史已经与世界的历史紧密地联系在一起了。因此认识构建完整的晚清史，就少不了与中国发生密切关系的外来的各色人等。尤其在中国史学家尚未对来华各种人士作出深入研究时，作为重要参考读物的西方人士所撰写的外交官传记肯定是不可或缺的参考物。

附带要说明的是,还在中国与西方列强建交以前,在中国的港口就驻有一些领事,处理各有关国家与中国的商务往来。这与世界上的通行情况一致,即领事制度远早于外交活动。我们亦将这些领事列入外交官系列,事实上,有些领事后来也成了正式的外交官。而在中外正式建交以后,中国各地所有的领事馆自然从属于外交机构,领事也自然是外交官的组成部分了。

序　言

接下来讲述的传记主人公曾在美国独立战争时期服役并获诸多荣誉，他在战后1786年受美国国会任命，担任美国驻广州首任领事；并在1790年由华盛顿总统再次任命担任此职。他在那个城市驻留数年，并在相当长的时期参与了在中国与印度海岸的直接贸易。美国对中国和印度地区的贸易成为他研究的主题。他于1794年逝世，留下了珍贵的手稿和自美国至广州的第一次和其他早期航海途中的日志。它们揭开了我国在那时与那些遥远的民族之间贸易关系的神秘面纱，而且饶有趣味；并且，尽管长达半个世纪的中美交流在日记写完之后受到了干扰，然而毫无疑问，中国人的习性和政策具有稳定性，这些日记保留的大量令人称奇、现在仍耳熟能详的信息即使在今天仍然是非常有用和引人入胜的。

山茂召少校去世后，日记由他在波士顿的侄子和法定代理人罗伯特·古尔德·肖（Robert Gould Shaw）保存。经常有出版社请求出版这些日记，至今为止一直遭到婉拒。日记现在的持有者不知道这些起初并非为出版而写作的日记能否妥当地交给公众。然而，因朋友的恳求和那些熟知并长久参与中国贸易的商人们的保证,他现在已经让步了。日记的出版不仅有实际用处,还因其是出于作者的亲身回忆,而加深了人们对他的尊敬,并让公众获知美国这一贸易分支的初期状况,也让公众对历史的求知欲得到了满足。考虑到出版资金,肖先生把本书版权转交给波士顿航海协会(Boston Marine Society),由该协会资助出版,他希望书的收益将得到合理利用,并且应用于该书的推广。

如果说日记中记载的商业信息是为了满足猎奇心理,那么山茂召少校对军旅生活的讲述则包含着更深的感情,其传记主要由他写给最亲近的亲戚和亲密朋友的书信组成,从1775年12月在坎布里奇(Cambridge)开始服役起,直到1784年1月在西点(West Point)军队解散为止,描述了美国革命中几乎每一次重要事件。他的信件在胜利或挫败的时刻写就,有时他处于贫困和物资缺乏的窘境,然而就是这些信件展现出了作者的品质,同样也感情充沛地展示了我们的独立革命中他所在的士兵阶层的原则、动机和精神:在战斗的开始充满了爱国的热情,这种热情一直持续到战争结束——未被艰难和险阻所吓倒,也不因苦难和委屈而动摇。正是这些士兵,而不是其他军中的人士,是华盛顿的军队所依仗的力量。然而就是他们的独特历史却很少有记载。他们力量强大,却谦卑无声。他们没想到要把自己在军中服役的故事讲给子孙后代听。因此,这些包含在山茂召少校私人信件里的秘密故事不能不让美国公众觉醒,唤起他们对前辈的喜爱、尊敬和感激之情。

受这些日记的所有者叮嘱,我要根据日记来筹备作者的一部传记,我承担这一任务没有其他动机,只是想让一位终生都受到亲戚朋友尊敬和爱戴的人的记忆永留史册。

我为自己在少年时期有幸结识山茂召,并与他通信往来而深感高兴；时光飞逝，不知不觉50多年已经过去了，我可以诚实地说，在长长的一生里，我从未见过这样的人：他严肃而有气魄、严于律己，又满怀荣誉感，集绅士、军人、学者和教士的品质于一身。

乔赛亚·昆西
1847年4月于波士顿

目　录

传　记

第一章　他的出生、出身和教育 ………………………… 002
　　　　参军任炮兵中尉——坎布里奇、多切斯特高地的事变——美军向纽约的进军——对该市的评论，和与帕特南将军的谈话——率领英军的豪将军的到来，以及随后的事件

第二章　塔潘湾勇袭英舰 ………………………… 015
　　　　美军撤出纽约——受阻于海峡——托马斯·亨利之死——怀特平原战役前后与敌军的小交锋——对民兵行为的义愤——英军俘获华盛顿堡——对普林斯顿战役的报道

第三章　泽西发生的战争事件 ………………………… 027
　　　　布兰迪万之战——英军占领费城——日耳曼敦战役——宾夕法尼亚叛乱

第四章　对华盛顿的颂词 ………………………… 039
　　　　蒙茅斯之战——李将军被捕——他的品格——人和时代的图景——李将军和劳伦斯上校的斗争——货币贬值的影响

第五章　英军劫掠康涅狄格州 ………………………… 053
　　　　韦恩将军率军攻克石点——亨利·李少校率军攻击保卢斯胡克

的计划——少校因渎职被捕——审判——辩护和光荣地宣告无罪

第六章　英军袭击泽西 ········· 064
阿诺德的叛国——交换俘虏时的困难——南方部赋予格林将军的指挥权——他的品格和声望

第七章　宾夕法尼亚战线的叛乱 ········· 075
罗尚博率领下的法军——考彭斯附近的战役——新泽西战线的叛乱——美军副官的装备——各州给军队带来的负担以及士兵面对的不公正待遇——莫迪·普拉西斯爵士

第八章　美军中的不满情绪 ········· 089
军官代表向国会请愿——事情的进展——纽堡的匿名请愿——为对抗其影响而采取的措施——华盛顿的伟大举动——被迫害之亡灵向着受到谴责的托利党显现

第九章　正式宣布停止对美军的战争 ········· 097
华盛顿和诺克斯颁给山茂召少校服役和功勋奖章——他参与首次美国对华贸易——归国并被任命为美国驻广州首任领事——第二次赴中华帝国——驻留中国——顺访孟加拉与返美

第十章　第三次到广州 ········· 104
巴达维亚禁止与美通商——他对这一禁令的控诉——兄弟纳撒尼尔去世——返回纽约——为诺克斯将军辩护——他的婚姻——顺访孟买——归途中病逝——有关他生平与品格的评论

航海日记

第一次赴广州航行记 ········· 116
第二次赴广州航行记 ········· 176

孟加拉之行 ·· 205
返粤及归航 ·· 229

附　录

附录 A ·· 258
附录 B ·· 262
附录 C ·· 272
附录 D ·· 276
附录 E ·· 277
附录 F ·· 279

参考书目 ·· 281
译名对照表 ·· 282
译后记 ·· 302

传 记

第一章　他的出生、出身和教育

参军任炮兵中尉——坎布里奇、多切斯特高地的事变——美军向纽约的进军——对该市的评论,和与帕特南将军的谈话——率领英军的豪将军的到来,以及随后的事件

1754年10月2日,山茂召出生于马萨诸塞州波士顿市(Massachusetts, Boston)。他是弗朗西斯(Francis)和玛丽·肖(Mary Shaw)的第三子。他的父亲是一位业务广泛的商人,以聪明进取著称,在山茂召幼时就把他送进一所当地的普通学校,学龄后又送其进入一所拉丁学校。山茂召在当时拜著名的詹姆斯·洛弗尔(James Lovell)先生为师。据说在那里取得的进步显示出他异常敏捷的思维;山茂召的拉丁文知识使他此后都熟谙那些最受人欢迎和敬仰的拉丁诗人和史学家的著作,他在军营和去中国、印度地区航行途中的闲暇时,经常引用他们所作文章的段落;从经典著作中选取的这些引文在当时不仅被认为是学究式的,而且被认为是一个受过良好教育、聪明智慧的人很自然的表现。

也许注定要从事商业,山茂召不久就离开学校,来到会计室,

当时代的政治局势给他的思想和命运带来不可预料的暗示时,他还在这里勤勉工作着。

构成现在美利坚合众国的诸不列颠殖民地对母国持续了一个半世纪的友好与依恋之情伴随着1775年4月19日的列克星敦(Lexington)的战役而终结。大陆军在波士顿附近集结,随后在6月17日发生了邦克山(Bunker's Hill)之战,使得双方不可避免的敌对状态变得明显,军方决定开始着手准备战争。对美国来说,当成年人迈着谨慎而坚定的步伐迎接危难时,热血沸腾的青年小伙也抛开畏惧,并在爱国精神的指引下,以坚定英勇的热忱响应战争,起而反抗。

当这些发生时,这篇传记的主人公还没长大。然而,发生的事件早已坚定了他对祖国解放事业的原则和热情。他居住的波士顿北部,也活跃着一批热情地将身心都献给美国革命初期运动的人。

英国运来军队以使北美殖民地敬畏并屈服,波士顿大街小巷的游行使得激动与愤怒的示威声浪日益高涨;这使事态的发展更难控制,也更无缓解的可能。波士顿那时被英国人视为驻防地,军官就在当地的居民家宿营。弗朗西斯·肖的房子就被安排给皮特凯恩少校(Major Pitcairn)和雷格中尉(Lieutenant Wragg)做营房。中尉有一次当着山茂召的面在桌前斥责美国人是"懦夫和叛徒",山茂召听后立即对他的侮辱表示不满并向中尉挑战。正当双方准备决斗时,皮特凯恩少校意识到一个事实,他已经用势力和权威干涉到别人了。在中尉为他的冒犯道歉并被肖先生接受后,这件事才不了了之。

1775年10月2日,山茂召成年后,父亲很快同意他参军,山茂召随后去往坎布里奇,在华盛顿麾下开始了军营生涯。从这时开始,他保持了与父亲、兄弟和故友约翰·艾略特(John Eliot)的通信往来,他的信件成为现存了解他在军营生活中经历事件所留下的唯一证据。对这些信件的摘录将构成以下叙述的主要基础。与亲友的通信抚慰了他的灵魂、减轻了他的痛苦,也表现出他高尚的品德。通信中山茂召在整个革命时期作为参与者和见证者而重现了独立战争的历史画面,这不会不引起公众更广泛的兴趣。

山茂召向华盛顿将军请求出任一队的炮兵中尉。正当这一请求被纳入总司令的考虑范围之时,他写信给父亲(1775年12月1日):

取得委任状一事在于将军,我觉得今天就会有结果了。梅森(Mason)和博贝克(Burbeck)两位上校对我很友好,并把我引荐给愿意接受我的福斯特(Foster)上尉。昨天我已被他任命为中尉,并返回将军那里。我不知以后怎样;但只要福斯特阁下不给我记过让我蒙羞,我就万分感激了。

在同一封信中,他还表达了因曼利(Manly)上尉指挥的大陆巡洋舰俘获一英军军舰而无比高兴的心情:

这次事件值得庆贺,真是个好兆头。盖特(Gate)将军,博贝克上校以及这里的所有军官都认为,如果军营物品的库存都被运往英国,就不会执行得如此彻底了。她(指被俘英舰)被我方精锐探险队卸载,避免了敌军会获得其在奥恩角(Cape Ann)的情报并进行营救的企图。真希望能在坎布里奇看到她的一些储备物资。

从他的下一封信中可以明显地看出,华盛顿早已对有关任职一事表现出慎重挑选的意思，尽管动荡不稳的美军军中危机迫在眉睫，军队中也采取了明显的抚慰政策。

"我住在坎布里奇的一个房间，"他又写道（1775年12月28日给父亲的信），"因为上尉认为在委任生效之前我就住进军营不太可取。这个建议来自和他熟悉的两位官员，这里就不提他们的名字了。上尉认为他们会对我在其任期终止之前就到来产生反感。下周一我就可以到营中，并加入连队了。"

在他所属的军团去往多切斯特高地（Dorchester Heights）之前，山茂召接下来的信件都来自查尔斯敦（Charleston）的普罗斯佩克特山（Prospect Hill）。从这些信中可以看出，波士顿围城战中的诸多平常微小的事件在像他这样的人的心灵中却是那么重要。他对每件事都表现出极大的热情，这也见证了美国军队的活力和精神。1776年1月1日，他又写道：

我的服役从今天开始了。我即将奔赴宿营地并加入到军队中……上周由沙利文（Sullivan）将军指导的、志愿兵组成的陆军的两个师从科布尔山（Cobble Hill）和温特山（Winter Hill）发动袭击，以摧毁查尔斯敦残留的军营。士兵们激烈地开火，缴获了没有任何防备的敌军的两颗步枪子弹。但士兵因前方海峡的水结冰结得不够厚而被迫返回。据说还会再次袭击此地，但我猜想不会很快发动，因为原来军队的很多士兵因服役期满回家或即将回家。但是，一旦新的军队组建，我相信不止会在那儿发动一次偷袭，而且还会在波士顿再发动一次……向你们和我们所有的好朋友致以最美好的祝福。即将到来的新年应该会过得很快乐，也让我们无比雀跃。向亲爱的父母致敬,你们最忠诚的儿子。

他又写道(1776年2月14日):

对查尔斯敦的偷袭非常成功,烧了10所房子。这次偷袭是在非常机密的情况下进行的,在火光冒出之前,除参与的士兵外无一人知晓该次行动。逮捕的战犯有一个是女人,似乎有些疲惫,帕特南将军命令由两个士兵带她前进;但这样好像有些不方便,将军就用他那惯常的亲切语气大声说,"我背她走";她就把手环在他腰间,说了些感谢的话——"上帝保佑你,敬爱的将军!祝您万寿无疆!"①

我们在军营里的生活受到了限制。军官们没有司令的许可,甚至不被允许去坎布里奇,我们要做的就是忠于职守。拂晓时分,当我们还在睡梦中时,鼓响起了。我们在日出时开始前进并祈祷。我们一天操练两次,每四天换一人戍守。对于应不应进攻波士顿,有着不同的观点。我认为这个问题很难回答。然而,如果认为这样做是权宜之计,我希望我们的军队必须准备足够多的应对措施以保证进攻的胜利。如果我一定要去的话,我相信这是我对祖国、父母和自己应该贡献和付出的,我应该在战争中表现出恰当的举止。

昨晚我们在科布尔山的士兵和查尔斯敦的正规军之间发生了一次争吵,14名士兵去了磨坊坝,并把磨坊的木板扯下来带走了。受此鼓励,士兵们再次前去,想把剩下的东西烧掉。有警觉的正规

---

① 华盛顿对同一件事的描述可参见 Sparks, *Writings of Washington*, Vol.III., p.241。

军早已布置了5个岗哨，他们向我们的人开火，但没造成伤亡。我们迅速回击开火，如果不是来自一个排炮组的英国人放射的葡萄弹，我们本来就能把岗哨拿下了，不过这也迫使他们停止还击。

这段时期，山茂召囊中羞涩以致无法购买所需物品，这在信中也表达得一览无余。

非常感谢您寄给我的8英镑。我花钱必须非常审慎，希望不用给你们多添麻烦；尽管我必须节衣缩食，但是部队里的军官必须保持好的形象——每人都要给自己准备一套制服，一把剑和一顶镶花边的帽子。

在普罗斯佩克特山写的最后一封信（1776年2月24日）中，山茂召表达了对收到父亲又寄来的4英镑汇款的感谢，并表示，希望以后不用再让家里寄钱，因为他估计很快就能拿到薪水了，与此同时，他能得到所需生活用品的贷款。他说道，"从这以后，只需稍加装扮就可以让我保持文质彬彬"。就像在其他信中所表达的那样，他又一次述说了对几位家人和特定朋友的想念之情。他心中的感情通过问题的方式显露出来——"什么时候，我们大家才能都坐在家中，一起吃晚餐呢？可能很快，可能永远也不会有了。但我们别灰心，我们得相信上帝会眷顾我们，等战争结束，一切就会好起来"。他补充道——"我们已经为几场大的战事做好准备，不久就要开战了"①。

---

① 华盛顿经过深思熟虑后决定跨冰进攻波士顿。参见 Sparks, *Writings of Washington*, Vol.III., p.290。

从他下封信（1776年3月10日）中可知，预期的袭击似乎导致了山茂召中尉所属的、从普罗斯佩克特山到多切斯特高地这片地区的美军的流动。大陆军包围了波士顿城，英军被迫撤退。他的另一封信中同样提到这些高地，他写道：

我们连上周一晚在此地集合，我们希望在重大决定做出之前一直待在这里。上帝保佑，我一直很健康。听到我说这些后你一定要放轻松，别担心我。我们的住宿条件也和期望的差不多，生活也很方便，我精神状况和原来一样好。

英军从波士顿撤出后，我军行至纽约，他在新伦敦（New London）写了下一封信（1776年4月6日），此时军队和大炮正源源不断地运输过来，使得这位年轻的战士比远征更充满热情，但是他却受到自身及同伴需求的折磨。他给父亲写信道：

原来我说不再需要您的资助，真是说大话了。我们已经发了两个月的工资；但是之后的却不发了，我不得不请求您的支援，因为我实在不知道何时会发薪水。我需要一套新衣服，只能向您求助，希望您会接受；我知道要想补偿您的关爱或许还需时日。我们的军队有点让我失望。军官们（超过20位）把他们的食物等分给别人，自己却到街旁的饭店吃饭。这就给军队增添了不少开支。但是，假如不这样做，却又被视为像琼·帮克（Joe Bunker）那样的一个没有思想的家伙。

下封信（1776年4月17日）写自纽约，信中写道，他在驶出新伦敦海港时看到霍普金斯（Hopkins）司令麾下的美国舰队战胜了敌军,信中表达了他对胜利的欣喜之情(如果一个士兵可以拥有独立意志的话)。当时的炮兵部队处于沙利文将军的指挥之下。

目前的进攻将为我提供一个进步的机会,一个士兵将可以利用这个机会实现自己的成长。该市(纽约)很壮观,但是,唉,可怜的波士顿!我还从没见过像你这样的地方。这里的私人和公共建筑都很气派。这里有一尊为纪念皮特(Pitt)而建的大理石雕像,还有一尊马背上的英国暴君青铜像;但这又有什么用?我们原先所在的快乐城市的居民是如此真诚、善良又热情,在这里却找不到。一个人一旦有钱就有朋友了。这个地方聚集了天下所有民族的人种。每件商品都出奇的昂贵,以至于中尉们得非常节约才行。我们再过一两天就可以拿到薪水了,我要用全部薪水来置办新衣服,就算这样钱还是有点不够用。

下一封信(1776年5月3日,纽约)中,他对此时大陆军迅速占领加拿大的重要性做了推理。

战场可能会因此发生变化,也避免了很多流血事件。守住魁北克(Quebec),那些野蛮的人就不能攻击我们;并且,如果我们这次进攻失败了,以后就将无法成功。昨天,我有机会得知帕特南将军对这次保卫战的态度。他在这里视察堡垒的大炮,询问我有关此事的几个问题(当时我正站岗),我回答了,并且又趁此机会问了他对敌人的意见。他回答得很诚恳,认为他们将拼力在这里和我们决一死战。"那么将军,"我说,"我们就要遇到麻烦啦。""麻烦还不小呢,"这位老先生回答道,"当他们乘着军舰前来,我敢保证你们就有事可做了。"对于这点我注意到,8至10艘英军军舰无疑会被我军大炮轰回，作为年轻人，我的想法就是用连续炮击对付敌方。"唉，就算如此，"他哈哈笑着总结道，"这也将是一场激烈的战争。"

无疑你已听到过有关纽约及其居民的更好描述，我就不再多说了。我只想说，你就算在这里待上12个月也不会有一个熟人。他们只关注自我，不喜欢和陌生人接触。来这之前我还自以为在纽约这样的地方，我可以通过合理的途径获得自己想要的物品。然而，我高估自己了。这里的物价飞速上涨。亚麻布曾经很便宜就可买到，现在却卖六七先令呢。

我两个月的薪水还没领到。每周一几尼（几尼，英国旧货币单位）对一个绅士来说付伙食费刚刚好。然而，对一个士兵来说却能全部花完；但在行军路上这些钱却不多也不少。我们不久要向南前进，这不是没有可能。不管我在哪里，给你写信以及收到你的来信，我都非常高兴。向妈妈、兄弟、姐妹、姑姨和所有的朋友们致以最深情的问候。

1776年5月24日他在纽约写信道：

近来我没有收到你们或朋友们的来信。但是，我亲爱的爸爸妈妈，即使不相见，我也总在想着你们。烽火连三月，距离不但没有减少，相反更增加了我对你们的挂念。根据来自波士顿的消息，我担心的是，给将来会受到敌军进攻的该地所做的防御和保卫工作进展得有点缓慢了。当然，当地居民受到的来自敌人的野蛮对待也将会使他们奋起抵抗，保卫自己的故乡。

你们毫无疑问已经得知来自英国将要发动一场大战役的消息，可怜的美国人将要面对黑赛人（Hessians）、汉诺威人（Hanoverians)、瓦尔德埃克人(Waldeckers)、不伦瑞克人(Brunswickers)以及其他我现在不想再列举的更难记名字的人的联合攻击。我的愚见是,大不列颠将会意识到,实际纠集起那些军队比起把这些写在报纸上,要难得多。

我现在(1776年6月11日)的位置是雷德胡克(Red Hook),距离纽约大约有4英里。它在一个岛上,位于海港的入口处,在这里我们有一个堡垒,安置有4座18磅重的大炮,它们装在炮塔上。对于同一目标来说,用大炮比通过枪射击要射程更远。堡垒被称为"防御工事"。如果敌军舰队试图进攻,我想他们将会被它搞得恼羞成怒。它被认为是我们所拥有的最重要武器之一。

这里有两个家庭——范德克(Vandyke)先生和他的儿子,他们是可信赖的辉格党人,也是聪明的百姓。我们之间有着愉快的沟通。我和这个年轻人上周去骑马游玩,到了一个位于长岛(Long Island)的名叫弗拉兴(Flushing)的地方,此地距离镇上大约16英里,是托利党人的避难所。① 难以置信,那里竟然有这么多害虫。我们经过之处难见一处人家,不过范德克先生会说,"这里住着流氓的托利党人"。前天就查获了他们的一条船。该船从亚洲驶来,船上有各类物品储备,还发现装在一个包里写给托利党人的若干封信,包里有铅,以在必要时候使包沉入海中;但他们还没来得及这样做,船就被查获了。信的内容还没泄露出去,但写信的人已经潜逃了。大家希望能采取一些措施捣毁他们的老巢,正如我所支持的意见所示,敌人一旦出现,主要的托利党人一定会不失时机地

---

① 在长岛以及纽约市下面的一些小县城里对革命的不满情绪,在华盛顿的信件里有充分的表述。参见 Sparks, *Writings of Washington*, Vol.III., pp.398—400, 440, 469, 470; 以及 Vol.IV., p.86。

跑出来声援他们。他们的行为与鼓舞着新英格兰人的高尚的自由精神相去甚远。伟大的心灵啊！希望你们的苦难将会得到和平的报答，以及全洲解放的喝彩，这是坚韧不拔的斗争所带来的公正的结果！我希望，亲爱的爸爸妈妈，我不会那么久才得到你们的消息，动乱的年月里还是能承载得起正常的交通运输。我对自己并不在乎，只是不能不关心你们的情况。

在雷德胡克写的信（1776年6月17日）中，在告知父母已收到其来信后，他为"波士顿先生们的思想和行动"深感高兴，"他们致力于建筑防御工事，以保卫海港"。有着颇受尊敬的职业的人们，包括牧师，也志愿参加到其中来。他呼吁道，"波士顿人的名字会和希腊和罗马人一样，将得到子孙后代的景仰"。他在信中对由沙利文将军领导的美军试图围攻魁北克的灾难性事件表示哀悼。军队的不妥行动使他义愤填膺，他补充说：

他们的渎职令人愤慨，也惊动了华盛顿将军，所有的准将都被召集起来训话①，准将们必须使各自旅的下属军官们熟知军务，使其在思想上明确我们参加的革命事业的重要性，以及我们担负着的使国家、自己和后世子孙幸福的重任。我同情这种艰难时局中的你们，并且希望你们能继续得到同样慷慨的援助。非常感谢你们同意我继续留在军中，这也正符合我本意。能引发英勇行为或人性的动机须应用于战场上。当这些融进对祖国的热爱时，高贵的沃伦（Warren）先生和他英勇的同伴们就成为我们的伟大榜样。他们在这个周年纪念日（6月17日）在"自由"的祭坛上献出了宝贵

---

① 参见 Sparks, *Writings of Washington*, Vol.III., pp.401,406,411。

的生命。这件事使我们更加充满了对自由的向往与追求。我还住在雷德胡克,身体健康,精神尚佳。不能见到你们,不能和你们说话,真是让人难过。我亲爱的爸爸妈妈,我最大的快乐就是经常收到你们的来信。祝福你们,也向兄弟姐妹们问好。

同样,他在雷德胡克写的另一封信(1776年7月15日)中,向父母迁回波士顿故居表示祝贺:

上帝保佑,我希望你们在那里能自由无忧地生活……从哈利法克斯(Halifax)来的豪将军率领的部队已经抵达,并在斯塔藤岛(Staten Island)驻扎。在星期五,2艘军舰和3艘新船借着厉风和强水流,在大炮的掩护下沿北河(North River)而上,北河就是他们现在的宿营地。① 我们通过传信人得知他们在多个地方损失惨重,武器装备受到重创。他们去时匆匆,以至于没来得及向我们回礼,尽管我们给他们的礼仪郑重而温暖;尽管两方距离有约2英里,他们似乎还是能感受到我们对他们的诚意。他们在城里的炮台处更懂得礼貌,因为这时他们鸣炮回礼了,但依然没有停下,一直忙于航行。

星期天,豪先生派出一艘挂有旗帜的船,在港湾和堡垒之间距离的一半处,得到了将军指挥的轮船的接待。寒暄之后,一位船长告诉我们的副将说他有一封给华盛顿先生的信件,希望副将能转达;副将说他不知道有华盛顿先生这个人,因此也没法转交。船长迫切地希望他能转交这封信,说里面没有什么军事内容,只是一些轻松之事。副将对此回答道,内容无关紧要,也没必要转达了。他

---

① Sparks, *Writings of Washington*, Vol.III., pp.468,472,473.

们因此而分开；但是过了一会儿，船长又转回来问什么头衔能适合华盛顿先生；他得到的回答是：华盛顿将军的品格是如此高尚以至于无需加什么头衔。在最后一次离开前，船长说豪勋爵拥有显赫的权势，比起战争，他更愿意选择参加到我们这场争论中来；并补充道，勋爵阁下因不能早点到来而非常不悦。

我们对勋爵阁下不悦的原因感到茫然；是他在国家独立宣布前没抵达，还是没有足够时间阻止上述轮船沿北江而上？我相信这些船会得到妥善的安置，防止其再次返回船队。勋爵阁下的显赫权势或许会使殖民地认为在必要的时候屈服于他；他也得控制这些顽固的叛徒们，成为他们的主人。但他将不再是我们的主人，上帝保佑我军，我相信他永远都不是。英国教会的服务工作在纽约已经展开，在独立宣言宣布之前不会改变。在上周日，一些教会第一次关闭了。他们若要继续存留下去，就需要大陆为其安置一个适宜的形式。

我们的堡垒已通过新的防御工事和更多军力而得到巩固。它易守难攻，不管进攻或突袭都很难被攻下。为防止偷袭，每人隔一晚值班一次。尽管忙于戍守或其他事务，我身体和精神状况却比以往任何时候都好。谢谢上帝赐予我的！希望他继续公正地对待我们，让我们看到胜利的希望，让我们从所从事的艰苦事业中看到，"这一切都是有价值的"！

华盛顿将军已给豪勋爵送来一面旗帜（1776年7月17日）；但直到昨天勋爵阁下还未收到，可能是因为将军没能正确地把姓名和地址写在信封上。啊，上帝！这一天就要到来啦，到时你不仅仅要称他为华盛顿将军，还要把他看作你的主人！

第二章　塔潘湾勇袭英舰

美军撤出纽约——受阻于海峡——托马斯·亨利之死——怀特平原战役前后与敌军的小交锋——对民兵行为的义愤——英军俘获华盛顿堡——对普林斯顿战役的报道

1776年8月，在华盛顿堡（该地位于距纽约14英里的哈德孙[Hudson]，战略位置优越），指挥炮兵的军官生病了，山茂召中尉就接替了这个职位。

就在这里，游击队长塔珀（Tupper）上校通过烧毁波士顿灯塔，收编囚犯为军舰放哨，使自己显得与众不同，而囚犯们也已下定决心在他的指挥下进攻英军在塔潘湾（Tappan Bay）的军舰，山茂召中尉也志愿参与该次战役。进攻逐渐进入白热化阶段。军舰有序地应付着，但也不得不撤退。山茂召在给父亲的信中就描述了该次事件（1776年8月12日）：

这是一个危险的计划，我方兵力薄弱，只有6艘战船，总共只能带11杆枪，而对方却有两艘军舰，一艘可携带20杆枪，一艘则可携带44杆,还有3艘新船做掩护,与此同时,我们却只能仅仅依靠摇桨划船。尽管这样,我们还是在敌军近两个小时的葡萄弹雨中拼死战斗,损失惨重。当两个人在战斗中被击中身亡、14人受伤后,我们被迫撤退。战争相当激烈。也许你们很关心我在船上做了什么,我得说我不直接参加战斗,但我对志愿加入战斗有着强烈愿望。当我看到两位绅士上船时,我很受鼓舞,他们中一位是城里的商人,一位是华盛顿将军的首席副官。海军准将对我们很有礼貌,当战事开始时,他就给了我可以用两杆弓枪的许可,这对我来说已经足够了,我的同伴却只能看着。

在华盛顿堡,他又写了一封信(1776年9月18日):

感谢上帝,虽然对当前局势不太满意,我依然身体健康、精神不错。自从我们从长岛撤退后,从纽约撤出也不可避免了。对此我们很期待,也准备得很充分。这样,如果能多给我们一天时间,我们的绝大部分兵力就能带着全部军用储备物资转移;我们的撤退太狼狈了。离开此地时我差点被捉住。这是真的。就在我们往东江(East River)上游而行之前的那个晚上,我们听到了军舰上传来的轰隆炮声,就猜想敌军已经上岸了。诺克斯(Knox)上校、我和其他几个人一同前去看事态的发展;当发现他们已经登陆时,上校派我回城,并带去调动军队来作战的命令。我回来时发现敌军已击退我部分军队,迫使我军撤出城外,从而获得该地的控制权。我们因没有步兵支援而返回,并在城的另一边的树林的掩护下撤退。逃离过程中,我有好几次被敌军发现并追击,但多亏我的马跑得快,使我得以成功逃脱。我的衣服、袜子、被子、毛毯等身上所有的东西除了少数几件,全都丢了;早晨被派出的货车也被敌人捕获。

一个战士在紧急关头只能放下一切包袱以求生。但是，由于薪水比原来高了，我以后的生活应会应付自如。

在这里作战比在纽约作战有利得多，因为此地敌军船只防备甚微。前天的行动就证明了这一点，敌军的一队人马企图强行通过树林开辟一条通路，占据一些高地，但却被我们同等数量的英勇善战的军队击退。上帝保佑，我希望战势在今后几天将这样持续下去。现在是时候停住对抗而不是离开哨位。对我自己来说，或许我力量微小，但只要还在战斗，我都会为之献出全部；我虔诚地祈祷，下次撤退时不应该像这次，而要去"那从来不曾有一个旅人回来过的神秘之国"。①

他在华盛顿堡写的下一封信（1776年9月27日）中提到了那段时间军队被围困在海峡的情况，他对自己与军队关系的情绪在信中强烈地表现了出来。

我上次和您提到行李丢失的事——其中包括我的衬衫。我实在不该再提这件事，但我实在没法找到它们。我所有的行李仅仅剩下一件衬衫和一件借的。我必须得穿衬衫。我知道我向任何人求助，都不如求助于您那么方便。所以，请您给我从波士顿寄来6件衬衫和若干领带吧。诺克斯将军对我很好，我对此也非常感激。我们的军队已经扎营下来，不久士兵数量将有大幅的增加。这也使我更没办法向军队开口求助。我希望（我很确信应该是这样），这次和下次战役之间的时间将会改进我军军纪，达到与敌军相同的标准。因为上帝知道，并非军纪严明使我们避免了严重的打击，

---

① 华盛顿有关这次撤退的表述，参见他的文集，Vol. IV., pp. 94－104。

而是幸运之神在庇护我们,敌军一时糊涂而没能恰当应用自己的优势,这是使我们避免受创伤的唯一原因。

自从我离开你们之后,我受到的最严酷打击就是,我的一位亲密的、真诚的好朋友托马斯·亨利(Thomas Henley)①离开了我。他在几天前的一次与敌军在蒙特雷索尔岛(Montresor's Island)的战斗中丧生。我们定下一项突袭岛上百名敌军的计划,亨利强烈地请求能参与这次战斗。他是在第一艘也是唯一一艘登陆的船上,而其他四艘疏于职守了。他们起初击退了敌军,但最后由于船上人员损失过半、非死即伤而被迫撤退。正当他们开船离开时,敌军的一个士兵又跑到岸边还要开枪,这把亨利给激怒了,他从船上抓起一把枪就冲出去,见到那个家伙后就把他刺死了。敌军的士兵倒下后,亨利返回船上,就在这时,一敌兵迅速向他开枪,我英勇的朋友就这样被夺去了宝贵的生命。我方因他的牺牲而造成的损失是不能轻易弥补的。他最近刚刚晋升了职位。我也因此被提升了。

同样,在华盛顿堡,他又写了一封信(1776年10月11日):

军队仍留在帐篷里。等我们抵达军营应该已到了秋季末。从城里撤退后,我们的军队与敌军有过一次战斗,并击退了他们。②尽管战争规模很小,胜利的结果却是重要的。他们将在春天到来之前不敢轻易攻打我军。我虔诚地希望是这样,因为我必须告诉你,我军当前局势不容乐观。然而,我们希望不久此种情况就会改

---

① 对亨利的盛赞,参见 Sparks,*Writings of Washington*, Vol. IV., p.137。
② 参见 Sparks,*Writings of Washington*, Vol. IV., p.94。

观，因为国会似乎认为最终应发动一场大规模战争；88支军队（共700支，此外还有相应数目的炮兵）将扩充规模。① 不用再召集更多的民兵；我以为，他们比同等或更多正规军要更能花钱；更不要说，除了在新英格兰，他们对我们的帮助微不足道。那些来自泽西（Jerseys）和其他地区的士兵一见到敌人，就成团成团地溃逃；尤其是在与纽约城相对、距其约1.25英里的保卢斯胡克（Paulus Hook），敌舰兵临我军的一个堡垒时更是如此。他们如此恐慌，以至于骑兵团的达那（Dana）上尉不得不搬用能放射葡萄弹的大炮来威吓他们；否则这些士兵就会飞奔逃离。② 这些就是你们南部的"英雄"——让东部的"美国佬"所蔑视的家伙；恕我直言，他们创造了我们民族怯懦胆小的特例。不讲情分地说出这些并没夸大事实。他们确实面目可憎，但毫无疑问，也不乏有一些好人在他们中间；我希望更多的波士顿青年人加入我们，因为我认为大量的年轻人在这样动荡的时期在家里虚度光阴是很丢脸的；如果他们不这样做，在战争结束之际，就只能被人鄙视。

当我告诉你敌军没进攻我军时，我忘记了他们的三艘军舰在前天已沿着北江上游驶去。别告诉其他人，因为这是中伤性的。当考虑此事时，我已失去耐心；我们已封锁了河渠，就让他们去吧。真高兴我们这有敌军的两艘战舰做抵押，希望他们能绞死船长，他们要是服从命令并到我们的堡垒中来，就绝对是安全的。敌军的这一策略将切断我们的水上交通，使我们无法从奥尔巴尼（Albany）获得木板和砖块，并且迫使我们必须以昂贵的代价获取物资。雷格中尉沦为囚犯，现在在纽黑文（New Haven），还是那么

---

① 参见Sparks, *Writings of Washington*, Vol. IV., p.116。
② "民兵在一段时期内有时会几乎整团地溃逃。"参见：同上，第72页。

豪爽。我听说,当雷格中尉被问起他在纽约见过的美国军官时,他说:"啊!那里有我的老朋友山茂召。他聪明机警。一年之前,他还不熟悉一支步枪的构造,现在他已经是中尉和炮兵团的副官了!很好,军队里的人深受他的影响和鼓舞。"

我已经几次写信给您提到衬衫的事情。我急需衬衫,在波士顿这边没法搞到。我本希望给您汇款过去,但我确实已花了全部的钱去买毛毯、袜子、外套和其他生活必需品,这些物品原来都被敌人抢走了。我得尽快拿到这些东西,祈求得到您的帮助,真的让我非常惭愧,因为您为我做的已经太多了。方便时请来信给我,让我知道你们的消息。我忠实的祝福伴随着您。非常想念兄弟姐妹们。渴望与你们好好地待几天;当战争结束了,我们就能获得永远的幸福。到那时,我希望我们能快乐地再见面。上帝会保佑我们,他知道我们需要什么。

接着,他在金斯布里奇(Kingsbridge)又写信(1776年10月20日)道:

我身体精神状况良好。我们已经离开华盛顿堡了,敌军主力已撤走,有可能是为了切断我们与东部各州的联系。关于他们的行动,我们可以理解为这将不可避免地会使双方在几天以后发生一场大的战役。愿上帝保佑我们会赢。敌军的动作已经持续两周,让我们不得不时刻严密警惕,也使我们因追踪其行迹而有些疲惫,我们的军队只盼望着能尽快参加战斗。这场战争中我们或许会因胜利而结束追赶他们的历史,或许会因失败而不得不紧守要塞。

在怀特平原（White Plains），他写了一封信（1776年10月26日）：

我们在与敌军决斗之前将一直待在此地。敌我相距3英里，他们的活动给我们带来极大的干扰，但幸运的是并未给我们以致命打击。如果他们合理利用地势和局势的优势，我们在这个岛上就会遭到失败，我们的这支军队也就被摧毁了。但是，"英军的反应既不敏捷，战斗力也不强"。太多的顾虑使敌军对战局所作的分析显得愚蠢；因为他们"有力的臂膀"和"远见"却相反保护了我们。然而，我们还是不能掉以轻心，认为敌军不会有所动作。我们也不能静坐以待上帝的拯救；相反，我们必须依靠自己的臂膀保证我们的胜利。在与敌军的几次作战中，我们总是处于优势地位；因此军情士气高涨，迫不及待地希望继续战斗。冬季已至，我们必须采取进一步的行动。

怀特平原战役后，他写信（1776年10月31日）道：

星期一，敌军出现了，所向披靡。我军准备充足、沉着应战。敌军并没有像预期中那样对我军发起全面进攻，相反，豪把他的大部分军队调到右面，在此地附近的山上有我军的指挥军营的一个旅做后备，因此我们居于有利位置。他带的兵力是我军的七至八倍，据叛徒说，敌军伤亡已过400；我军约100人或130人。军中士气高涨。敌军势力在北河沿岸扩散，迫使我们要持续防守，以免其通过获取高地而包围我军。这使得我军疲于应付，但仍没有打击到我军士气，我军士兵坚信我们将最终打败他们，尽管在这个过程中会经历一系列作战和严酷打击的考验。

在距离纽约 33 英里的"北城堡营地"（1776 年 11 月 6 日），他又写了一封信：

在经历了一场大战后，英军于周一离开小山，敌方损失惨重。关于他们的活动意图有多种猜想。我的个人观点是，他们发现了我们在占领地的力量非常强大，于是不敢冒险进攻；对于即将到来的季节没什么可说的，这使双方军队均进入冬天。

他下一封信是写给波士顿的朋友艾略特先生的，时间是 1776 年 11 月 18 日：

愿上帝保佑我们的军队！——因为它现在状况不佳；民兵已经回家或正要回家，征兵入常备军的时间即将截止，却还未吸收到新兵源。形势的严峻将打击很多人参军的积极性，所以我不认为一些州在战时征兵是不合时宜的。这次情形与以往大为不同，因为原来人们参军毫无顾虑，只是出于参加一项娱乐活动的目的而加入进来。自从离开新英格兰之后，我们就一直在敌军的领地作战，并且我坚信，若非上帝眷顾美国，我们早就溃败了。当我带着参军的目的离开波士顿城时，我的热情如此高涨，这也促使我考虑：我们的人民应该具备一种公众美德，就如同古斯巴达或罗马所记录的那种美德一样。数不清的事件让我感到如此失望。不妨举一例。昨天是征兵的截止日期，民兵们希望在他们的家乡再住仅仅四天，并且，征到的全部人数还不够组成一个团的。多具讽刺意义呀！你可别在波士顿传出此事。他们这样就算不会受到严酷的惩罚，也会因忘恩负义而得到应有的"奖赏"。通过各种手段募到新兵以后,我希望以后不必再如此热切地指望能从招募民兵中增加多少兵力了。我这样说是把他们作为个人,当前的法律当然没规定他们对军队有什么义务;因为,青年没有义务在服役之后继续停留在军队里,也就是说服役期满后他就不会再关注国家福祉,也不在乎自身名誉,一旦他们服役期满退出军队,他们不但不懂感激,相反还会是社会的危险分子。① 或许收到这封信之前,你已听说华盛顿堡已落入敌手,敌军是在前天占领此地的。尽管我们还不知细节,仅仅知道敌军使用了调虎离山之计,做出在堡前攻击我部分军队的假象,诱使司令官把一部分军队调去前往援助。这样,敌军通过在他们和堡垒之间已经布置好的军队切断我方交通,迫使我方投降——至于具体情况就不清楚了。消息传来时,我正在李将军那里。他情绪激动,说对豪先生来说是件好事,而此时的豪先生因不能在战役中取得丝毫进展而丢脸并且懊恼地返回。然而,我们千万别灰心,因为在国家建立之前,肯定要经受更大的磨难。在历经艰险与千辛万苦之后,一个新的民族才能取得独立;我衷心地祈祷:为了我们希望的天使——振奋人心的"独立",我们必须经受战争的考验,承受住忧伤与惊骇的打击,勇于面对跋山涉水、转战各地的事实,这样,我们就能最终取得胜利,结束暴政,从而建立新政权! 或许你认为我感情太热切了,但这确实是我严肃的愿望,我不希望永远依赖于大不列颠英国。

---

① 这封信和华盛顿将军的一封信(1776 年 11 月 19 日)有着相似的基调。"几乎不能用语言说出此时我的困境,以及我在不愉快的征兵政策中所遭遇的困惑和羞耻。对于我们伟大事业的倒退,我感到痛不欲生。"参见 Sparks's *Writings of Washington*, Vol.IV., pp. 72, 182。

他下一封信是从"怀特平原附近的军营"写给父亲的,时间是1776年11月20日:

豪上周六打了一个漂亮仗,他通过布置大量军队包围之而攻取了华盛顿堡。我们有大约600名士兵沦为战俘。这对豪来说可是一个炫耀的绝佳话题。或许,他已因在征服美军过程中没取得任何进展而倍感懊恼了。但我们决不能气馁。战争是不确定的,我相信,在看到北美洲此时承受着来自嚣张的英国匪徒控制之痛苦时,上帝肯定会给北美洲更多的抚慰。

同样,他又在此地写了一封信(1776年11月22日):

自从我们丢失华盛顿堡之后,敌军在泽西海岸登陆,并有继续推进之势;但我想他们不久就会失望,因为我们在那里有一支数量可观的部队,并且,我们有能力在冬季之前将军队一直驻在海湾处,而冬天来了,他们就得过冬了。这一时间间隔将使我们有机会重整旗鼓,严肃军纪,这将是我们的一个有力的基础。亲爱的爸爸妈妈,你们或许渴望知道我是否想要继续服役。我的意思是等战争结束之时,我才会退出军队,不管战争持续的时间是长是短。对于这一决定,我相信你们会给我良好的祝愿,并希望我能过得舒服些。我真诚地感谢你们过去对我的支持,热情地希望你们现在和将来能过得快乐。深爱你们的儿子。

托伦顿(Trenton)之战后,他又在莫里斯顿(Morristown)写了信(1777年1月7日):

您应该已经无疑得到托伦顿之战中我们胜利的消息。① 我军在城里待了两天。第三天大约中午时分,我们收到敌军前来的警报,两个小时后他们从普林斯顿出兵前进。我们退到城外桥上,等待敌军到来;但是直到晚上还未等到。与此同时,将军决定袭击他们在普林斯顿的军队。我们在午夜开始行军,此次行动非常严密,敌军直到第二天早晨才发现我们已离开。他们知道的第一个消息就是我们重创了他们在普林斯顿的部队。敌方约有500个伤亡和沦为战俘的士兵。这使得战局大转,来自泽西各地的民兵看起来对于敌方的损失非常满意。我非常高兴,事实上,我感觉世界上很难有其他军队能做得比我们还好;仅仅是在普林斯顿,几乎从未参加过战斗的民兵起初有点激动,但之后的行动严明有素。敌军当前对我方的情况一点也不了解,因为他们似乎已经惊慌失措了;他们如此急着找个安全的地方避一下,以至于无暇关注他们自己的在普林斯顿受伤的士兵。

我们的士兵深爱着将军,只是有一件事使士兵们深感不安,将军丝毫不懂得怎么照顾自己。他个人的英勇无惧和决断力为军队树立了榜样,鼓舞了士气。将军的品质表现出他是如此伟大的人物。但是请上天保佑,我也希望能一直守护将军左右,保卫他那如此珍贵的生命。

同样,在莫里斯顿又有一封信(1777年2月11日):

敌军撤到了不伦瑞克(Brunswick)和安博伊(Amboy),被我方军队严格地看管着,必须出动很多军力奋战才能换得一点点粮草。

---

① 参见 *Writings of Washington*,Vol.IV.,pp.255—258。

在这几次小战斗中,我军处于有利地位,所以他们没有1200或1500的军力是不敢轻易出击的。我军士气高涨,力量也在不断壮大。南方军队开始参加到我们中来;并且,如果新英格兰各州向前推进,我认为将可以发动一场大胆的攻击。这个冬天的战争无疑对我们是非常有利的。我认为我们的成功是因为我们是正义的一方,是上帝给我们这个受伤民族的抚慰。几天前,弗吉尼亚(Virginia)地区的牧师发动了一组志愿者到了这里。之所以提到这些,是因为那些牧师们是托利党人。

第三章　泽西发生的战争事件

　　布兰迪万之战——英军占领费城——日耳曼敦战役——宾夕法尼亚叛乱

　　在莫里斯顿,已经是副官的山茂召先生在 1777 年 3 月 4 日写信给他的朋友艾略特:

　　我很高兴地告诉你,我们取得的一连串大捷并非只是运气,而是令人欣喜的转折点,或许详述在特伦顿和普林斯顿之战争的冗长细节就没必要了,因为这已是大家所熟悉的。每两三天我们都会与敌军发生小规模的战斗,未来还会持续这样,总体上说我们处于优势;他们看起来似乎也不如原来那么强大了。我相信同一战术不能一直使用,因为那些军事专家们会看穿。对于此,我们几乎有过致命的经验,当我们第二次穿过特拉华(Delaware)后在托伦顿布兵时,几乎数目为我方军队二倍的敌军从普林斯顿前来作战,我们的哨兵被击退,敌军进入城市的部分地区,与此同时我们占据城市的另一边。双方仅隔一条不宽的河,河上还有桥;尽管我们已牢牢控制了该桥，然而我方还是优势甚微，因为水流不大，从任一地方都可涉水而过。我方制定了战斗序列，并等待敌军的到来；但是时间过得很慢，晚上久久不能到来。然后，我的朋友，——之后，最危急的时刻到来了。我们广袤大陆的命运就在一线之间！美洲的独立就看这次不可避免的大战了。但是，我们为自己高兴，为未出生的数百万众生高兴，我们有一位好将军，他知道怎样利用优势，并且运用巧妙的策略使敌军东奔西走。这一步的后果被证明拯救了我们的国家。我们说将军是胜利的希望并非恭维他。经过此次作战，我军实力大增，士兵数目增多，也严明了军纪，从此以后，敌军对我们的作战再也不能处于有利形势了。

敌军仍停留在不伦瑞克和安博伊，被我军严格地监视着。但他们能持续多久还是个未知数。关于欧洲当前局势，我们听到多种说法，大多数人断言法国革命会爆发。是否会这样，就等待时间的检验吧！然而，我认为如果敌人让我们这样继续监视下去，那他们的政策将是对整个世界的嘲弄。对于英方是否会派增援军队前来，我们有很多不同的意见。如果不，我方将逐渐取得更有利的地位。

我必须向你说一下我们祖国的事。我很难过地看到关于人心的阴郁画面；公共美德在逐渐消失，而这种美德对一个民族的福祉是多么重要。你可能对某D先生转向豪的事是确信的，但这是无根据的。对该绅士指控最多的是他的犹豫和怯懦。李将军的例子太真实了，他的事情显示了人性中不忠和忘恩的弱点。有些人在他刚加入我们时，说他是送给美国的守护天使，现在却挖苦他，甚至说他叛国。敌人曾一度吹嘘会攻下帕拉蒂姆(Palladium)，但最终未果。

在这里,他还在紧随而至的4月27日给父亲写了一封信:

一伙由四五千人组成的敌军几天前在夜间急行,被驻扎在邦德布鲁克(Bound Brook)由林肯将军领导的三四百名士兵发现了。他们打了个漂亮仗;外围哨兵在敌军到来之际,悄无声息、出人意料地迅速袭击他们,使其被迫撤退。但我方也因此死伤35人,两名宾夕法尼亚的军官在加农炮火中丧生。这使得我们在将来必须严加防守。已经到了军队每个成员都必须拼死抗争的时候了;并且我认为,如果我们敢于奉献、舍己为公,那么在上帝的保佑下,我们将会在夏天打一些漂亮仗。

他写给父亲的另一封信落款是在"斯库尔基尔河(Schuylkill)附近的军营",1777年9月13日。

在与威廉·豪先生的一次重大作战后①,我们得出这次失事的原因如下:有些士兵疏于防范职守。感谢上帝,我身体还很健康,没受伤。由于没有时间写太多,我不能详述事件经过,也不能描述该战中我关注的事让你来兴致。我很高兴给你附上对该事描述的

---

① 指布兰迪万之战。

复印件，请由诺克斯将军转交马萨诸塞议会主席。①根据我的发现以及迄今所收集到的证据，我认为我的说法是合理的：我方损失巨

---

① "布兰迪万是一条小河，距离费城约30英里，接近华盛顿附近的特拉华州时溪流逐渐变小。9日，我们的军队沿河上游而行进约11英里，到了一个叫查兹福德（Chadds Ford）的地方，这里应该是敌军到达费城的必经之路。10日，敌军前往肯尼特斯奎尔（Kennet Square），距离我军不到3英里，11日早晨8点，一大队敌军出现在我们面前，双方旋即展开激烈作战，我方士气高涨，作战持续了约2小时。我前方轻兵在马克斯维尔（Maxwell）将军的指挥下奋力作战，并取得胜利，迫使敌军撤退，并遣散了约300个黑森人士兵。这一兵团还参与作战约一整天。

"与此同时，一支敌军又摆阵在我方军队的对面，阵势很是壮观，由英国人、黑森精兵和轻步兵组成，采取迂回路线到了我军右前方约6英里处，并在布兰迪万河的支流穿过。尊敬的阁下——华盛顿将军尽他最大的努力以获取情报，在此之前，他一直对这一队敌军的数量和目的地有着矛盾的论断。他迅速命令沙利文将军、斯特林勋爵（Lord Sterling）和史蒂文（Steven）将军率领的部队前去迎战。当时正是下午约3点钟。这些部队行进了约3英里后遇到了同样正在往前行军的敌人。双方在位于中间的一个小山上开战；战斗极其激烈，没有任何间断地持续了一个半小时，直到我军子弹都用完时，我方开始撤退。在这次行动开始迅速来到我军右面的华盛顿阁下，指挥在左边的格林（Greene）将军的部队和纳什（Nash）将军的旅；但是由于距离太远，其他的几支部队在他们到来之前已经撤退了。然而，他们还是在掩护其他几支部队，尤其是格林将军率领支队下的威登（Weedon）将军的旅起到重大的作用，这位将军在敌军的炮火中沉着指挥进攻英军精锐部队的士兵，并在夜色降临之后使士兵有序分散撤退，这也赢得了大家的尊敬。

"正在敌我双方在右边猛烈开战之际，敌人在左边开火了，他们用加农炮进攻我方同等数量的士兵。韦恩将军带着宾夕法尼亚的军队前来作战，以马克斯维尔将军部队在左翼保护、纳什将军的旅在右翼保护，三支部队构成强有力的阵容。敌我展开激烈炮战，战场形成的滚滚硝烟迫使敌军跨过小河，退回炮台的右边，因为纳什将军的旅已经撤出此地，这就给敌军提供了方便。一场严酷的战斗立刻在韦恩将军的部队和占有一个高地的敌军之间展开。他们进攻数次以通过敌我双方的低地，但总是被击退。随着夜色的降临，将军阁下命令撤退，撤退显然遭到了敌军的进攻。我军在那夜撤到切斯特（Chester），并将以同样方式占领费城。

"我军士气现在已经恢复，如果敌军要来，他们将会以无畏、争取自由的精神献身于解放祖国的伟大事业。当前形势下很难确定我方的损失；但是，从调查中我可以确信，伤亡及失踪者不超过七八百人，我方还损失十架野战炮。

"战时通常的做法都是在宣传时尽力减少我们的损失，夸大敌方的损失；但是，从我自己的观察以及其他人的意见来看，敌人的损失肯定要比我们的大。我相信，时间和他们未来的动作将会证明这一看法。

"这就是当前战斗的主要情况。我们估计敌军是想通过一次行动就占据费城，他们承受的损失想必是巨大的，通过双方情况的比较，我可以合理地得出结论：即使我方不占优势，他们也没什么好夸耀的。"

大。我想说没有任何人能比我们的士兵更勇敢的了;但是,我们还是失败了。或许是天意要惩罚我们,天意要我们知道获取自由需要付出昂贵的代价。我的朋友、同袍布赖恩特(Bryant)上尉曾和我在福斯特公司共事过 8 个月,他因在这次战斗中表现英勇而战死沙场;另外还有两名军官和一些士兵也受伤了。布赖恩特腹股沟受伤,被拖出战场,第二天就去世了,在埋葬时将接受因战死沙场而享有的特殊礼遇。

我们的军队并未因此气馁,只想与敌军再次拼死一战。现在已经是下午 4 点钟了,距离那次行动已经有两天了,也看不出豪接下来的举动。很有可能他也受到了严酷的一击,他为这次胜利也付出惨重的代价,或许他会说,"再来这么一次,我就完蛋了"。

向帕克先生和邻居普罗克特(Proctor)致意——请告诉他们,他们的儿子很好,表现得很勇敢。也请告诉利利(Lillie)夫人,约翰在炮火中毫发无伤。兰德尔上尉也劲头十足。我并不把这些人当做特殊的例子,是因为这样做对全体士兵来说是不公平的,只是为了减轻其亲朋对他们的担忧。

下一封信是写给他父亲的,列在这里的几乎是一整封信。

阿蒂勒里公园(Artillery Park),费城以西约 24 英里的斯基帕克(Skippack),1777 年 9 月 30 日。

亲爱的先生,

当我上次给你写信时,我们的战事几乎完全笼罩在阴云里;我们在布兰迪万之战中的遭遇或多或少地动摇了军心,因为我们本以为我方会取胜的。但是,即使振奋人心的胜利还没到来,我军士气又恢复了，我们的军营像往常一样兴高采烈。从那以后，我们已经（我不知是否该称之为不幸）屈辱地看到敌军把费城据为己有。从我们的来自波士顿的好朋友口中得到的消息看来，他们肯定期待着在丢失该城之前有一场战斗的捷报；将军本以为敌军会大败，对于这一点，他要失望了。我们于 14 日再次越过斯库尔基尔，希望争得作战优势；但是，突然下起大雨来，将军命令排成纵队，以避免敌军用刺刀采取行动（这是当时可以派上用场的唯一武器，但我们军队绝对不会供给装备这样的武器），刺刀使得敌军的战斗力远远超过我们。毫无疑问，急躁的政治家将谴责他的这点失误，但明智点的就会支持他，因为这只是权宜之计，而且在这种情况下这样做是值得赞扬的。一人无疑会对在我军数量优于敌方时撤退感到气恼，因为他拥有一颗为国家的正义事业奉献的伟大心灵。我们整晚上都在冒着大雨行军，这损毁了我们当时大部分的弹药。不久之后，我们估算回到河对岸应该是必要之举，这样可以更好地阻止敌人，防止他们跨河。士兵们有序地跨过河流，还有一队留下并在韦恩将军的指挥下负责骚扰敌军的尾部，以防止他们试图涉水。当然评论其行动并非我的职责，我只能提提情况。在 22 日约凌晨 1 点，敌军追上他们，用刺刀将其从地上挑起，当场杀害我方士兵 56 人，伤者数目比例差不多。

  上述事件中，我的朋友兰德尔在被砍几刀后带走，他此时还在竭力保护另外一个被带走士兵的安全。当他发现已落入敌手时，他竭力要逃脱，但是敌人把他打昏，并刺了他八刀。他的伤势如此严重以至于敌军没法带他走了，于是敌人把他留在现场附近的一间房子里。这是真的，可怜的兰德尔总是运气这么差；当他恢复自由，他坚决反对敌人是仁慈的说法。他被命运捉弄而落入敌手。

他行为端正,在形势艰难时与我成为好朋友。这使我特别关注他的信仰,也使我担心能否把他从敌人那里交换回来——我确实认为,这样既能换回他自己的人身安全,也对他的国家是件好事。

言归正传。我们的目标无他,唯阻止豪先生过河尔,这个时候,或许费城还在我们手上。但是,豪先生并没有像我们预期的那样涉水前来,而是左进沿河上游行军。我们也不得不向右行,以控制我们的媒体。因为敌军摧毁我方的报纸绝对不是没有可能。尽管我方采取这样的策略是必要的,敌军还是占据了有利位置;在22日晚,他率领一路急行军返回,在拂晓前即完成。这就使得我们落后他们8英里,他就可以没有任何危险地进城了,除非我们选择在这个很显然不利于我方的情况下向对方进攻。这是绝对不明智的,费城就这样落入他的手中。这里,又有一些有勇无谋的武夫喝醉酒后会责备我们将军,说我们军队与懦夫无异。但是,根据当时情况,我们的确不能贸然采取行动。权衡利弊,冒险夺城明显是很荒谬的;因为,如果我们失败了,后世子孙会骂我们,全世界都认为我们是傻子。

这就是当前形势,问题也自然来了,接下来要做什么?敌人会安静地待在费城吗?我想不是。我们已经接收了常备军的援军(除三至四千民兵之外),足以弥补在布兰迪万之战中我方的损失,整个军队呼吁要收复这里方可大快人心。我军的同志们还是不愿放弃此地,想在这里过冬。北方传来的好消息也增加了他们战斗的热情。这种情绪与日俱增。在这种情绪的影响下,我相信:当我们的军队再次听命采取行动时,他们会表现良好。我想时间应该不会太久了。我方接下来还有很多事要做,因为豪先生如果满足于当前取得的成绩,无疑会声名狼藉。

根据在此以及我方在北方军力的比较,可以明白地看出:战争对敌人来说不很有利。命运之神似乎对我们宽厚起来;并且,当不费吹灰之力就获得泰孔德罗加(Ticonderoga)的伯戈因(Burgoyne)以"军队中不能出现的毁灭、饥荒和恐惧"威胁我们时,他就显得太疯狂了,让我军在那个季节的战事出现新情况。事实给了那个傲慢的人一个公正的惩罚,或许也可以给我们提供教训。

10月3日,黄昏时分。

我收到您的来信了,我只能说,愿上帝保佑你们,我亲爱的父母大人。我会再给你们写信的。

山茂召

10月13日

写完一封冗长乏味的信让我感到很高兴。当我开始写上述内容时,我不知道有什么运输工具;并且,由于在写信过程中受到干扰,就停笔直到3日,当兰德尔上尉告诉我他将在第二天早晨前往波士顿时才开始写。时间很宝贵,军队才开始行军,事不宜迟,这也使我做出仓促的结论。他要求在回家的路上来看我(因军伤而逗留),这就给了我一个写信给你的机会,向你简短地介绍一下与豪先生最近的战事。

除留守保卫军营安全的必要的士兵之外,全军开始了征程,在3日傍晚约6点时根据不同的行军路向分成4路军,有些距离敌军16至18英里,最近的是14英里。他们的哨岗在第二天清晨被袭击,敌军军官派去了轻兵团以加强主力的防卫。我们的进攻使其哨岗发出警号,敌军开始抵抗,但却发现效果甚微,当他们发现我军人马像乌云一样压向他们时,他们更感惊慌。我们的士兵们斗志昂扬,坚定无畏地向前冲,破坏了他们的岗哨和轻兵团。这是个千钧一发的时刻;如果军用物资早来5分钟,我们或许在此刻就能轻易占领费城了。但那是另外一回事了;不幸的是,就在这一刻,清晨的一场浓雾袭来,融进战场的滚滚硝烟,使得我们无法看清30码以外的敌军情况,并且,炮火声从四面八方传来,让我们也辨不清炮声是来自我们自己的,还是来自敌军的。这种情况对新军特别不利,由于弹药差不多用完了,我们的将军就命令撤退,我军就带着炮兵、战车和伤员有序撤退了。

除上述之外,我找不到其他撤离战场的理由,除非我们把它当做上帝不让我们成功的旨意,换取自由要付出相当大的代价。这点,也只有这一点,才能成为我们未获成功的抚慰。上帝的意思晦暗难解,尽管我们无法测知其无穷智慧中的隐喻,但对我们来说,只能勉强默认这一命运。对我而言,我坚信我们所从事的事业的正义性。深谋远虑加上天时地利,我们就会成功。如果我能看到美利坚合众国的12个州从残酷的统治者手中解放出来,我也会相信第13个州将获拯救。然而情况并非如此,我得说我军的英勇与纪律跟预期中的一样。在最后一场战斗中,他们尽职尽责,激战持续了两个半小时,也让我们看到了英军的虚弱。我认为这次我方的损失远远小于在布兰迪万之战中的。而敌方相反,根据来自城里和叛徒的说法,他们的伤亡是巨大的;有人说他们伤亡1200人,有人说1600人,还有说2000人的。阿格纽(Agnew)将军和第五军的伯德(Bird)上校都被击毙在战场;格兰特将军受伤了。我方的纳什将军因受重伤而和其他一些勇敢的军官一样身亡了。沙利文将军的部队表现英勇,他的两个副官因伤重而亡。我方还有三位炮兵军官受伤了，包括弗罗辛厄姆（Frothingham）上尉、赫曼（Hewman）上尉和帕森斯（Parsons）中尉。他们的表现很出色。士兵中也有一定比例的伤亡。

我方军队现在扎营在一处佳地，距离费城大概26英里，军心稳定，期待不久的下一次作战。

尽管当天晚发生了一些事，然而我必须向你祝贺我军在北部的胜利，其中的细节想必你已听说。另一方面，我也不得不惋惜地告诉你，我军在北河丢失了据点，幸好不是在年初发生，否则必将产生致命影响。敌方的增军削弱了我方在那一地段保护堡垒的战斗力，这也诱使敌军采取稍微冒险的行动。然而，我希望英军的主要目标落空——据推测，他们想要救援伯戈因，要知道不久后我们对他的痛击不是没有可能；如果不，留帕特南将军的军队在其后方也够他们受的，对于冒险去救伯戈因，敌军会异常慎重。

15日早晨8点。

昨晚军营中传来一重要情报。伯戈因又一次受到了牵制。他的大部分军营、九个黄铜大炮和超过500个囚犯都落入我方手中。毫无疑问，这会使克林顿（Clinton）因没法救他而重返纽约。伯戈因对人类犯下的滔天罪行难以饶恕，他是罪有应得。这一消息使得我军士气大涨。我们与敌军作战似乎是两件义务：一是为我们的国家，二是为我们自身的尊严。两者看起来有着密切联系，我军也希望在此季发生重大转机。

下一封信同样是写给他父亲的，落款是"白沼号（White Marsh）军营，距离费城13英里，1777年11月19日"。

到现在为止我还未收到亲爱的父母的来信。我已给你们写了几封,但我认为利用一切空闲写信向你们报平安是儿子应尽的责任,这样才能尽可能减轻你们对我的担忧。我身体像以前一样健康,别无所求,只是比较喜欢时不时和来自波士顿的一些朋友聊天。或许真有住在宾夕法尼亚州的某地、可以活到玛士撒拉(Methuselah)的年龄、并且没有真正珍贵的亲朋网络的人。宾夕法尼亚州这个地方无疑是13个州里最不受欢迎的一个,奴隶制度似乎很完善。后世应该会相信,不,现在的人也可以确认这一点,敌人在一段时期曾住在这个州里,并占据了首府,他们在此地拥有不超过1200或1300人的民兵①,其三分之二不是大陆军?——徒劳的努力啊!是的,确实是徒劳!如果新英格兰州有相同的行动,伯戈因先生此时不会成为他们的囚徒,倒是要给现在他的主人们套上枷锁、处以死刑了。你或许迫切地想知道这奇怪的沉静的原因。这显而易见——这里居民的三分之一装作有良心;然后,还有一些想要保住自己财产而不惜一切代价的人;剩下的人不是联合起来拯救他们惊慌失措的家园,而是围绕政府形式争吵不休。但是,请允许我避开这个讨厌的话题。

杰曼镇之战后,除在雷德般克(Red Bank)和在河附近的动作之外,两军未发生实质性的战争。我们在米夫林(Mifflin)堡经过顽强抵抗之后,只能撤退。之后这里的军用工程就被夷为平地了。来自敌军大炮和军舰的十足火力让我们无力抗衡。对这个地方的英勇防卫曾经阻止了敌军的铁蹄踏过河那边。我必须在此提到一位朋友的去世,他和我情同手足——他就是勇敢、可亲、谦虚的特

---

① 关于上述的进一步的证词,参见 Sparks's *Writings of Washington*, Vol. V., pp. 120—146。

里特(Treat)上校,他在战时被一枚炮弹击中而牺牲。当然,当真正的美德和勇气与一颗仁慈伟大的心灵结合,他热切地为了祖国而战,那他的精神就是永垂不朽的。这位壮烈牺牲的英雄具备了多么优秀的品质!无情的战争啊!为什么要把英勇的和胆小的人埋在同一片土地中?我同情——从内心深处同情他的悲痛欲绝的妈妈,她一把年纪却丧失了自己深爱着的儿子,经历如此严酷的打击。愿上帝能帮助和抚慰这位需要坚强挺过去的妈妈!

第四章　对华盛顿的颂词

蒙芧斯之战——李将军被捕——他的品格——人和时代的图景——李将军和劳伦斯上校的斗争——货币贬值的影响

1778年3月，山茂召晋升炮兵少校。自此一直到1779年3月，他给他的朋友艾略特写过6封信，按顺序摘录如下。

阿蒂勒里公园，1778年4月12日。

如果我未曾告诉你，我们备受崇拜的总司令身体非常健康，并且始终保有一种平和、亲切的性情，恐怕你就不会关注这个人。他在军中战争面对挫折时表现出来的刚毅、忍耐和镇定将赢得全国人民的认可。当我在关注着这个将公民与士兵联合起来的人的美德时，我由衷地赞成上个月，即3月5日发表演讲的人。演讲者如此细致地描述他，认为他身上彰显了无与伦比的仁爱精神。我要高兴地告诉你，去年冬天企图中伤这位大陆首领的小团体已经完蛋了。

新不伦瑞克(New Brunswick),1778年7月3日。

你已经听说敌军撤出费城、向泽西出发的消息了。他们为这次出行付出了昂贵代价。在离城两天后,就有两百多逃兵加入我军;3天之后这个数目(城里负责人的记录)上升到500;除了逃往别处的,该城每天都会涌进大量的士兵。敌兵仍在行进,一路上遭到离他们不远的我方民兵和轻兵的阻击,一直持续到上个月28日星期天。那天我方派来骚扰敌军的支队占领其后方(蒙茅斯政府大楼),并在适当时机采取行动。我方主力从6到8英里远的地方出发赶往此地。炮战开始了,大家预计两方将进入全面战斗中;但是,我们的支队却接到撤退的命令。我不想擅自判断这个命令是否合乎规矩;这是一个很好的、难下结论的争论话题。让我仅仅充分地罗列事实吧,据我所知,当时我们的主力部队的一些军官在侦察敌情。我们的支队可能由四五千人组成,没有骑兵,如前文所述,离主力军6到8英里远。敌军由掷弹兵、警卫队、高地人(Highlander)和骑兵组成,据估计他们有四五百人,其主力就在附近,随时准备支援他们。战地是开放的,这无论如何对我们有利。在这种情况下立刻袭击敌军无疑会扰其后翼,然而在我军未获支援之前就进入全面战斗,这样做合适吗?但是,我说到哪里了?我将不再向你描述那具有纪念意义的一天,下面我就给你说说其他事。言归正传。

因此,我们的小分队秩序井然地开始撤退,并间或与敌人进行着小规模战斗。敌人将此视为我军的总撤退,因而大为振奋,紧追我军。我方主力此时已到达支援地,军队停下来,一场激烈的战斗开始了。经过多次演习,敌军发动多次进攻以攻下我们的侧翼和后方,这些都遭到我们杰出的总司令事先部署好的戒备力量的还击。敌军被击退了,损失相当大,战场上留下许多死伤士兵。虽然那时他们有能力发动总攻,但是来自我方的"招待"使他们失去了这项"消遣"的兴趣;他们召集各路部队,偷溜回离战场3英里之外的安全地带,次日凌晨两点,他们仓促撤走,留下了不能带走的4名军官和50多名伤员。由于我方士兵因作战而感到疲惫,他们无力再赶上敌军,因此追击是徒劳的。

阵亡者中,我们找到了指挥敌军掷弹兵的蒙克顿(Monckton)中校(将军的兄弟)以及其他几位军官,我们给予战败者以战争的礼遇,埋葬了他们。敌军对这次的损失感到非常懊悔,但他们确信,从感激他的兄弟——未向我军开战之人——的原则出发,美国人会给予他们留下的尸首以恰当的尊重。我穿过战场,发现敌军死亡的比重至少是六分之一,有人认为是至少八分之一。我方的一些英勇的官兵也倒下了,他们中间有一部分来自炮兵部队的小分队。来自宾夕法尼亚(Pennsylvania)的耐尔(Nair)中尉的脑袋被一颗炮弹击落,来自我们州的库克(Cook)上尉(在克兰[Crane]的团里)严重受伤,这伤是致命的,除此之外,还有7名阵亡者和13名伤员。目前,尽管我很确定与敌军的损失相比,我们的损失不大,但是我无法得知到底是多少。在敌军行军赶着袭击我军分队时,一把由木头引起的大火发生在他们的侧翼处,敌军的损失因此大大增加。这次战斗两天之后,副官告诉我,他从负责埋葬双方阵亡者的军官那里得到反馈,敌军死亡247人。从那以后来的逃兵们说,在美国,他们从来没受过这么严厉的对待。事实上,从邦克山(Bunker's Hill)事件来看,这很正确。他们在那次战事中的损失是1053人,其中阵亡者只有160多人,伤员和阵亡的比例超过五比一。如果我们照此次比例来算,他们伤员将是1235人,仅按那个比例的三分之二算，他们的损失也会是很大的。就算是他们处于军队的旺盛期，损失也会很大。否则他们就能守住被迫放弃的战场了。

在整场战斗中，我们参加战斗的老兵给部队增添了荣誉；其余士兵则似乎对战斗有点急躁，但没表现出畏惧来。我们勇敢的总司令，通过自己英勇的表率而鼓舞了士气；他在情况危急时挺身而出，以身示范，教给那些吝于奉献的士兵国家的利益是高于一切的；第二天，他感谢了整个部队，特别指出炮兵部队的贡献。这一天运气不错，不单指这天，而且它所带来的影响是更为巨大的；美军优势从未像现在这样明显；而且，英军力量也受到严酷的考验，并且需要很久才能恢复。在我们为胜利欢呼并体验着为自由和人权而战的振奋念头时，让我们别忘记我们胜利的第一动因和赐予者；让我们去感激那仁慈的、迄今赐予福祉并一直眷顾我们的上帝。毫无疑问，他会带我们度过最艰难的时刻。

我为写下一则让每个好朋友都感到悲伤的消息而抱歉。你会很震惊，但这是事实——大陆军的第二军官李将军被捕了！对他的指控非常严重，包括违背命令、面对敌人实施不必要的可耻的撤退。当天就成立了一个军事法庭来审理此案，或许在法庭上找不到比这更有趣的案子了。审判结果如何，只有上帝知道。唉，人性啊！一位不仅在美国而且在欧洲都广为人知并受尊重、军事名声一流的李将军，竟会遭此控告，真令人难过。事实上，我亲爱的朋友，这对我的影响非常大；我的语言已无法表达我的感受。名声是多么变幻莫测！它悬于一根细线上，"微风一吹，就会断"！对李将军的指控即是上文已提到的，他在遇到敌军时对我军的指挥行动。对任何军官，更何况是如此年轻的一位军官来说，对微妙而重大的战事做出自己的判断，都会存在成败两种可能；现在是在军事法庭前——审判官们都是公认的有能力、正直和受人尊敬的绅士们——我们就别说这个了。

怀特平原（White Plains）营地，1778年8月13日。

我打算给你写一封长信；亲爱的朋友，说真的，我有很多要对你说的，我希望抹去你对某位伟大人物的偏见（事实上，我觉得你是有点儿偏见）。我说伟大，因为尽管他反复无常，我仍相信他有资格获得那个称号。我举两个明确的事，一个是他对美国的热爱，一个是他个人的勇敢。我尊重你对古代伟大人物的评价，并认为是合理和中肯的，我也觉得伟大人物应当有美好的品德。与此同时，历史也让我知道伟人会为一个民族做出卓越的贡献，然而历史展示出一幅人们对那个负有最强责任的人忘恩负义的惊人画面。我很抱歉，描绘了我们国民的缺陷；但你必须原谅我，因为我只是将其作为个人观点表述出来。有一天，诽谤之笔会诋毁曾经给我们这个半球带来光明的最闪亮的人物——一个不仅权力巨大而且品格卓越的人——尤其是当他不幸地做出错误决策的话。这句老生常谈的评论却是如此正确，画龙点睛。

我们终于抵达哈德孙河（Hudson's River）的海湾边上，这对你来说应该不是件新闻。一万希腊人看到海洋时也不会比我们这些新英格兰小伙子们到达这河的岸边能更加满足。好吧，也许你会说，现在该做什么呢？我只能回答，我不知道；我想，我军行动很大程度上取决于敌方行动，如果在一阵绝望后他们出现了，就会受到非常亲切的待遇。我们非常担心远征罗德岛（Rhode Island）。豪先生在上周五从胡克出海了；尽管我们无法确定他的精确兵力，但是据说他获得了小股增援部队。进攻在上周一已经进行了。这一周充满了悬念,每一刻都充满了期待。我们那里的兵力是充足的,从表面上看我们是有可能胜利的。

弗雷德里克斯堡(Fredericksburg),1778年11月3日。

在你来信之前,印刷媒体已经告诉我你友善的一家所遭受的损失,我打内心同情他们的伤痛。我在小时候受到的教育是尊敬高尚的人,坚定自己的喜好,既学习他们在私人交谈中所展现的可爱、仁慈的品质,也效仿其在公共生活和谈话中树立的光辉模范,我感觉自己是这种体验的参与者。我的心胸能够些许体会你在这么严重不幸的压力之下所承受痛苦的程度。但愿虔诚、全世界的仁慈,以及人类的美德能合在一块消除你我的距离,深切而久久地祈祷你伟大的父亲依然健在。但是,唉!无论这些还是幸存的朋友的眼泪,都无能为力。

你问我们这个冬天能否享受和平?我亲爱的朋友,这确实是一个很有趣的询问,我希望我有能力做出肯定的回答。尽管不能完全肯定,但是有许多可能的证据表明,不久幸运女神将会长久地垂青我们。敌人正在纽约积极地做准备,要么为了组织一支大规模的队伍,要么为了总撤退。从许多情形和最有力的信息来看,后者似乎是普遍的观点;尽管极少数人认为会采取前一种措施以确保其对西印度群岛(the West Indies)的占领,并且敌军在这个冬天会留有一部分力量,尝试谈判。时间会对此两种观点做出检验。然而,我想在依靠所有的力量都无法达到目的后,他们几乎无法靠微弱的力量去成功协商。

如果他们撤出纽约,他们也必须放弃罗德岛,并且同时离开美洲大陆。事实上,当我们看到他们目前慌乱的状况时,他们会做什么就很明显了;简言之,这将是唯一的选择。让他们放弃奴役一个决心争取自由的民族的荒唐想法吧;不让他们自以为是地获得新领土,而是让其获得目前所占有土地的小小使用权。如果勒弗朗西斯先生(Monsieur le Francais)对他们的岛屿示爱,并且成功的话,他们将会失去大量财富的一个来源,国家信誉也会受到前所未有的冲击。

在争议的每个阶段,英国表现出一种难以想象的顽固。我们最谦卑的、最认真的对和平的恳求被拒绝了——我们只有诉诸刀剑。它的功效已经显现了,并且现在,敌人通过武力并不能征服我们,她不得不通过书面宣言和公告形式宣告有必要继续战争。毫无疑问,你已经看到了这最新的武器,一种奄奄一息的三头政治的轻飘飘的东西。他们的报纸大声宣称美国人愚蠢和顽固,并警告如果美国拒绝服从仁慈的国王的书面宣言和公告、而唤醒了英国这只雄狮的话,美国就将面临危险。

1778 年 11 月 20 日。

一直等到冰雪融化、水开始流动的下个季节到来之际,我们都在认真地为冬季营地做准备,军营设在泽西。从他们以往的经验来看,我相信这个州的好人们不会把我们当成是最受欢迎的客人,因为无论军队走到哪里,不是说不好,但或多或少都会给他们带来不便。我认为炮兵的营地会定在普拉克明(Pluckemin),即在莫里斯敦(Morristown)以南大约 15 英里的一个小村庄——一个离主力军不太远的地方。我们不得不全力着手工作,因为整个部队都要和去年一样住在临时营房中。我希望这个工作可以进展得很快，因为霜人杰克（Jack Frost）在这种情况下是个很有力的刺激因素。上次战役后不久，当这种住在临时营帐的建议被提出时，有人便认为这很荒谬，几乎没人相信它的可行性。而且所有的人都对装备感到惊讶。很明显，经历了一场漫长的、不成功的艰辛战役后，在林中扎营，还要在12月下旬自己建造房子，这对部队的剩余力量来说要花费大力气。这不会在我们的"新历史"上留下不光彩的一页。

几周之前，人们普遍相信敌人很快会撤离纽约和罗德岛，但是那些对这些行动保有最乐观期待的人们似乎要失望了。它可能发生，也可能不发生。毫无疑问，拜伦（Byron）先生的中队遇到的灾难会让他们的撤退延迟一段时间，也许会延到明年春天。果真如此，那么今冬我们的朋友和盟国就有机会在西印度群岛施展拳脚，除非伯爵的厄运会依然光临。可怜的家伙！希望幸运之神能保佑他。我想，他的舰队的出海和墨守成规者的游行，都会使生活必需品的价格下降，必会让城镇居民从苦苦挣扎的贫困中获得巨大解脱。

对于固执的英国人来说，被迫在这个季节行军是一个不小的羞辱，但是，他们要怪就怪那股执迷不悟的劲头，如此才导致现今的局面，而降临到他们和我们头上的每一件坏事都由此而起。如果希思（Heath）将军继续在波士顿掌权，这些上流人士的撤退毫无疑问对他来说是令人满意的；我认为在目前他不会受其他事的影响。我几乎不知道用什么语言来形容，在一个好人费尽力气做完事后，在这个某种程度上令人尊敬的团体里，人们却用粗俗的话攻击他、并用他们的优越条件取而代之，这真是一桩太无教养的事。我只希望他们有同样的理由满意继承者。我无力给你说清楚他和威尔金森（Wilkinson）之间的事，因为我不知道全部情况；但就我所能判定的,我相信双方在此事上表现出了恰当的态度。报纸上有一篇有关科希丘什科(Kosciuszko)和卡特(Carter)之间争论的还算差强人意的叙述。前者所说的应该可信,所以在得出对此事的观点时,你不会感到茫然。

这是个很平常的问题,尽管我认为在当前它是很严肃的问题——你如何看待时局?从东部来的人给我们提供了一幅忧郁的面画。道德的沦丧,你所知的困扰着可怜士兵的纸币贬值,各种形式的勒索,这就是大致状况;但是,奢侈、娇气和一大堆聚敛财物的帮手极大促成了它们。这些也不是东部各州所特有的。在大都市费城,各种卑劣行径都被付诸实践。尽管人们以牺牲个人的善良为代价而享受到了一些东西,但人心不古,世风已变;更不用提贸易和诸如此类的事情,我相信这些都大致相似。在某个地方,你会发现"常识",迪安(Deane)先生和两派的拥护者们都进入到了竞技场,并且点燃了短期内不会熄灭的火焰。我担心他们已经使公众惊慌不安,使得人们本对其代表们抱有的信任在很大程度上也混乱了。他们如此扭曲事实,并且不回应本意良好的责问,以致所有的阶层都感到不满,但也没人知道以何种方式才能消除。就我自己而言,我读过迪安先生给大众的演讲。我能体谅他,因为我认为从他抱怨的方式来看,他情感上已经受伤了。"常识"攻击着他——他们中强硬派占据了主战场——本已复杂的局面更加复杂难办,结局难料了。读者们陷入了老好人罗杰(Roger de Coverly)一样的境地,最后得出的结论是:两边都应该多说点。

我很担心,如果我继续下去的话,你会认为我不再仁慈了。我无法自控,尽管我可以向你保证这点不会做得太过。另一方面,舞会、娱乐、竞技、壁球、集会、击鼓等等似乎流行于各个阶层。杰克成了一位绅士,为了跟上这部闹剧,他必须也如此表现。不然他能怎样呢?特别是这只是让消费者多消费一点点,这些有什么害处?那些大街上随之而来的人们自命不凡的表情,和本来温和现却狂躁的老兵们的举止,都使得可怜、渺小、谦卑的士兵们无法平静。因为这是必然的,当战争结束之际,士兵拿着小票来到原来的住所时,没有什么能比这种情形更让他们感到不满了。还不止这些。这些新晋的上流人士期望获得巨大的尊重,他们有"崇高"的想法,喜欢模仿比他们更上层的人的行为,他们不能降低这些标准。所以,决斗应运而生,现在已经非常流行了,好在没有带来什么致命恶果。事实上,有时有身份的人也迫于习俗而不得不屈服,这真的令人很失望。看看最近两名国会议员之间发生的一件有关荣誉的事吧,再看看李将军和劳伦斯上校之间的事。

也许这是你所不熟悉的历史。让我讲给你听。党派成员全是有着真正荣誉的绅士,前任国会主席在国会成员前讲话时说,早在上任之前他就已经涉及管理此事,但当时只能简要谨慎地处理,现在,他可以继续提出并恰当处理这件事了。佩恩(Penn)先生,一个来自北卡罗莱纳州(North Carolina)的代表,起而反驳说众议院对这件事情绝不熟悉。以这种方式提出反对,使另一位绅士感到自己被冒犯了。他要求对方给出合理的解释,两派之间唇枪舌剑,甚至动手,但两派都没有人受伤。经过一段时间的调解,双方同意和解。

李将军在和总司令阁下谈到人身自由问题时,被总司令的一个助手劳伦斯上校(上文所提到的前任主席的儿子)所怨恨。这个上校写便条给李将军宣称,他和将军的关系不允许他听任有人嘲弄他,他要求李将军和他见面并给出解释。李将军答复说,尽管一个人在当今却按古老的原则评价另一人是前所未有的,但如果劳伦斯上校想恢复古老习俗的话，他也会遵守这一规则。因此他们见面了。事情有了结果，李将军受了对手一枪。他们互相都表现得极为礼貌，李将军之后说在这件事上，上校的行为是很有教养的，也感谢上校让他享受到了"老式的尊重"。

无论如何，我每次提到李将军，都不能不去忧虑人类不确定的前景，这在这个不幸的人身上充分显示出来。多年以来一直增长的名声、任职期间处理问题不断成熟，却因一个小时的失误而丢失殆尽，并且无可挽回地被毁了！看到这些，士兵们的斗志可能不会那么昂扬了。

想必报纸已经告诉你英军在南方的进展情况。坎贝尔（Campbell）（也是一个战俘）上校指挥着，并以剑与声明的以往方式继续作战。他给克林顿将军的信和他的书面声明都表现出此人品性，但是我们希望林肯（Lincoln）将军不久能给他一次痛击。我们的同胞已经获得优势，这对于振奋各阶层的精神产生了积极影响。如此，坎贝尔先生被迫去边哨，并且极度谨慎地前行。由于去除了他和这个国家不友善力量的联系，他无法得到预期的人员及粮食的供应。整体上，事实按这种方式进展着，我们可以理智地推断不久就能得到那个地区的好消息。

英国人所表现出来的愚蠢和疯狂将变得人尽皆知。他们在上次战役中的懒散给军队以往的光彩抹上了擦不去的污点。最近从纽约假释出来的韦伯（Webb）上校说，在坎贝尔出征佐治亚（Georgia）之前，人们在城市的各个角落尽情谈论着美国获取独立的必要性。他们说，武力已经尝试过了，但没什么效果；武力的对立面会比预期更为普遍，而且越早和解越好。但是显而易见，也有不确定因素。他们一听到坎贝尔胜利的消息后，观点马上改变了，就只能听到打压造反、让美国无限制地屈服的声音。欺骗人的民族！他们也不想想，将这必要的工作拖延得越长——因为这是他们必将面临的——事情就变得越困难。如果他们现在不选择和法国、美国谈判的话，很快他们就不得不另外和西班牙协商。

最近，有一些重要情报已经到达大陆，尽管由于政治性原因没有公布。然而，国会成员们作了报告：西班牙已经向联盟提出同意提供一笔相当数量的贷款；西西里国王同意向美国人开放港口；沙俄（Russia）女皇已经放弃向英国提供人员与船只的主张；阿姆斯特丹（Amsterdam）这座城市通过在荷兰议会（States-General）中的影响，使各省的联合与美国的一项条约问题变得更加含混，人们认为其结果是有利的；除此之外，还有更多的喜事连连。各种猜想都涉及最近发生的事；有人说一项资本贷款正在磋商中；英国官员和我们在巴黎的长官之间正在进行商量和解的前奏。也许两者之一甚至两者都是真的，抑或是否"有更多的喜事"，时间会揭示的。同时，我们应该准备好。获得高尚和平的最好方式就是通过战争使我们的状况变得有利。

1779年6月28日，山茂召少校从新温莎（New Windsor）写信给他的父母；他在表达了希望林肯将军对南方的出征能结束这场战争的强烈愿望后，又讲述了他对目前国家状况的看法，以及他个人的沮丧之情。

我很严肃地期望接下来的这场战役能结束战争。美国人民似乎已经忘记了那些高贵的、在战争伊始使他们富有生气的原则。那些曾经鼓舞着所有人的爱国热情和那些我所说的高尚又神圣的激情都被贪欲取代，被企图满足于可耻的、不光彩的热情的无耻行径取代。我认为热情的贬值和纸币三十比一的贬值是旗鼓相当的,我不知道这样的断言是否过于夸张。也许你会仁慈地认为我对这件事的描述太过了,但我没有。我是深有感触才这样说的。拜垄断者和敲诈者所赐,加之权威机构极少注意对他们加以抵制,我们的纸币就沦为一种称呼而已。无论这些对整个社会的影响多大,可怜的战士们会更快地体会到这种有害的作用。我自己就是一个典型的例子。对于我的工作,我只收到一种名义上的报酬——都是以8先令为单位的美元,可是在这个国家流通的最小单位是便士。我想说我是出于最纯粹的动机而从事于我们国家的事业,如果这样说不会显得太像是自夸的话。但事情如其所是地进行着,这种持续性带给我的就只有贫穷和破旧衣物。如果我有自己的财产的话,即使我要牺牲我最后一个便士,我也会因为自己的坚持而感到喜悦。但我的状况是:即便在最低的经济保障线内,我的收入也不足以养活自己;我没有自己的钱包。还是我的父母亲最好,他们对自己的儿子有着最温柔的情感。即使他们自己也感觉很窘迫而没法资助我,也希望尽可能地资助我,我被他们说服了。这些经常掠过我的脑海,当我想到这些时我就会变得非常严肃,其程度比我的自然性情所带来的更深。我的战马损失了,无论是怎样的意外(除非它战死在沙场,我能获得它三分之一的价值)都让我陷入无法遁逃的不幸中,两年的收入和赖以生存的必需品都不足以换取它。然而,我们工作的性质要求我们必须保有一匹战马。军事当局侵吞了一部分工资。我开始细算之前,我几乎无法想象需要添加那么多要花钱的地方;尽管我已经提到够多了,但是我发现还要增加好几处。

我亲爱的、尊敬的爸爸妈妈,相信我列举这些并不是想要让你们不安。没有什么东西能像这种后果那样给予我更多的痛苦。但是,我认为,一个人通过写信的方式表达自己的困境总会减轻痛苦,并且使自己更加容忍艰难。我想现在那些不幸给我带来的影响已经减轻了。我开始写信时就感觉自己更加轻松了,也更加能够接受自己的命运。我会看到许多人战争开始时还不如我富有,战争结束后会变得非常富有,这是真的。但是我不会嫉妒他们。尽管如此,我还是要重复强调我的愿望,我希望这次战役能够结束战争,因为我非常怀疑人民的美德能否再坚持一年。如果战争初期在每个美国人心中熠熠闪光的精神被恰当地珍惜的话,那这之前整个国家都会沉浸在为我们的利益——"和平、自由、安全"——而奋斗的热情中。但在目前的状态下,恐怕这些祈福还很遥远。要想获得这些,还需要做许多努力。我们应该好好注意国会在对国民的最新的讲话中提出的建议。我们不能静立干等别人来解救,我们必须自己努力,努力使用、运用上帝赐予我们的方法,然后才能希冀成功。①

---

① 山茂召少校对当时的道德和政治方面的观点与华盛顿将军对这些的思考有如此惊人的相似,使我们不得不注意到。在一封1778年12月30日、从费城写给本杰明·哈里森(Benjamin Harrison)的信中,华盛顿写道:
"如果要我从自己的所见、所闻和部分所知的角度,就时局和人们描绘出一幅图画的话,简言之,我会说,怠惰、放浪形骸和挥霍侵蚀了大部分的人;投机、侵吞资金和对财富的穷奢极欲,似乎超越了人们其他关心的事,几乎超越人们所有的事;党派政论和个人争吵是每天的重要事情;但与帝国息息相关的事情,日积月累的巨额债务,崩溃的金融体系,贬值了的纸币,使人渴望一切东西的赊购的欲望,都变成了次要的考虑对象,一天一天,一周一周地拖延着,就好像我们的事情都有着最美好的前景似的……我们纸币的价格已经跌了一半,而且如果在接下来的几个月,纸币停止流通,我不会感到震惊。然而,这些需要花费三四百英镑的集会、音乐会、正餐、晚餐,却使得人们不去为这些事情努力,甚至根本不考虑这些。然而,我们军队的部分官员,辞去了工作,极少数微乎其微的高尚的军官,陷入了乞讨和贫穷之中。这些描述绝不夸张。"——*Writings of Washington*, Vol. Ⅵ., PP.151,152;also pp.210,211.

第五章　英军劫掠康涅狄格州

韦恩将军率军攻克石点——亨利·李少校率军攻击保卢斯胡克的计划——少校因渎职被捕——审判——辩护和光荣地宣告无罪

1779年7月至10月间,山茂召少校给他的朋友——艾略特先生写了三封信。以下是节选的篇章。

新温莎,1779年7月16日。

你的愁绪和我一样,而且我很难过地发现,货币的萧条以及随之而来的公众道德的沦落是如此普遍。没有人能比贫穷的大陆人更能体会到它的影响。就算是傻子也知道。但这是个波及面太广的问题,我不想再多说什么,因为人一旦沾染上,就没办法脱身了。我将用祝福向它告别——希望上帝能加快改革努力的速度。

敌人已经开始有所行动。谋杀、毁灭以及各种暴行是他们活动的全部内容。来自大陆每个地方的人们已经感受到了这些暴行。看吧,即使是现在,康涅狄格,你的曾经快乐的城镇①现在已经变成废墟,你的年迈无助的市民在家中被屠杀,妇女的贞洁被蹂躏!很明显,这种让人难以理解的暴行应受到最严厉的惩罚,现在报复变成了一种美德。有哪个美国人会丧失他的男子气概,昏了头去考虑将他的利益与这个丧尽天良的民族相联合呢?他们的压迫最初让我们用武力对抗,其残酷又在每一阶段增加了战争的可怖。将其禁止吧,上帝!——将其禁止吧,我们欠下了被屠杀国民的生灵的债!与这个民族再度联合的最温暖号召现在肯定缄默了,并且全部力气肯定已用在击退侵略者上了,以替我们受伤的国家报仇。我们的敌人发起的这样一场以流氓的方式进行掠夺的战争让野蛮人都自叹弗如。去没有抵抗的地方,掠夺、烧尽、毁灭没有抵抗力的城镇,一旦发现危险马上就逃离,这就是特别能为英军增光的作战方式。通过这种行动,敌军占据了优势;它必然使我们的兵力分散。我担心这会干扰我们更为有效的防卫。但是,我希望让我们有机会对付他们的时机能到来。对复仇和荣誉的渴望相交融的情绪弥漫在我军中,我相信这会让他们更加充满活力地投入战斗。

　　我亲爱的朋友,请把手交给我,让你诚实的心灵接受我的祝贺。将下面的叙述看成是不容置疑的事实吧——这不是卡罗来纳的故事。敌军的营地石点先前在河的这边,他们通过切断与"国王号渡轮"的通讯而占据了我们这边的营地。我们伟大的总司令得到了敌军在石点的状况和驻军力量的确切情报,决定尝试拿下这

---

① 费尔菲尔德(Fairfield)、诺沃克(Norwalk)、纽黑文(New Haven)、伊斯特黑文(East Haven)。参见 Sparks's *Writings of Washington*, Vol. Ⅵ., p.292。

个据点。① 昨晚就制定好计划,在今天凌晨一至两点之间,由韦恩将军和炮兵执行,炮兵勇敢地完成了战争以来最彻底的突袭。堡垒、大炮、来自第17、第71团和新征的五百名驻兵,都成了我们的。我们的死伤人数不到十人。其中,韦恩将军受伤很轻,只是头被滑膛枪的子弹划破了皮。尽管是晚上,突袭还是成功了。此后不久,敌军的哨舰下河了,将其军队留在河的另一端以保证自身的转移。或许我们可以袭击他们,但经过一次尝试后,我们发现敌军装备充分,足以应对我们的袭击。这次大捷给未来的行动造成更加复杂的形势。我希望这只是更有利局面的前奏。

河的防御工事情况就是这样,我们在该地区的部队不是没有可能转移,我们对其命运不用担心太多。整个英军都不敢来袭击它。就算他们经常将其包围,我们的部队也会及时前来解救。因此,我相信他们不会做这样的尝试。

你想知道李少校会否再次指挥我们的部队?我相信不会,这次战役他不会,因为他将一直拖到明年12月才会任职,即国会核实他的审判一年后。但是,一方面人们会同情这位不幸的军官和他命运的多舛,或者另一方面这又让他们有机会中伤军务,直到这件令人不快的事情被宣告清白。但是,似乎人们普遍和主流的情感(这种情感不会是为了美国好)还是希望他能再次指挥军队。可能是这样,或者这只是权宜之计。人们的喝彩是不稳定的,这位军官的状况就是一个例子;关涉到他的行为,人们考虑的多种意见肯定能使传记作家感受到任务之艰巨。要公正地看待一个人物不是件简单的事,当判定一位伟大人物,例如像李少校这样在许多方面

---

① 参见 Sparks's *Writings of Washington*, Vol. Ⅵ., pp.298, 333, 336。

都受尊敬的人,对他的不同的强烈情感轮流当道,他的错误和美德反复无常地被人褒贬,如此混杂没有哪一种说法可以占据统治地位。当这种角色的人物因故出现在公众视野时,要下合适而公正的结论一定是非常困难的。

新温莎,1779年9月30日。

窃以为(尽管这种想法已被人苛责过),教皇毫无疑问是"诚实的人,也是上帝最高尚的作品"。

让那些学者、政治家或者英雄,因其天分、才识及其制造的喧嚣而得到声望吧,这些会让他变得"伟大"。但是,令你我受教化、使我们变得高尚的才是我们关心的事。你职业的要求不可避免地让你去观察所有的人,稍微仔细观察其中许多人,并注意到一小部分人(我希望只有我能说)的无情和恶念。我向上帝祈祷,希望我的亲爱的朋友永远不会因为人性的反复无常和忘恩负义而逃避。我希望你能获得你的职业和基督教给予的所有慰藉,正如我们被告之的,这些慰藉是很大的。我相信,你非常了解我这种关涉到神性学习与实践的情感。我在早期时候酷爱它。我认为这是人类所能胜任的最高贵的职业,而且我很崇拜它的专家。我想要成为一名和平的布道士。我是一名士兵,上帝知道我将做什么!

我对出征佩诺布斯科特(Penobscot)失败的你和其他感到失望的诸位兄弟表示慰问。对人力在各部的部署自然地让他们去谴责战争中导致失败的人和战争策略。很多人就不幸地变成有罪之人了。对我来说,我并不会从我所接收到的这么少的信息中就妄断谁应该被责备;但是显然,是有一些要责备的地方——不管是备战工作、安全防卫,还是执行方面,究竟是哪方面的问题,就留给英明的领导来决断吧。

当我们州正在绞尽脑汁地寻找上述的失败原因时，一些世上有见识的智士们已经竭尽所能地毁灭一个人，这是为什么？取得了战争中最杰出战功之一的人，你应该不会对他感到茫然。我说过他们报复的目标就是李少校。你关于这位绅士的观点是非常站得住脚的。他在哪里都会崭露头角：作为一名学者，他受到重视；作为一名认真的、有魄力和活力的优秀士兵，他也崭露头角。他有着恺撒般的卓越的优秀品质，他的头脑能够尝试最危险的事业，他有勇有谋，洞察力超强。最重要的，他永远都是谦逊的，即使那位著名的指挥者的自负被控有罪时，也不应让他饱受折磨。应你的要求，我很高兴地给你介绍保卢斯·胡克事件的详细情况以及对李将军的影响。

这位绅士在所有场合都以他一贯的得当举止、以军官的身份区别于他人。华盛顿将军很高兴派他去进攻保卢斯·胡克。李少校与游击特种部队在战线上待了近两个月，他一直都在附近，并且经常可以通过自己的观察以及逃兵们的描述而获得那边驻军的必要信息。他将情报汇报给了总司令，同时提出突袭驻军所在地的计划。这个尝试是很大胆的，困难非常多，成功是未知的；从此地以及纽约周围地区的状况来看，如果计划不成功，撤退将非常危险。尽管有这么多的障碍，但他依然坚持应该突袭的看法。他获得了指挥权，这件事情的实施完全依赖他的判断。兵力是他骑兵下的一个连，以及来自马里兰（Maryland）和弗吉尼亚的三百士兵。士兵由克拉克少校指挥。克拉克少校应李少校之请加入了那支分队。

这伙人行军了，但是由于向导胆怯（如果不算是背叛的话），相当一部分士兵被拆散,在林中迷路了。其他的人直到拂晓才到达目的地,这比预期时间晚了3个小时。这是事先未曾预料到的困难,而且士兵的丢失导致了必要的新部署。即将到达的白昼使情况恶化。我们的英雄没有限于这种尴尬境地,而是下令马上出击。因此计划执行了,而且圆满落幕,取得了应得的胜利。一伙敌军陷入我们主力的包围中,并且抵抗着。当时太阳已升起,没有时间可以浪费,比起从敌人整个部队的眼皮底下撤退,拿下这些倔强的小伙子根本算不上是目标。因此李少校命令他的部下带上157名战俘撤退到一艘渡船处,在那里已经预备好船只,过不了多久就可以带他们摆脱危险。因为完全从陆地上撤离很危险,所以总司令严令禁止。但这时出现了又一件让人失望的事。他们的延误已经超出预定时间,负责照看船只的军官认为不会进行突袭。考虑到自身安全,他已将船只撤走了。这时,夜间迷失的那伙军队已经会合。李少校下令从陆地上撤退,并挑出了前面提到的那50名士兵加入由他指挥的后卫,其余的人带着战俘继续前进。他不得不带着这批人,因为这些和他一起参加突袭的人,在过一条运河时毁坏了所有的弹药筒——由于夜间的延误,只能在高水位时过河。所以,袭击过程中没有滑膛枪能开火,他们靠的仅仅是刺刀。

与此同时,敌军也击败了来自纽约的一伙人。一个叫做巴斯柯克(Buskirk)的上校带领一支大约两百人的在头一天离开了驻军的队伍,企图在另一个地区拦截我们的一小伙人。李少校告诉战俘中的一位军官,如果他说的是错误的情报,他就将受到惩罚。这位军官便将上述情形告诉李少校。我们的部队离最终安全地有8英里远,而且他们要通过3条小路。一旦在其中某条路上被拦截,他们肯定完蛋。意识到这些后,李少校让主力军加快速度,他和后卫部队掩护其撤退。不久后巴斯柯克率领的敌军出现了，但是在一座被石屋覆盖的桥上被将了一军。我们勇敢抽去了桥上的木板，并且将一部分人留在石屋中。敌军无法行动，我们的部队到达他们的目的地。

当主体部队从总报告中得知李少校的胜利，赞赏了他的良好表现时，马里兰和弗吉尼亚战线上的一伙军官却开始策划指控他。我不想说这些行为的动机是什么。军队中人们总是认为自己因自己的公正和荣誉而有价值。在这次事件中，他们宣称是为了公共利益。事情进展的结果是李少校被捕了，并被指控8项罪行。我会将这些指控以及法庭对他们指控的人的评价附寄给你。当发现身处困境中时，他马上向总司令阁下申请，提出愿意写出他有幸在攻击之前从总司令那里得到的口头指令。总司令阁下同意了他的申请，而且我很高兴地看到了这张纸。我记忆中的细节是这样的：他要带着分配给他完成此任务的部队，努力搜集更多的信息，搜集完毕，这个计划如果在执行或撤退上有困难，他或许可以放弃此计划。及时而安全地撤退被反复强调，并且他被命令抓紧一切时间去消除或者毁坏那里的物品，或者搜罗落伍士兵。此次计划的目的是通过袭击军队驻扎地并马上带战俘撤退，以此给我们的部队带来点光明。

我很确定，这就是我所看到的事实，将军阁下亲笔写的。① 李少校多大程度上完成了这些，他的成功和那些军事法庭上高尚的证词会说明的。克拉克少校，一个十足的绅士，提出并努力说服那些官员不要起诉，但却徒劳。在审判过程中，他力挺李少校，尽管

---

① 参见 Spark's *Writings of Washington*, Vol.Ⅵ., pp.326,333,336。

他是唯一会因李少校实施该行动而受伤的人。他所有的证词以及其他被问人员的证词,都可看成是对李少校行为的赞颂。李做辩护时,我是在场的。证词是即兴的,是由对前面所述证词的回应、他自己在突袭之前的命令以及后来的指挥组成。他用这些语言做总结,因为他明确自己是无罪的,所以说的时候带着一种恰当的自信。

"我的辩护陈辞已讲完。在感谢法庭听取我辩护的关注和耐心后,我只想请求无论他们的决定如何,请他们指出。如果我行为失当,严厉惩罚我吧;但是,如果我似乎履行了我的职责,这次起诉将毫无根据,我相信先生们会如实告诉全世界。"

就像你即将看到的,法庭以一种让他和他们自己都感到无上光荣的方式宣布他无罪。因此我亲爱的朋友,我已经给你详述了这件有趣的事。不知不觉,它已经偏离了我打算讲的。但如果它真的有点冗长乏味的话,你也必须感谢你还有我,因为我真的打算帮助你。

既然我的生活已经翻开新的一页,我希望我能告诉你一些好消息,但我们目前所知道的都是二手资料——消息是从你们那边来的。假设我们都试着去猜猜吧。如果法国舰队到达南部地区,而林肯将军奉命与之合作,我们难道不能猜想结果会是英军在那边的军备遭到毁灭?唉,可怜的约翰牛!你是怎样地作茧自缚啊。这不再是你和你女儿间的孩子气的争吵,而是与法国、西班牙和美国的严肃讨论。这和你从上次战役中得出的结论是多么不同啊!你们的军队在世界每个角落都很成功;你们的舰队在海上胜利了,你们的敌人们感到羞愧;你们的国民很开心;你们殖民地的人高兴地捐款来支持你们的胜利和独立,这与他们的利益息息相关。回想你以前的情形,哭泣吧;再看看现在你的处境,为即将到来的报应而战栗吧。

我军和敌军迄今占领着一样多的据点。他们将石点看成是攻不破的,我们将西点也看成是牢不可破的。我相信双方都不会尝试这场战役。但是,他们在预谋什么,数日后即将揭晓,或许是一些流氓似的、掠夺性的、以杀害他人为乐的出征。以我的名誉发誓,如果我是将军,我会绞死所有参与到这种非人性事件中的人。

新温莎,1779年10月19日。

从我们城里近期的一份报纸上,我看到一个拟定的漂亮的军事行动计划,毫无疑问人们普遍希望它的发布能缩小纽约版图以及减少躲避在那里的俘虏数量。本来这只在军队中暗中议论的事情,也只是权宜之计,应尽可能保密的事情首度披露居然还是在公共报纸上。难道你不记得,公众都知道的斯宾塞(Spencer)将军领导的征战罗德岛的秘密行动?还有在巴格杜斯(Bagaduce)事件中,在离家不远时走漏了风声?可以肯定地说,乔治·考里尔(George Collier)先生以他的名誉宣称,除从波士顿报纸中得到的信息之外,他对有关此时的情况别无所知。如果这真是事实,那么保密性到底是不是这次行动之原则的结论就不言自明了。然而,经验会教会政治家智慧。

从你对我们国家制定宪法会议的描述和其他信息来看,我觉得我们能期待到一部好宪法。我被告知它将是一部符合国情,或对国家提出改进的宪法,并且也只有这部新宪法才对得起联邦的名字。由于有人想推动立宪,也有人反对立宪,宾夕法尼亚已经产生悲剧性的影响。六人死于一场对人民政府的争夺,这对于人类智慧而言不会是有利的。我希望即将组成政府的国家能受益于这次惨痛的教训。敌人在听到这次公开性的愚蠢事件时会多么狂喜,并感到胜利。国民对抗国民!子孙后代会如何看待这件事?

你应该已经得知这件事情了,我也不想对这件令人不愉快的事的描述让你我感到痛苦。让它们在漠视中封存吧!

我亲爱的朋友,祈祷吧,你关心的那些事情会如何发展?进场的门是否还敞开着,还是你已经进门了?这段我原本致力于发财致富的时间,我都在部队中度过了,为着我们国家的事务,尽管这样做的结果是贫穷,但是反思却是一种真正的补偿……我的幸福观都是社会化的,但同时也是温和的。让我独立、有闲暇去关心国内大事,在关心大事时有一名搭档,有一帮朋友,这一系列的事情,使我不会嫉妒英雄和政治家。因此我是幸福的,只要生活继续,我就会享受它。如果足够幸运,我和我的朋友能撤去各自不同地区的帐篷的话,我就会像现在这样,只要环境允许,就会通过与他交流的方式来安慰自己。

1779年12月24日,他给他的兄弟纳撒尼尔(Nathaniel)写信道:

在一场战役的辛劳后,我们的部队用往常的方式,建好了他们的小木屋,现在正住在舒适的住所内。1777年在瓦莱弗戈(Valley Forge)建造木屋是一件痛苦的任务,但是现在这已经变得很轻松了。如果战争再持续几年的话,这将会是一种娱乐调剂方式。必要性和习惯使人们适应了起初看上去不可逾越的障碍。

在营地的周边地区发生了一次决斗,受伤者的胸口挨了两颗

子弹。在同一封信中,他向他的兄弟提到此事:

> 这种调解争论的方式实在荒谬。一个人叫另一个人无赖,作为补偿——射穿他的身体!无论这种仲裁的方式多荒唐,但是习俗,暴君似的习俗,"那种会让最坚定的哲学家蔑视的世界的可怕笑声",已经使得自己臭名昭著,使得绅士们拒斥它。不仅职业上与刀剑相关的人们,而且国内生活的各个阶层的爱和平的人,都察觉到它的影响。

第六章　英军袭击泽西

阿诺德的叛国——交换俘虏时的困难——南方部赋予格林将军的指挥权——他的品格和声望

一直到1780年4月,山茂召少校的军阶还只是中尉。此时,他收到炮兵第三营上尉的委任状,并同时保持目前的职务以及副旅长的军阶。1780年6月20日,他从肖特山(Short Hills)写信道:

到达营地后三天,我们收到敌军要从斯塔腾岛袭击我州的情报。这是第七天才收到的。我们的部队马上与民兵以及一支大陆军的分队合作。这支分队在伊丽莎白镇(Elizabethtown),敌军从这里登陆,登陆时严重骚扰了他们。然而,这支小分队被迫在我军的大股力量到达之前撤退。敌军在一个名叫康涅狄格农场的小山村附近占据了一个强有力的位置。在村子里,除居所之外,他们还烧毁了二十多所住宅和其他的建筑物,犯下的罪行如此严重以致野蛮人都会觉得丢脸。无助的妇女和小孩从房子中被赶出来,这些不幸的难民还没来得及从火中抢出诸如衣服之类的物品,敌人就放火烧房子。考德威尔(Caldwell)先生的妻子——一位传教士、爱国的辉格党员——在一间密室里被俩士兵开枪击中。她是为了安全才和孩子们待在这里的。在其尸体被移出来前,敌人就放火了。但是,通过邻居们的巨大努力,在房子被烧毁前,尸体还是被挪走。如果我要列举他们暴行的种种,我几乎可以写本书了。战争开始以前,还没有哪件可以超越这一次的,只要指明这一点就够了。同一天晚上,他们撤回伊丽莎白镇驻扎地,打着斯塔腾的幌子,他们装备了一些作保护之用的船只。①

敌军对这次出征极为失望。他们被告之若派五千人前往泽西,因我军在南方挫败而深感沮丧的该州居民会毫不抵抗地屈服,而且大陆军军人随时都会叛逃。但谢天谢地,考虑这件事时他们没有考虑到他们的主人。没有什么可以超越民兵展现出来的精神。这是列克星敦的重演,若有一支充足的常规力量获准去发起一场总决战的话,一定会给这些粗鲁无情的纵火犯以最充分的复仇。我几乎要诅咒这个我们为之战斗的国家了。我的朋友,想想我们的屈辱吧,看到一支不超过五千人的敌军,就在我们面前扔垃圾并放火烧房子,之后撤退,我们居然不敢追击。军队以前从未经历过这样的事情。这真是让人吃惊,但这是事实,一个与敌人在国内每个角落交战的国家,在这个时期,这个竞赛的晚期,居然都没有足够的力量在战场上严惩这样一支人数如此之少却带来极大破坏的部队。事实上,我几乎可以猜到要想让一个没有见证过这些的人去相信,似乎是不可能的。但相信我吧,我们的部队,我们以著名的华盛顿为首的伟大部队,总计还不超过三千人!而且,如果

---

① 参见 Sparks's *Writings of Washington*, Vol. Ⅶ., p.76。

离开这个国家的同盟国给予的帮助，我们根本不能维持战况。

查尔斯敦已经陷落。尽管这在目前是个严重的打击，但是随后会带来非常令人满意的结果。人们开始觉醒，会记起战争还在肆虐。宾夕法尼亚州已经由民兵政府统治，而且州长以及委员会被授予了罗马独裁者式的所有权力。这必将充实她的阵营；并且，除获得政府权力之外，有人还为那个目的捐出六千英镑以上的巨资。泽西紧接着效仿之。简言之，如果各州效仿宾夕法尼亚和泽西的话，那么我们还有充满热情地进行战争的希望。如果我们不全力投入这场战役，那么将来的抵抗不会有效果。现在时机到了。我们日夜期盼的、与同盟国之间的亲密合作会帮助我们以胜利结束战争。敌人正为此做准备。上周六，哈利·克林顿和阿巴斯诺特（Arbuthnot）上将先生从卡罗莱纳出发，带领三四千人抵达纽约，因此我们很快就可以看到惊心动魄的一刻。

1780年8月10日，他从军营写信给兄弟纳撒尼尔，抱怨因为货币贬值以及未收到拖欠款而带来的物质窘迫，并表达了对未收到欠款的失望之情。

我们的总军需官在其部门已经有十个月以上没钱了。去年十二月以前，军队就没有收到一块钱。这就是我没能遵守约定的理由。我们的部队在离纽约25英里远的北河的多布渡口的船上。人数相当多。但是，唉！也就是人多而已，没几个算得上真正的士兵。新征来的兵几乎根本就不熟悉军务，更糟的是，当他们能做点事时，他们的服役期限却到了。服役期限的短暂以及对这些新征兵的长达半年的慷慨使得我们这些老兵大大受挫。而且我很担心，长此以往，我们的部队恐怕不会再有凝聚力。如果战争初期就积极努力地招募一支军队，那么战争就早已结束了，美国已经在静静地享受着独立；然而现在，这些可能还很遥远。

我们期待很快就与我们的同盟国汇合并开始行动。当想到我们的国家不是依靠上帝赐予我们的力量自救，而是必须依靠召集外国军队时，真的感到很痛苦。这是我们无法轻易抹去的丢脸的事。至于海军，我们应该感激愿意给我们提供装备的友好的列强。但是，美国国民虽如此之多，却要去雇用外国陆军部队，这也给美国历史写下了不光彩的一页。我是作为一名美国公民说这些的。我爱法国人；但是除非我们学会不依靠他们以及其他任何列强的帮助，否则我们就会变成一个令人鄙视的民族。

1780年8月31日，他再次写信给这位兄弟：

在过去的八天里，我们的部队已占据了离纽约大致14英里的李堡（Fort Lee）附近的地区。我们几乎彻底攫取了我们和敌军之间，以及后面村庄中敌军留下来的东西。我们把这个行动称为"寻找食物"，但是这只是对抢劫比较委婉的表达。但在战争中这是很常见的，当然也是合理的。目前状况下两种动机使得"寻找食物"变得很有必要。首先，谨防敌人在发现自己窘迫时来抢这些必需品；其次，资助我们自己的部队，在采取合理措施之前，我们已经三天没有吃到肉了，除了通过这种方式，别无维持生计的动物。事实上，可以说我们的国家从来没有给军队提供报酬以及衣食之类。

1780年9月27日，他从"鲁宾逊家的总司令部"写信给艾略特教士先生：

如果我不是写信给我最尊敬的人,而是写给其他朋友的话,我会说,恶魔已经统治了这个区域。总司令阁下、拉法耶特侯爵(the Marquis de la Fayette)和诺克斯将军穿着制服,在哈特福德(Hartford)接见法国将军以及陆军上将后于25日抵达这里。如果他们的关系传到你这,一定会刺痛你的耳朵。唉,我亲爱的艾略特,我们对人类心灵的了解多么少! 阿诺德已经投靠敌军!① 美国已经徘徊在毁灭的边缘,而且如果没有幸运地提前发现这次背叛,此时西点及其附属地已经被英军占领了。通过克林顿的特使的帮助,阿诺德和安德烈(André)将军进行了一次会晤。安德烈将军以前是哈利先生的助手,但现在是英军总副官。他乘着"秃鹫号"战舰(Vulture man-of-war)沿河直上,在哈弗斯特罗(Haverstraw)的一位约书亚·史密斯(Joshua Smith)先生的房间和阿诺德见面。在这里,他们之间商定好了背叛这些驻军所在地的计划。在交易过程中,"秃鹫号"已经调转了方向,因为一尊大炮被设置好要骚扰它,它也暴露在大炮的枪口上。这给安德烈的撤退带来的困难使他决定在路上碰碰运气。凭借阿诺德将军给的通行证,他扮成一名市民,冒用约翰·安德森(John Anderson)之名,通过国王号渡船。他没有碰到我们巡逻小分队,却被我们的一些民兵或者说是一伙山贼抓获,他们是依靠抢劫截获两线之间的人而生。他被捕之过程非同寻常。这些人一出现,他把他们看成是德拉凯(De Lacey)的部下,宣称自己是英军军官。但是一发现自己的失误,他出示了阿诺德将军的通行证,并且提出如果他们让他继续前进的话,就将自己的金表给他们。他们收到手表,进而在他身上搜索钱财。

---

① 参见 Sparks's *Writings of Washington*, Vol. Ⅶ., pp.215—217。

但他所有的口袋都没有钱,他们脱下他的靴子,这时他惊呼,"都没有了……"他们由此发现这些驻军地所有工作的具体计划,每个驻军地的特点和力量的具体描述,他们之间的关系,防御的必备兵力,现今为此目的而分配的人力和装备,进攻最易沦陷的地区的方向,以及军火和储备的确切数量。除此之外,还发现一张阿诺德前几天收到的我们军队状况的复本。还有,其他文件也包含了对我们政治活动的评论,我们货币的状态,我们继续作战面临的困难,我们联合国外的期望,所有这些都指出敌军必须改善目前的时况。这些文件主要是阿诺德手写的。

一发现这个,安德烈提出,如果他们让他离开,他就给他们五百几尼,事实上可以给任何他们想要的东西。但是所有人都不会这样做的。他们把他带给了指挥这些战线的军官。这位官员写信给阿诺德,说他捕获了一名叫约翰·安德森的间谍,但是未提到这些文件。另外他又将这些寄给华盛顿将军。将军正在距离西点几英里的地方,刚从哈特福德回来。阿诺德先收到了他的信,发现阴谋暴露,马上下河登上"秃鹫号"。将军阁下马上出现了,并且直接前往阿诺德的住所。他希望他的家人帮他跟将军道歉,因为他完全是被迫立即去西点,两小时之内会回来。不久后,将军阁下和陪护人员去西点了解这事,假想着同时会看到阿诺德。我们回来后,给他展示了一封写有安德烈被捕的信,以及附寄的他身上所带的纸张。这暴露了一切,阿诺德的消失不再是件神秘的事。将军阁下马上将主力部队两个旅调来这个驻军地,并且采取了足够安全的措施。

阿诺德就这样处理了此事,除了上述作为必要的中介人的史密斯,没人参与这桩秘事。他在得知消息之前,同一夜在菲什基尔

(Fishkill)的床上被捕,将接受对其性格缺点的公正惩罚。

因此,我亲爱的朋友,你已经知道了事情的来龙去脉。他作为一名战士的名声在所有知道这场战争历史的地方都被广为认可,如此公平地列于广受赞誉者之榜,在他们国家的军事荣誉榜中如此被认可。这样一个人竟突然犯如此深重的罪孽,是对高尚人性的一种侮辱。他生性贪婪,也因他的贪婪而成了牺牲品。

"没有哪个国家的人能像这样聚集在一起,
听从神灵的指示。"

敌军会完成与他的约定,还是将他看成是他们的一个收获,这对我们绝对没有实质性的影响。他在如此重要的任务中的失败很快就会毁了他在军队中的影响。对他们而言,他们将感觉到失去安德烈之痛。他的军事知识、他的演讲和才能,对于哈利将军来说如此必不可缺,以致任何事情除非经过他的批准和认可,否则绝对不可实行。据说他是军队的灵魂人物。但是,就算他比现在厉害10倍,他的结局也注定了是一个普通间谍。

1780年10月1日,他再次写信给这位朋友:

我们现在回到了以前的塔潘军营,明天上午林肯将军要从这里出发前往波士顿。这个好脾气的人已经致力于与敌军进行一次商谈,但双方存在的一些分歧使得既定目标的达成再次拖延。我担心国会以及大部分人并没能充分关注被关押兄弟们的痛苦,不然他们现在就会同意这时提出的处理方式。敌军要求全面的交换;我们要求只交换军官,因为交换士兵能增强他们的力量,这或许对我方不利。这样,由于我们的统治者并不关心我们国家的第一利益,我是说建立一支保卫安全的常规军,我们现在有必要为了我们国家的利益,采取公然的不讲道义的方式。按你们牧师的说法,这是一种可见证的"优雅的犯罪"。

在你收到这封信前,我想人们已经从阿诺德提供的情报对他们造成的恐惧中恢复了镇定。上天!我们做了一次怎样的逃离啊!损失大陆上任何三个首府都不如目前这个更不幸。西点及附属地区形成了美国独立的屏障,如果这个在我们联盟的链条中的重要一环断了,我们就别指望和平、自由和安全了。想到我们为了维持这么点军队的存在而必须克服的重重困难(由于所有狡猾的人中表现出的懒散),即使现在沟通是开放的,当然如果它被毁坏,维持其存在将会是个奇迹。敌人会让叛国现象持续下去,占领从纽约到泰孔德罗加(Ticonderoga)的整个地区。这和他们已经在南方地区所施加的压迫方式,将会让我们面临一种末日。以目前的时机来看,只有创造性的力量才能使我们得到解脱。

我们已经逃过一劫,但还没脱离危险。敌人的陆海兵力都是强有力的。尽管他们现在对我们以礼相待,毫无疑问他们会观察我们新征兵的截止期限,那时我们拥有的力量不及目前的一半,将不能打败敌军。近期我为结局如何而紧张,但是我不感到绝望。我说的不是丧气话,我已经见过美国处于最低点,而且我是他否极泰来的见证者。事实上,从最近的救援情况来看,我相信她不会失陷。如果我们想要看到圆满结局的话,难道我们不该用上天引导我们所该采用的方法吗?否则真是我们的耻辱!让我们做能配得上拥有那些我们争取的福祉的人。目前的战况会使结局来得更快。我们对胜利的美好期待突然消失了,就如同镜花水月。以上帝的名义,我们唯一的希望就是军备在这次和新战役开始的间隔期内好好改善。

无论如何,阿诺德在我脑中挥之不去。在这件事情上,除了他在纽约受到的待遇,公众知道的并不比我写给你的信中的内容多。似乎他在那里没有受到很好的待遇。军队中所有军阶的人对这个有造诣的、有魄力的安德烈的命运的担忧,使得他们把他看成、也诅咒成这次事件的原因。亨利·克林顿先生几乎为这件事情发狂,而且他愿意献出一千个阿诺德,如果这样做不会对政策和国家信念造成致命伤害的话。事实上,可怜的安德烈今天下午五点钟就要出庭。由主要官员组成的委员会发现他犯有违背国家法律和习俗的罪,因而判处他死刑。他在调查之前和过程中表现得正派而有气概,我敢说审判官判他死刑时肯定感到极为惋惜。将背信弃义的阿诺德献祭给我们,对于我们受伤的国家来说,我们将多感激啊!

同一天他从塔潘写信给他的父亲:

我猜想你对阿诺德的行为会感到很震惊。它需要一个名称。古往今来的恶行没能超越这件的。目前我没有时间去详述这个无赖最恶劣的事。谢天谢地!及时发现这些,就避免了本来可能会产生的一系列恶果的可怕的不幸。我们公共事务每况愈下的状态真令人担忧。原计划帮助我们攻克纽约的同盟国的舰队,被堵在罗德岛。这在战争中并不常见。下一次的冒险会让敌人陷入同样的状况。但是我们不能说美国的自由完全依赖于机遇。不热情全心地投入战斗,就不会成功。尽管有人从大部分人的行为来看判定为不可能,但这不是不可能的。

1780年10月20日,他从新泽西的特拖瓦(Totowa)军营写信给兄弟威廉（William）：

你想知道我军在这次战役中做了什么吗？答案很简单，什么也没做。英军的海上优势使盟军给我们提供的帮助丝毫无用。我们想要手牵手去纽约的自信的愿望已被证明失败了。我们采取各种方法以促使敌人在战场上文雅地解决战争。我们频繁地更换阵地，这种方式使得敌军就形势而言比我们更占优势，只能理解成我们邀请敌军加入竞技场。他们的指挥官哈利（Harry）先生，像以往一样拒绝接受我们的"邀请"。因此这场战役快要结束了，我们现在主要集中精力揣度敌军在接下来的冬天的计划。大部分人认为他们会大力经营南方地区；并且根据一位该地朋友的描述，我们确实很担心。一支大约三千人的援军前天从纽约出海，最近敌方已从英国调了一大批人去纽约，所以那边的驻军不会因为这支分队离开而削弱。国会开始为南方地区的安全感到担忧。格林将军要启程了。让那个地区的人提供兵源和必需品吧。如果对单个人的能力和努力有什么期待的话，没有哪个人能比这位和蔼可亲的军官更能满足这种期望了。我军所有士兵都对他的离开感到惋惜，这是显示他价值的有力证据，尽管出于国家利益，要大声颂扬这种分离。而这种颂扬只能用来赞颂真正的价值。①

战争才刚刚开始。敌军似乎决心去利用遍及我军、阻塞我们做事效率的身心疲惫状态。当我们用3个月或6个月时间征兵时，他们也在接收作为战争重要人力补充的新兵。我们的整个政治制度一定要改变。是时候要意识到敌人已深入到我军骨髓了；经验让我们确定绝对有必要准备一支常规军，以保护权利不受侵犯，并

---

① 参见 Spark's *Writings of Washington*，Vol.Ⅶ.，p.275。

为我们在这次有意思的竞赛中提供安全保障。现在和下一场战役开始之间的时间间隔意义重大。然而对军队的改进可能得依靠我们作为一个国家的存在才行。

第七章　宾夕法尼亚战线的叛乱

罗尚博率领下的法军——考彭斯附近的战役——新泽西战线的叛乱——美军副官的装备——各州给军队带来的负担以及士兵面对的不公正待遇——莫迪·普拉西斯爵士

1781年1月6日,山茂召少校从新温莎写信给艾略特牧师先生:

我亲爱的艾略特,请你做好准备接受一个能明显影响每颗诚实心灵的令人震惊的消息。军人的日积月累的遭遇最终产生了最恶劣的影响。驻守宾夕法尼亚战线的军官和民兵发动兵变,他们破坏军营,并全体到费城游行,要求国会对给他们造成的不公待遇予以补救。

我把我所能收集到的关于这次叛乱的细节陈述如下。① 除了三个团,整个战线为了这一诉求迅速脱离军官的管辖,全副武装地出动了,并呼吁改变不公,获得补偿。韦恩将军和士官们想尽一切

---

① 参见 Sparks's *Writings of Washington*, Vol. Ⅷ., pp.348－362。

办法平息这场骚乱，但却徒劳。其中很多人受伤，一个（上尉）被杀害。前面提到的在其军官带领下游行的三个团也被要求加入其中，这三个团被威胁如果拒绝就将杀无赦，最终他们妥协了。然后，他们去抢夺野战炮，用武力强迫还未加入他们的炮兵也立即加入，否则将处以刑罚。渐渐地，反抗变得越来越普遍。

除士兵抱怨已久的因衣物、工资、口粮短缺问题对其造成的复杂多样的伤害外，还有一个特别的情形惹恼了宾夕法尼亚州战线的士兵，也使形势急剧恶化。国家的一个代表团在几天前抵达军营，还带了六百名慰安妇，每个士兵分配3个，作为服役6个月的奖励，他们服役期限已至，若要继续待在军中，需被重新征募。老兵因承受日间辛劳太多而无法忍受。为此他们写了申诉，并下决心到国会游行示威，要求获得补偿。正当韦恩将军要开枪时，一百多把刺刀对准了他的胸膛。"我们爱戴您，也很尊敬您，"他们说，"但您若开火，您就会死。""不要误会我们，我们不会投敌；相反，如果他们现在就来了，我们会像以前一样在您的指挥下充满斗志地跟他们作战。"他们补充道。他们当晚就开始行动，为了避免事情恶化，第二天韦恩将军随后转运了粮食，以阻止他们掠夺包括他和三个主要军官在内的私人财物，并做了最坏的打算跟他们交涉，试图阻止任何暴行的发生。他们礼貌地接受了，并对军队产生信心，然后就被送往宾夕法尼亚。

针对此事，泽西战线的士兵很快被派往戍守伊丽莎白镇的周边地区，在此当地民兵团加入了他们，共同组成了一支足以挫败企图从中渔翁得利的敌军的部队。

我亲爱的朋友，这一幕就这样开始了；它什么时候结束，以及结局如何，只有上帝知道。无论如何，这对我们的国家来说都是一种耻辱,并且对我军军纪即使不是整体的损害,也必定是相当的破坏。

　　为了减轻你我当前的不安,我将告诉你这天发布的来自南方的两条振奋人心的消息。著名的英国游击队员塔尔顿(Tarleton)已制定了一个突袭桑普特(Sumpter)将军的方案,即率领一支由约五百名骑兵和步兵组成的军团发动进攻。首次进攻被桑普特将军的外围士兵击退;但是,返回后他派军进攻主力。此时秩序井然的主力部队如此"热情"地接待他,使他不得不仓促撤退,战场上留下92名死者和100名伤员。值得注意的是,我方损失很小,仅有3名牺牲、4名受伤,后者还包括勇敢的肩部受伤的桑普特将军本人。另外一件是一场漂亮的作战。率领90名骑兵的华盛顿上校,在得到关于鲁吉利(Rugeley)上校指挥的兵团在鲁吉利农场的情报后,决定袭击之。我方靠近时,敌军以一些木质建筑为阵地坚守抵抗。华盛顿让他们投降,遭到拒绝。他就命令在四轮马车的车轮上装上松木,并带领着这种新型装备的炮兵前进,逼迫敌军投降,否则将猛烈进攻其驻地。威胁取得了预期效果,他们投降了,有112人成为战俘。

　　……你真好,先生,你对我兄弟的逝世给予了亲切而友好的吊唁,请接受我最衷心的感谢。你的话表明你心地是多么善良,我希望你的话能疗治我受伤的身体和心灵。我曾经期待着幸福时刻的到来,在历经战争的疲惫之后,我能坐下来,和兄弟们一起为和平祈祷。但这令人愉悦的前景却似乎已消失了一大部分。上帝发出召唤,人们必须毫无怨言地忍受。我亲爱的朋友,希望很久之后你的心灵才会经历相同的丧亲之痛。上帝会保佑你,赐予你多年持续的幸福时光,这是你忠诚的朋友给你的热诚的祝愿。

1781年2月13日,他再次写信给同一个人。

我们一回到此地,就去罗德岛拜访弗朗西斯先生以表示我们的敬意,并和他一起度过了非常愉快的两天。他们对我们的礼遇和照顾无人能比。他们引领我们参观水陆的军备,我们对这一切感到很满意。你会说这很好。但严肃地说,就士兵数量而言,我从未见到比我们在纽波特(Newport)的同盟军更优秀的部队。还没有什么部队能超越波士顿的,而且我猜想英军也包括在内。除此之外,作为一个整体的这些军官也许是世界上最可信任的、彬彬有礼的一群人。或许,你认为我的赞扬有点夸张。但是想想吧,我亲爱的朋友,我们被引导着用带有偏见的眼光看待这些慷慨的朋友。这就是我们狡猾的敌人所擅长的,使得我们完全不知道他们的真实性情。我现在完全支持这样一种观点,即法国人和英国人或者任何一国人一样好;我也不怀疑,如果我们被召集和法国人一起经历战争的危难,"英国"先生会顿生反感,并毫无根据地诽谤这些优秀的人。

我诚实的老朋友,把手给我。我有一个来自南方的极好情报要告诉你。这情报今天上午刚到总部。1777年北方战役的陆军上校摩根(Morgan)将军已经歼灭了那个著名的英国塔尔顿游击队。此地指挥我军高级特种部队的摩根已发表撤离塔尔顿的声明,通过这种方式引其追击,由此远离康沃利斯(Cornwallis)指挥的主体部队。摩根一旦找到方便的位置就停下来,塔尔顿马上就来袭击他。摩根有效地抵抗,几乎让他的军队全军覆没。我想,转誊格林将军关于此事的命令能更好地描述这次壮丽的行动。

总部,希克湾(Hicks's creek),星期二夜晚,1月23日。将军高兴地庆祝了由摩根准将指挥的轻兵和民兵在17日考彭斯附近对塔尔顿上校指挥的、优于我军的敌军的胜利。这次战争中,敌军阵亡一百余人,二三百人受伤,五百多官兵成为战俘,我方还得到两尊野战炮、八百多箱军火、35架马车及其所有的行李,而我方只有10人死亡,35人受伤。

这次重要的胜利将会造成我军在南方战役的新局面,或许这是其最有意义的积极影响。受此鼓励,我们在那个地区的朋友将会继续反抗专制。他们也会因这次犒劳其伟大付出的胜利而更加充满信心,敌人占领他们的故土和自己当家做主人当然是截然不同的。

宾夕法尼亚战线之事已以妥协的方式处理,而且这种方式完全反映了发起参与者的卑劣。这个州已经遣散了约50%的三年制士兵,剩下的士兵将被准许休假40天。这真是一个"不错"的妥协!这些家伙中不会有几个再次被带到战场了,并且,该州如果决定再想拥有军队,就得自己去搞定了。

同样,泽西战线也认为是时候效仿宾夕法尼亚的好榜样了;但他们缺乏资金,以致计划很快破产。他们绕开己方军官,准备采取进一步的反叛措施。但是华盛顿将军的有力措施很快使他们恢复理智。从马萨诸塞战线中挑出的一支部队被派去抵抗豪将军指挥的部队。豪将军在经过沉闷的行军之后时来运转,他想在拂晓时突袭正在小屋中休憩的我军。他们只被允许在5分钟之内卸去武装离开,并交出其首领。他们服从了,两人被当场处死。因此兵变被镇压,官员们恢复其职,一切恢复原状。

尽管这些起义会对我军军纪产生不好的影响,然而也有益处。国家已经警醒了。人们发现有必要供养和维持一支部队,一支良好的部队是获得政治解放不可或缺的工具,军事上以及公共、私人事务中的诚实是最好的政策。只要他们珍视这种情感,共和国就将是安全的;一旦他们忽略之,不幸就会降临。

1781年3月15日,他从新温莎写信给他的兄弟纳撒尼尔:

来自南方的建议告诉我们,在塔尔顿战败后作出快速行军以追赶摩根的康沃利斯勋爵又一次撤退了。他的军队行军两百英里,最后在戴恩河(Dan River)遇上我军,这条河是北卡罗来纳(North Carolina)和弗吉尼亚的分界线。格林将军和摩根在此已经联合起来,每天都在加强兵力,伺机进攻。但是,康沃利斯,因不满意军况,第二天(我想是2月21日)开始撤退。格林将军跨河前往追击。康沃利斯自从他最喜欢的游击队员战败后表现得像一个被热情冲昏头脑的人一样。如果当地居民精神振奋地反击,那么他军肯定覆没,因为他所能到达的第一个安全地点与他开始撤退之地有130英里的距离。我们迫不及待地等待进一步的命令。

目前军中充满了巨大期待。除了关注格林将军指挥下的南部战况,我们还特别关注那个针对叛徒阿诺德之重要计划的命运。一支由拉法耶特侯爵指挥的人数众多的分队,从这边部队处出发了。我们希望在我们慷慨盟军的配合下,我们重要的事业可以获得预期的成功。

1781年5月13日,山茂召少校从新温莎写信给父亲,讨论兄弟纳撒尼尔希望加入美国军队一事:

我已经收到一封纳特(Nat)的信,信中表达了他想成为一名士兵的想法。这是我一直期望的;但我觉得这应是他自己的决定,所以我将不会跟他讨论这个话题。从他提到的环境来看,他没有什么留在家中的非常紧急的需要。现在一个让他在生活中成长的机会摆在他面前,如果你和亲爱的妈妈能同意他做此事,我将非常高兴。

我们目前所从事的军中职业是既公正又光荣的。在未来的某个时刻,一个有能力的年轻人回首目前的状况,会因为意识到自己对国家履行了职责而感到满足。我相信,剥夺年轻人的这种机会是不公正的。我相信,这一点会充分地鼓励你去满足纳特的愿望。除此之外,他还可以从军事教育中得到很多的好处。军队被尊为对人类学习有重要意义的学校。纳特,可怜的小伙子,还没有机会熟悉科学的这个分支。他现在正处于获得最好印象的年龄。我很高兴有能力既让他在军队中有教养,又把他介绍给最一流的人物。我建议把他安置给利利(Lillie)队长,他作为一名军官的名声在他所在军阶的所有人中是最高的。除了这个优势,他还在我身边,永远不会缺乏我的建议或者帮助,而这些是我有能力提供给他的。

如果我有幸在这件事情上得到亲爱的父母亲的一致同意,因为我的幸福和它们的关系如此密切,那么我希望纳特尽早出发。你不能对这个世界给的外部情况的压力熟视无睹,一个年轻人最初得出的观点通常是最强烈而持久的。因此,他要着手准备军官的配置,这很有必要。为了这个目的,我列出了所必需物品的估算清单,同时也尽可能考虑到经济因素。

我很清楚本次出行得付出一定的代价;但这是一次性的,而且会让他开始在社会中闯荡独立,还可以使得他不欠任何人的债。但是,如果你不能充分地提供给他所需物品,你可以动用以后将是我的但现在还在你名下的钱给他提供必需品。我将这些钱视为我亏欠最善良的父母的债务补偿。我乞求你们不要因为我可能需要这笔钱,而不接受它。去年一整年未收到的工资,以及我现在应该收到的,会提供给我适当的资助。我会很高兴提供与我兄弟有密切关系的极舒适的物品。

我由衷希望亲爱的母亲和您有无限的幸福,爱你们。

你们忠实的儿子山茂召

附:

一名年轻的士兵所必需的衣物:

海狸帽,15

经过修整的红色大衣,白背心和裤子,黄色纽扣(最便宜的就非常棒)60

三件白色亚麻背心和裤子,25

六件有褶饰边的衬衫和袜子,60

四双白色棉布或者亚麻布长筒袜,10

靴子,10

剑,20。

价值共计(银币)200

如果能按我写的提供上述物品的话,我会不受损地拿出自己的部分,而且尽可能让纳特带去军营。

同一天,他就同一个话题写信给他的兄弟纳撒尼尔:

我对好朋友利利也收到你的信感到很高兴。对于我上次写给你的信中所提的事情,你所表达的情感与我本希望你对它抱有的态度是完全一致的,而你的信本身就很明确地表明你重视我的意见,这让我非常高兴。亲爱的纳特,谢谢你给予我的满足感,我也希望以后经常有机会得到你的支持,我将非常感激你。

"你认为怎样做才能成为一名好士兵?"事实上,我的好孩子,这是你能提出的最重要的问题之一。这个答案几乎只能由你自己决定。你自己的感觉会决定这一切。我相信战争期间你没有一直在想这个如此重要的问题,战争开始时,你还在走出童年期,你那不成熟的理性才刚刚冒出新芽。不,我宁可相信它们经常影响你,而目前这次的询问是缜密思索的结果,相当于说,就你而言你决心做一名士兵。有这样的决心后,就不需再提伴随军事生活的疲劳、艰苦和危险。你一定已经考虑过并做好应对的准备。我如果没猜错,希望来自我对你的兄弟情谊能给你些帮助。在现在的准备阶段,我附寄给你一封写给克兰上校的介绍信,在他的营中你将成为二等陆军中尉。这封信必须由他签署,然后转递给诺克斯将军以获取认可(这个我已经得到了),他会将这个寄给陆军部,委任状是从那里发布的。

像每个热爱自己祖国的人一样,我牺牲了很多自己的时间来履行职责。我有一个同样愿意做履行自己职责的兄弟,一想到这个,我感到异常的欣慰。来吧,我亲爱的小伙子,越快越好。尽管我的状况不允许你直接跟我,但是我做的安排对你是有利的,我对此特别满意。在利利队长的指导下,我想你对职责会有一个很好的认识。我很确定,你自身的良好素质以及他对于你兄弟的情感,都会让他极为关心你的生活。

因为世界被外在表现如此深刻地影响着,而且一个年轻人在别人眼里的第一印象通常是最深的,我希望你能从头到脚彻底将自己武装成一名士兵。为这个目的,我已经写信给我们父母,附寄了必需品的估计清单，我相信为你准备的物品很充分。

1781年7月26日，他从军营写信给艾略特牧师先生：

我要说什么呢？我最诚实的朋友，我能告诉你，几乎可以肯定纽约很快就会是我们的吗？我向上帝祈祷我们可以。没有人更坚信我们战斗的正义性，也没人能更依赖支持我们的上天的眷顾。但我们必须自救。如果一个民族仅是期待代表自己民族利益的神的干预，同时放弃或者忽略自己的努力，这是不虔诚的。有人会问，我们没有这样做吗？我们没有给你们新兵，尽自己所能捐东西来支援这场重要而光荣的运动吗？我相信很多人都认为正在做这些……人们怎样区分对错，这是很奇怪的。个人用欺骗的方式逃避约定，会被认为是无赖。但是，对于一件足以使个人被赶出社会的事情，集体却完全不会因它而感到羞愧。如果每个州都守信地遵循国会的征兵要求，那么我们这时在这片土地上就会拥有一支足以胜任任何任务的部队。他们的行为截然相反！在这些已征来的兵中，且不说数量上不足，很少有人能够在他们服役期限结束前履行完作为士兵的职责的。我见过一些一码半高的男孩子们长时间的行军后集合，完全承受不了一套士兵装备的重量，我得知这些人都算是国家配额的一部分。我诅咒同胞的虚伪，并宣布他们不配得到自由的祝福。在逃士兵将其各自州的行为看成是可耻的强迫，我们开始遣回一些不合格的新兵；但是这个比例如此之大，以致我们不得不保留许多，他们虽然目前不能胜任，但是一两场战役后会起到一定作用。这是毫不夸张的画面。如果再进一步上色，画面会更加逼真。国家充满希望，军队被寄予了厚望。让前面的人履行职责，我相信他们不会令人失望。

当前部队在多布渡口和怀特平原之间、离纽约 25 英里的地方占据了一个阵地。法军组成我们的左翼。两翼之间配合默契，同时也对彼此的联合感到异常高兴。21 日晚，我们到了金斯布里奇，并留下足够士兵戍守军营。这样做是为了侦察那里和岛上的敌方军况等情报。这样做完全达到了目的；尽管我们在那里待了两天，随时准备战斗，但是英国将军似乎不打算接受我们的"邀请"。如果接受，那美国的命运就将取决于这一次行动。我们现在已经足够强大到去进行一场保卫战。我们的国家需要和平，要获取和平，就必须主动进攻。不管是从当前力量还是前景来看，我军都会胜利。如果做一次理性的诚心而积极的努力，目前这场战役会结束战争就将毫无疑问了。

1782 年 8 月 13 日，他再次写信给同一位通信者：

我必须告诉你一个好消息。盖伊·卡尔顿（Guy Caleton）先生和迪格比（Digby）上将以重建和平的专员的身份，联名写信给华盛顿将军，告诉他英国当局已经派格伦维尔（Grenville）先生前往巴黎，全权处理战斗双方的和平问题，其基础就是美国的独立问题。他们因此提出马上着手于双方战俘的总交换；从当前状况来看，他们希望能得到肯定的回应。这封信在第二天即被将军呈递给国会。同时，纽约的骚动极为高涨，英方军官被迫公布之，以安抚因担忧自身被忽略而极度不安的效忠派。这封信之后，有一篇简短的发言，内容是劝诫上述效忠派保持镇定，并向他们保证会照顾到其利益。

这一事件被刊登在里温顿（Rivington）上期的《皇家公报》（*Royal Gazette*）上，我认为该消息将会继续向东传播，并且将会成为报纸的头条新闻。

1782年9月1日,他从新温莎写信给弟弟威廉:

我们最期待和最感到欢欣的是和平。这是我们目前最强烈的期待,和平将会让我重新步入正常的生活轨道,这将为我们提供一个培养社会责任并享受家庭幸福的机会。

对于这场战争我们都无能为力。战争已经过去了一大半,很快就要结束,我相信结果终将是美好的。

1782年10月4日,从西点写给兄弟纳撒尼尔:

自从上次写信给你,我跟希思将军和诺克斯将军接见了英军特派员,磋商交换战俘一事,但是诸多困难不能克服,让此事停滞不前。这对于每颗仁慈的心灵来说都是痛苦的。目前,我们所有可怜的海军战俘都无法释放,因为条件将极大损害国家利益。因此他们必须再多一点耐心。我们期望磋商不仅仅是释放战俘,而是在所有地区结束战争。

山茂召少校1782年11月3日在西点写给艾略特牧师先生的一封信中描述了莫迪·普拉西斯(Mauduit du Plessis)骑士,他是一个曾经参加美国军队的法国先生。

4天前我曾给你写了一封长信,这次我将单独给你介绍一人让你们熟识,即现任法国炮兵少将助手的莫迪·普拉西斯骑士。这位先生很早就加入了争取自由的事业,在1777年来到美国,从他开始作为诺克斯将军营下的一个志愿者开始,他就逐渐成为你朋友的一个密友。他举止有礼,心地善良,让所有熟悉他的人都十分喜爱和尊敬他。作为一个军官,他的指挥和管理非常卓越,这不仅使他荣获其他军衔,也使他得到了君主的赏识,进而在法军中不断得到晋升。当他第二次为这个国家效力时,他已准备好面临新的危险。我非常痛苦的就是和这位珍贵朋友的分别。我对他的记忆将永远珍藏。我也相信他在波士顿停留时间的短暂会使你失去一种快乐,即那种你从他的陪伴和交谈中体验到的快乐。他是一个科学家、一个军人、一个绅士。

同月 13 日,在同一地点,他写信给父亲:

又一场战役过去了,我军又进入冬日的军营。这场战役毫无损伤——没有任何伤亡。如果这是最后一场战役的话,对美国来说,对上次严重受伤的士兵来说,是幸福的。不用去列举军队中有理由抱怨的不公正的例子了,例子太多了。应该怎样评价同胞们的行为?他们何时才会补偿参军兄弟们的付出呢?国会成员自己宣布一项正式约定:对于能坚持到战争结束的士兵,付一半的工资或者等价物。而这个约定只不过是应时代的需要提出的,他们根本没有把它当成是必须要践行的约定。既然如此,国家的承诺还有什么可信的。政府难道有可信度吗?——我将忍住不会再提这一忘恩负义的主题了。

我想在期限到时还款,尽管这样做我又必须欠下另一笔债。我很不高兴地发现,我不得不这样做,尽管在我发现不能计算出每月薪水时,我已经有将近 3 年没拿到服兵役的报酬了。

1782 年 11 月 14 日,他在西点再次写信给他的兄弟纳撒尼尔:

我认为这个冬天我会留在这里,让我尽可能经常收到你的来信吧。如果我们开明的国民将一贯的诚实当成道德责任的话,我现在就能在波士顿购物消费了,并拥有此季来自朋友的陪伴;但事实上不管身处何处,我都必须努力让自己尽可能地满足。

第八章　美军中的不满情绪

军官代表向国会请愿——事情的进展——纽堡的匿名请愿——为对抗其影响而采取的措施——华盛顿的伟大举动——被迫害之亡灵向着受到谴责的托利党显现

在1782年12月至1783年5月期间,山茂召少校在西点给艾略特先生写了四封信,以下是信里的部分内容:

1782年12月22日。

我相信在前一封信中已跟你提及军中存在的不安情绪。其影响是普遍的;它存在于每个人心中,从少将到普通的战士。我们已经经受了数年其他任何军队所不能忍受的残酷对待。我们在工作中还受到压迫和不公,难道我们能设想国家会对此无动于衷吗?天底下除了我们,没有哪个民族能给他们带来幸福安康了。事实却令人遗憾。我们看到我们身上所忍受的不公正待遇,并且,为进行战争而征收的大量钱财却到达不了军队。钱财分配到城里数不清的官员手中,而军中的战士们却得不到一点,使得他们雪上加霜,这似乎是对士兵所受苦难的侮辱。目前已专门开了考虑和采取获得赔偿措施的几次会议。麦克杜格尔(McDougall)将军、奥格登(Ogden)上校以及布鲁克斯(Brooks)上校作为全军代表将于明天出发去国会请愿。真高兴军官们能采取措施,只有这样做才能让士兵们平静下来。国会现在将完全知道他们的军队处于何种窘境。目前普遍的情绪是"没钱就没人",而且丝毫不夸张地说,这是去国会演讲和签名请愿书的语言。虔诚地希望,这一请求会收到预期效果。如果不的话……

1783年2月23日。

在此信到达你处之前,和平大概已经不是新闻了,或许其真实性就要被证明了。希望上天保佑!来自王权最后的语言与在以往任何一次争论中所使用的相比极为不同;显而易见,英国对继续作战从心里感到疲惫了。但是,我的朋友,美国为将来准备好了吗?她将为政府和国家的繁荣采取什么制度?没有钱和资金,更糟的是没有人安排建立基金会,其后果肯定是政府信用的丧失。更令人震惊的是,罗德岛州政府居然抵制关税,它的不合作就使得集资为公众福祉谋利的重要举措化为泡影。这最小的州政府的行为将对联邦中其他12个州产生极其消极的影响。除非我国找出一个很有头脑、又有决断力的领导人为公众福利而强制管理,否则显然无计可施。13个"车轮"需要一个稳定、强大的调控器,以使其良性运转,并防止这一机器废掉。对和平的期望使得每名战士都成为政治家。我们是13个州,期待和平与团结是当前大家的主流心态。

对即将到来的和平的期待极大平复了军中的不满情绪,这也成了国家给我们如此少的补偿的原因。关于这一点,国会并未满足我们所意图的请求。我们事倍功半。国会的唯一许诺就是答应付给军队一个月的薪水;不同意付原来拖欠的欠款,也没有赔偿,我们必须期待国会中再出现一位代表,因为只有9个州的在场,3个州的代表反对付给士兵和军官在过去服役期间的报酬,尽管他们付出了时间、健康和自己的钱财。

其中一封1783年4月的信中,还夹着一系列文件,包括军队致国会的信、来自纽堡的匿名信、军官们的会议议程、华盛顿对军队的演讲,以及当时发布的命令等。①山茂召少校在提到这些文件后写道:

这些文件将使你熟悉我们的行踪;或许你对这件事不想知道什么信息了,下面我将再补充说几个细节。

军队士兵所处的窘境日益恶化,几乎不能忍受了,他们高声呼吁要得到赔偿。向美国最高权力机关的请求本来以为会得到有效回复,并且,从马萨诸塞州的部队的经验来看,由个人进行呼吁是绝对不可能的。

鉴于此,从几个团中选出的代表组成马萨诸塞州代表团,代表们经过协商,决定了解整个军队的总意见;在11月16日确定了由7人组成的委员会,他们将在本月24日集合,并与同意上述措施的其他州的军队代表联合,打算取得预期目的。

全军中有充足的代表,他们欣然支持此项决议,他们异口同声

---

① 这些文件有很多形式,收藏于公共博物馆或图书馆中;并且在斯帕克斯的《华盛顿文集》中有全文的记录(Sparks, *Writings of Washington*, Vol. Ⅷ, pp. 551—566)。因此,这些文件没有必要在这里刊出。

地同意由诺克斯少将、亨廷顿（Huntington）准将、克兰上校、考特兰德（Courtlandt）上校和尤斯蒂斯（Eustis）医生组成委员会代表军队，起草提交国会的演讲和全兵签名请愿书，并在12月1日集会寻求国会的支持。

在12月1日的大会上，"呈给国会的演讲和请愿书的草案被阅读，并被放在几支部队的代表面前考虑是否投票"，然后决定，"军队要总体上选一名将官，各支部队选一名陆军校级军官，他们中的任意两人都必须支持将官并与之联合，组成委员会，之后再出席国会，最终做出有关请愿的决议"。决议还被传达以便让上述委员会为自身的行动做好准备，也为其费用的必要集资做准备。

12月5日是投票的一天，麦克杜格尔少将、奥登上校和布鲁克斯上校被推选带着演讲词和7日签好名的请愿书参加国会，呈交给委员会，之后会议被无期限地推迟了。

军队去国会的代表团于12月21日出发。在国会上，演讲词和请愿书被宣读，各州派出一名代表组成规模较大的委员会，与我们的专员谈判。这次会议的结果是国会在1月25日通过的一些表决，我们的要求是，军队人员应获得一月的薪酬；他们的要求应尽快解决，国会应该尽力提供足够的资金。有关半薪之事被再度提出，但国会不能满足我们的全部要求。这些决议被我们的委员在2月8日的一封信中呈送给诺克斯将军，将军迅速将其转达给各支军队。

这一报告尽管远远不能让我们满意，然而我们看到了和平的曙光，这使得军队中很安静。大家耐心地等待着。3月11日，总司令命令军官们在15日集合，准备第二次去国会匿名请愿。

军官们的会议本身是值得高度赞扬的，他们所致力解决的事情是如此严肃,而且出乎意料的总司令的出席更增加了这一场面的严肃。每个人的眼睛都盯住这位伟大的人,他们关注着深爱的将军,现场一时鸦雀无声。将军首先为他的到场道歉,说发布命令让他们直接到此地集会并非他本意。但是,消息的传播使得他有必要对全军作出指示,并让他利用此次计划表达个人意见;并且为了更明白地处理此事,他把自己的想法写出来,还将念给军官兄弟们听。对我来说,没必要对此说什么了,事实胜于雄辩。结束演讲之后,他说,作为在国会的、与军队有关的、证据确凿的一个陈述,他将呈递给议员们一封来自军队中一位厉害人物的信,他用实际行动证明了他本人是士兵们可靠的朋友。这是一封非常符合实际的信;并且,当它指出国会的难处和窘境时,它同时又强有力地指出,在任何情况下,军队里的问题都应被恰当地处理。阅读此信时的场景不应被忽略。将军在读完第一段时稍稍顿了一下,摘下眼镜,然后请求听众们宽容他,再戴上眼镜。然后说,他开始没体察士兵们的疾苦,现在才知道自己竟对军队里的问题如此视而不见。他演讲的话语是那么自然、富有感染力,胜过了世上所有饱含激情的演讲;他的话直接说到每个人的心里,每个人的眼睛都湿润了。将军离开了集会,当天的事态就这样被控制了。

对于这件事,我的感受是:我很庆幸美国有一支如此爱国的军队,并有如此英明的华盛顿作为军队的领导人。当我在各种场合见到这个伟大的人时,我感到欣喜——战事进行时镇静而无畏,战斗不顺时忍耐而坚持,战争胜利时平和而安稳。他具有这些美好的品质,就是这样一个真实的人,正如在集会上表现出的那样。在其他场合,他有军队和朋友的支持;但是现在,他是孤单的一个人,没有在军队时的似火激情;只有长时间的极端忍耐,有时候,自我节制并不是一种美德。在这些情况下,他出现了,不是作为军队的最高领导,而是站在军队的对立面;在这一糟糕的时刻,军队的利益和它的将军似乎在进行对抗赛!他说了那些话——所有的疑虑被打消了,爱国的热情重新高涨。卓越的将军!他有关军队的说法都是合理公正的,正如同他个人品格一样。"如果没有这一天,世界永远都不会看到人类的美德可以达到如此高的境界。"

西点,1783年5月3日。

在战时能常常坐下来、忘掉我们之间的距离,与亲爱的伊利亚特进行友好的交谈,真是人生一大乐事。作为集体中的一员,我对八年抗战终于以我国的辉煌的胜利告终而感到欢欣鼓舞,我也深深地庆幸和平的到来,这让我的人生得以在宁静中度过,因为我不用因怀念亲友而叹息,而是可以和旧日好友欢乐地相聚了。

革命已经结束,我们面临着困难的新局势,国内因战争破坏而百废待兴,但是一切都充满了希望,我们的厄运已经结束,获得了战争的伟大胜利——当看到这些令人振奋的事实,我们必须感谢上帝的保佑。

美国现在正发展成为一个帝国,世界各国的眼睛都集中在她身上。如果说智慧的精神能指引一个国家,那么可以说我们现在就是这种情况。我们需要在列强中形成自己的民族品格,我们做事的方式也将是外人看待我们的方式。那么,让仁慈、公正、中庸成为我们的特征吧,这将使我们民族更加值得尊敬。之所以这样说,是因为我看到了那些狭隘的、迫害人的心灵,他们蝇营狗苟,以阴险手段对付反对者。当今报纸上充斥的新闻真是给我们丢脸,让人憎恶。这些负面消息让我们因上帝赐予胜利而感到的愉悦之情变得消沉。但是我希望,人性的高贵将不会使这种阴暗成为普遍的,而且这少数人的放纵之情会如同泡沫一样转瞬即逝。上帝的美德要求我们宽恕。有些人也许会抗议,说他们不值得再信赖。他们会说:"什么!我们难道要把这些心如蛇蝎的人吸收到我们内部,并让他们以权力来刺我们的心吗?"不是那样的,人类做事总是有背后的玄机。那些不幸的人感到了他们的缺陷;苦难的经历使他们相信这一点,并且,如果他们心中还有恨意,那也是对准那些仍然残酷而不讲仁慈的人。接受他们吧,恢复他们的财产,他们会变成好公民。当然在一个年轻的国度里,就像我们,这是个命令,更是仁慈的表现。

最近,我在给你写信,忙于制作你想要文件的副本而乐此不疲,这些文件能让你了解整个事件的前因后果。同样,我还通过叙述增加了我的评论,我以为通过另一封信——而不是作为这封信的一部分——的形式记录更好。我不能按照你的要求告诉你匿名文件的作者,因为我没有权力,也不能得知到底谁是作者。猜想有很多人,因为这是合作的结果。其他人中,我们的一个熟人、埃斯库累普(Esculapius)的儿子——我原来的同学,如果没记错,他应该是你的好友——被认为对此起到重要作用。这些文件产生了积极影响,但我确实认为,如果从爱国和荣誉的角度来看,军队是不会有出现的机会的。

我们现在期待着最终合约签订的到来。合约一旦签订,就需查明军队应付的费用以便做安排,并保证我们边疆的安全。可怜的士兵们已经习惯了军中生活,战后他们应该怎样适应其他生活呢?天知道。如果国家给他们以合适的安置,他们将被视为公民;如果不,他们对国家就不用承担什么义务了。我知道很多人希望我们好好地待他们;但是更多的人认为,军装和军事英雄的盛名意味着对他们付出的艰辛和经历的危险要做出足够的补偿,这是不可避免的。尽管我们经历了众所周知的艰难险阻,他们还是会嫉妒我们。对于此,我们不求别人感谢,只求得到公正的待遇。

第九章　正式宣布停止对美军的战争

华盛顿和诺克斯颁给山茂召少校服役和功勋奖章——他参与首次美国对华贸易——归国并被任命为美国驻广州首任领事——第二次赴中华帝国——驻留中国——顺访孟加拉与返美

前面所述山茂召少校写给亲戚朋友的信件的摘录可以说包括了至今为止所能收集到的、有关他军事生涯中各事件的材料。这些信件在激烈的战斗间隔中写就,通常是写于或胜利或失败的时刻。信是写给私人朋友的,并没考虑到要自我表现或有之后公开发表的想法,是他内心仁慈善良的表征,是他对祖国热爱忠诚的体现,也是他明智判断力以及高尚心灵的证明。因此,信件能够解释他的上级军官们为何完全信任他,也能解释他的同僚和下属为何对他如此爱戴。或许,合众国军队中同级的任何一个人都无法像他一样能在战争结束之际获得这样多的尊敬和赞誉。

1783年4月19日,是揭开美国独立革命序幕的列克星敦战役八周年纪念日,英军在这天宣布停止对美军的战争,华盛顿将军也命令诺克斯将军在解散部队期间迅速转达他的命令,部队的存在一直持续到这年末。山茂召少校此时还是诺克斯将军的副官，在其建议和影响下事无巨细地辛勤工作。他敏锐地发现军中不法现象仍然存在，也发现军中因分配不公而导致的贫困问题，于是他成为支持总司令政策的一员，他积极地通过自己的影响和声望，致力于减少军中的不满情绪，以不至于让那些不满情绪给军队和国家丢脸。

在此后发生的事件中，他不是参与者，就是目击者；他为事件的成功而欣慰，并分享其荣耀。作为诺克斯将军麾下的一员，他跟随诺克斯作战，当他和克林顿州长在英军撤出后拿下纽约时，他在接下来的11月份加入到华盛顿将军指挥的部队中来。12月4日，当华盛顿向美国军队的军官告别时，他也在场，经历了当时的感人场景，那是一幅欢笑与泪水交织的令人印象深刻的场景。对于一名像山茂召这样的士兵而言，他见证了这样感人的场面，他参与历次战役，对祖国有着深刻的感情，希望尽自己的一切力量实现祖国的独立，当解放战争终于成功之时，曾经遭受的所有痛苦与贫困又算得了什么。

1783年11月，他收到了华盛顿将军对他功勋及军中服役的嘉奖奖章：

由美利坚合众国全军总司令乔治·华盛顿将军阁下颁发，

表彰书是为了表彰美利坚合众国的山茂召，他在1775年任炮兵少尉；1776年任副官，1777年晋升炮兵团中尉，任职到1779年8月。随后被任命为诺克斯少将的副官。1780年晋升炮兵上尉。

根据山茂召上级军官的证词和我对他在服役期间的观察，我能证明，在山茂召整个服军役期间，他在每件事上都表现出色，山茂召在军营里的表现说明了他是一个聪明、活跃、勇敢的军官。

此奖章由我在1783年11月3日亲自颁发和盖章。

乔治·华盛顿

1784年1月5日,山茂召少校最终离开诺克斯将军的军队,收到这位将军亲笔为他写的证明,赞赏了他作为一名军官的高尚品质和卓越功绩。

本表彰书表彰山茂召的军中贡献。他在军队中掌管炮兵任职达8年,在此期间有7年多是作为副官、少校助手工作的。他任职不同,但对待任何工作都认真勤奋,聪敏英勇。他也因此得到同事和士兵的一致拥护和爱戴。

这一证明为他而写。山茂召在独立战争中协助我工作,我对其工作非常满意、对他的品格高度赞扬。因此我写下此表彰书并封印。

亨利·诺克斯将军
西点 哈得逊河畔,1784年1月5日。

山茂召少校对辛西纳提协会的成立起到重要作用。他当选为协会委员会秘书,协会委员会成员多是独立革命时期的军官。并且,根据从已故的陆军上校蒂莫西·皮克林(Timothy Pickering)处获得的信息,协会最初的章程草案还是出自他的笔下。和革命中的其他战士一样,山茂召少校过着平常人的生活,除了获得诚实正直等美好的声誉,他一无所有,还欠债累累。山茂召风度翩翩,举止大气有修养,他胸怀坦荡,其智慧和热情也充分地表现出来。他的洞察力、忠诚,以及做生意的天分,在军中担任的若干职位中已经有所表现，这也使他赢得了大家的关注和喜爱；战后，一些资本家进行联合，以开辟中美贸易，他就成为此次航海的商业代理人。他接受这个职位的条件是：兰德尔上尉也要参与此行。兰德尔是他在军中的好朋友，和他一样缺钱，他将和山茂召一同分利。赞助商同意了，于是他就参与到这项计划中来。他和朋友参与此行的史料也保存下来，在下面两封信中，这成为他们兄弟友谊的象征，似乎不能省略掉。

1783年12月24日，他在波士顿给居住在缅因州戈尔兹伯勒(Goldsborough)的兄弟威廉写信道：

我希望今年冬天能见到你的想法看来没法实现了。我将在1月15日从纽约驶往中国。条件相当优越，我想两年之后我们就又能手握手了。尽管你总是财运不佳，但是别灰心，春天到了，一切都会有转机的。如果上天保佑我能成功，我肯定能帮助你。所以，保持乐观的心境吧，请相信：你有一个兄弟愿意和你分享他最后一分钱。再见。希望你每时每刻都快乐。

在同一天(1783年12月24日)，他写信给兄弟纳撒尼尔，告知他前往中国的计划，并补充道：

真高兴能看到你的生意进展不错。希望你能成功和快乐。我有一块白银手表要处理，我想把它送给你最合适了。请接受它并把它作为我爱你的标志，请你相信，不管命运如何安排，你都将一直在我心中。

有关山茂召少校的从商生涯，除本书后半部分的航海日记之外,似乎没有什么其他记录了。1785年5月11日,他乘坐同一艘船返回纽约,就是这艘船载去载回的船货,使得最初与中国的交易大获成功。但回来之后,他发现当分完利润,他所得到的那份酬劳几乎不够支付他为此付出的时间和精力。

诺克斯将军热烈欢迎他的归国,并且邀请他担任陆军部秘书一职,当时诺克斯将军任美国陆军部部长。山茂召少校接受了,旋即开始了任职,并随同诺克斯将军前往弗吉尼亚南部视察纸质媒体的工作。他从中国回国后不到10天,就写了一封公函交给当时外交事务秘书约翰·杰伊,记录旅途中"由美国人民建造的第一艘船与中华帝国进行贸易的尝试"的诸多事宜;并收到了杰伊通过国会发来的回函,函中表达了国会对"这项活动圆满成功的特别赞赏"。这一封和另外两封写给外务部的官文列在了附录中,此外其中的主要信息在他的航海日记中也有记载;山茂召把自己认为重要的信息都上报了国会,这是他认为将其公布于众的合适方式。

山茂召少校任陆军部秘书时间并不长,从1785年12月他写给自己的三个兄弟的信中可知:

我要再次前往中国,这样的话就得辞去我在陆军部的任职,因为我现在确信:这一事业将给我很高的回报。纽约的西亚斯(Sears)上校、兰德尔先生和我将是这另外一次航行的联合代理商。如果我能活着回来,我以后的境况就会大为改观。如果有一天在船驶回之前我不幸遇难了,我同意保留自己生前的每项权利以及自己在航行中应得的报酬。我的后事由妈妈处理。我不会立遗嘱,因为法律会把我留下的一切留给妈妈和你们。我希望上帝保佑你们,也保佑我。我亲爱的兄弟们,

深爱着你们的，

山茂召

根据诺克斯将军的证明，看起来是在接下来的2月，山茂召卸下陆军部秘书一职，此前在1月份，他被国会任命为美国驻广州领事，"没有任何薪水、报酬和其他形式的收入"；那个月30日，他写信给杰伊先生，表达了他对"美利坚合众国国会对他信任以及授予他此职的荣誉的感激之情"，并请杰伊相信他，他将不辱国会对他的希望和信任，忠于职守，并充分尽职权以为公众谋利益。

山茂召少校在1786年2月4日开始了他的第二次使华之旅，他于8月15日抵达广州，1787年这一整年住在广州和澳门，并在1788年1月18日驶往孟加拉。他于1788年9月返回广州，又于1789年1月从那里驶回美国，同年7月5日抵达纽波特。这些航行的经过和事件构成了他第二次航海日记的主题。

这次返美后，他对家的强烈感情使他做出一件事情，这也表明了他的性格，而且，这件事与本书的出版也有关系，所以似乎不应在此处遗漏掉。他的兄弟弗朗西斯·肖（Francis Shaw）在1785年去世，留下了女儿们和两个儿子，这时他们有七八岁大。这位兄弟的遗孀当时住在戈尔兹伯勒，山茂召少校在返回美国后立即写信道："我请求照看你的两个儿子，我将视他们为自己的孩子。如果你愿意，请让他们迅速跟威廉伯伯到波士顿来。"这位寡妇感激地接受了他的邀请。他们被送过去了，从那以后，山茂召就成了他们的父亲。这些孩子中有一个叫罗伯特·古尔德·肖，他现在已经成为波士顿的一位显赫富有的商人。正如序言中所提到的那样，这位绅士考虑到本书出版的费用，特别在1846年1月写信给传记的作者,这封信表达了他对山茂召伯伯的感情,这里也附在下面。

先生,我是那些无父孩子们中的长子,我清楚地记得他对我们是如何的好。他告诉我,如果我要成为一个好孩子,我就不能依靠朋友。我无法描述他的善良对我思想产生了多大的影响。从那天起一直到现在,我没有在需要的时刻求助过朋友,我也永远不会忘记在我艰难时刻给我帮助的朋友。我相信那些给我帮助的朋友,正是因为他们帮我,作为回报我也要对别人好,这是我应该做的。

在去东印度地区期间,山茂召少校得到了荣誉文学硕士学位,这是由几位在文学上有显赫成绩的绅士联合推荐的,他的人文素养很高,尽管他并没受过专业的学术训练;与此同时,他还当选为美国人文和科学学会的高级会员。

第十章　第三次到广州

巴达维亚禁止与美通商——他对这一禁令的控诉——兄弟纳撒尼尔去世——返回纽约——为诺克斯将军辩护——他的婚姻——顺访孟买——归途中病逝——有关他生平与品格的评论

山茂召少校在航海之前，曾经命令建造一艘新船，这艘船是为他自己从事对华贸易在昆西（Quincy）的一个小城日耳曼敦建的。在那段时期，建造一艘载重八至九百吨、规模大于美国当时任何商业船只的轮船成为当时商业界关注的话题。他回国后，在1789年9月，这艘船可以投入使用了，轮船被命名为"马萨诸塞号"。当时出现了一个有意思的场景，日耳曼敦周围的山上、停泊在海港和江里的船上，挤满了从波士顿和周围地区前来的观众。当时，访问波士顿的英国和法国海军司令表达了他们对这一轮船模型的赞赏；它随后被驻扎在巴达维亚和广州的海军司令宣称为已达到了"当时艺术所能允许的最好水准"。

山茂召少校被华盛顿总统再次任命为领事，他于1790年3月

28日登上"马萨诸塞号"①,开始了第三次前往广州的航行。到达巴达维亚(Batavia,印尼首都雅加达旧称。——译者)时,他非常惊讶和失望地发现,荷兰政府禁止与美国在各方面开展贸易活动,这是因为一些对其商业不太友好的人向荷兰方面做了诽谤美国的报道。他作为美国的领事,立刻向巴达维亚的恩格尔哈德(Englehard)先生去信,并附上了写给那个殖民地的总督和领事的有关其不公正和对美国有害政策的陈述;在广州时,他又向美国总统发去公函,记录了他随行的情况,并就与荷兰政府的相关事宜表达了他自己的看法。这些信件公函等都在附录里。②

抵达广州后,山茂召少校把"马萨诸塞号"卖给葡萄牙政府的代理商;由于找不到一艘可将买卖收益运回国的美国轮船,他只有把资金投资于供应欧洲市场的船货,将其运到前往孟买的船上。他的意图是"把货运到那个港口,然后将其运往奥斯坦德(Ostend),他将随行到那里并在那里处理船货,最后回到美国等待下次航行到中国"。

安排好这些,他在1791年1月12日驶往孟买,随行的还有他的兄弟纳撒尼尔,2月10日,在海上染疾身亡,终年29岁。山茂召少校的计划因此受到严重影响,因为他打算让兄弟看管船货,将其运到美国,他相信兄弟的天分和诚实。他在一封写给兄弟威廉的信中提及了此事:

可怜的家伙!但我凭什么说他可怜呢?他是无辜的,善良的,

---

① 约伯·普林斯(Job Prince),司令。有关此次航行随行的官员和海员名单,以及"马萨诸塞号"的尺寸和质量,可以参见《阿玛萨·达赖诺航行记》(*Voyages of Amasa Delano*),本书出版于1817年波士顿。
② 参见附录D、E、F。

有价值的。他追求幸福,是我们的兄弟和朋友(我为他感到惋惜),他值得我们嫉妒,而不是同情。

抵达孟买后,在将部分资金通过美国轮船运回国后,他租了一艘丹麦船,带着剩余船货前往奥斯坦德;在那里做完生意后,他于1792年1月驶回美国,以再次驶往中国。

这时,美国政界的党派斗争开始显现,有党派反对华盛顿总统的政策和影响,并诋毁诺克斯将军及其内阁里其他成员和私人朋友的人品。1777年5月初,华盛顿写信给国会表达了他对这位军官功勋的肯定:"诺克斯将军在服役时毫无疑问具有军官中最宝贵的品质,他忠于职守,战胜无数困难,为美国炮兵军事的起步做出了重要贡献。"在接下来的6月,在给理查德·亨利·李的信中,他再次强调,诺克斯将军是"一位难得的官员,一个有杰出军事才能、判断力准确、思维清晰的人"①。

诺克斯在战时所表现出来的能力和诚实赢得了人们对他的信心和尊敬;华盛顿因此任命他为战时陆军部部长,随后他就任于美国国防部。

当山茂召于1792年返回时,他目睹了政治集团对他早期扶持者和老朋友的人身攻击,他是如此敬爱这个人,以至于按捺不住内心的愤慨;在那年4月14日,他写信给诺克斯将军,此处截取了一段,描写了在美国独立战争中,诺克斯在最严酷的战争之一中所表现出的军事才能。

---

① 参见 Spark's *Writings of Washington*,Vol. IV.,pp. 444,446。

我们要对某些公众在波士顿制造的责难说些什么呢，我亲爱的朋友，现在流言正在此地传播，毫无疑问是关于你的。流言的制造者对正义和美德的可耻的冒犯、对战时陆军部部长的恶意攻击和怨恨，都恬不知耻地表达在文字中，这足以让他受到广大群众的轻蔑和憎恶。你现在应该对此感到很高兴，我也非常高兴。只要美利坚民族存在，你的名字就会永留青史；在你资助下建立的炮兵在战时起到的重大作用将永远被后世子孙铭记。我还清楚地记得英勇的拉法耶特①在约克顿战役的炮火轰鸣中掷地有声的宣言。"我们，"他充满热情地大声说道，"比法国人作战更勇敢。"（实际上我们也是这样认为的）我还问过他炮兵之事，他回答说，"做事要诚实，我要说实话；你们的炮兵取得的进步在每人眼里都被视为革命中的一个奇迹"。（当前）这个下流文人应该感到多么羞耻；当他看到你为国所做出的巨大贡献时，让他的心爆裂吧！你高尚、渊博，汉弗莱斯（Humphreys）就曾亲身经历这场漫长、艰难的解放战争，他目睹了在历次战役中你的英勇才智，并写下史诗般的句子歌颂你。

亲爱的朋友，我现在要离开你了——不管在什么时候，你都要高兴，我想你也会的——并且，向你本人和你的亲人致以深情的问候，你永远的山茂召。

山茂召少校抵达美国后，立即参与到他所关注的与航行相关的事情中来。就在这一切正在进行中时，他拜访了汉娜（Hannah），她是以美德和财富著称于波士顿的威廉·菲利普斯阁下的女儿。

---

① 拉法耶特，当时为美利坚民族服务，总是站在美国的立场上以美国人的姿态说话。

他与汉娜在1792年8月21日结婚,这样他可以享受甜蜜的家庭生活了,而这也是他所称道的。然而,结婚并未停止他参与航行到中国的计划,也没能让他为航华做准备有所延迟。1793年2月,他乘坐自己的船从纽约起航,前往孟买。至于他此时的心情,除见于他在1793年1月28日写给期待欧洲之行的妻子的一个年轻亲戚的一封信中之外,别无记载。

这个季节真好,我还有一艘更好的新造的船。所以,你和我们的朋友们可以想象18个月以后能再次见到我。我也期待这样。外部琐事我将不予关注。我努力使爱妻平静下来,让她知道没什么好担忧的。我们会走,当然也会回来;并且,我用牧师诵读的选自可怜的杰克(Jack)的经文中的话安慰她:

他说,你看,没有麻雀会沉到水里,

没有秩序地沉到水里;

美好的前景就在我眼前,

天意会让我们永远在一起。

现在,我亲爱的小家伙,不管在国内还是国外,我都要夸奖你。我发现我回来时不能和你见面了,因为你的旅行在我的结束之前就已开始准备了。对航海者的建议可见于伟大的莎士比亚作品《哈姆雷特》中波洛尼厄斯(Polonius)对儿子的忠告,一个现代旅行者、在他的作品中被叫做夏洛克的人说,"在航行期间我每周都要读一读波洛尼厄斯的建议"。理解忠告的年轻人将会获得自己所需,我也斗胆念诵一下:

最要紧的是,做一个真实的自我,

你必须时刻谨记在心,

不能失信于任何人。

这一时期有关他心情的唯一的一个其他证据就是一本四开大的《圣经》,这是他的朋友托马斯·弗里德曼(Thomas Freedman)在1791年1月送给他的新年礼物,此人是处理中国广州商务活动的东印度公司管理委员会成员之一。

1792年10月2日,波士顿。这天是我39岁生日。感谢在各时刻给我的生命带来幸福和快乐的人,感谢父亲、兄弟、朋友和市民给我的关心,最近我还增添了丈夫的社会角色。宇宙间仁慈的上帝啊!许多年过去了,许多年还要到来,让我为你的美德而感到快乐。甭管生命是长是短,让我对它感恩,我愿意服从上天的旨意。

他从波士顿到孟买的航行非常成功,但是,从孟买到广州,他的轮船遭遇了台风,这使船只改变了路线,航行延长了差不多3个月,所以,直到1793年11月2日才抵达广州。有关这几次航行,以及此后他在广州的居住,没发现有史料记载。但是有一封他弟弟本杰明·肖(Benjamin Shaw)写给他妻子汉娜的信,本杰明参与了他的此次航行,信中似乎是说山茂召在孟买期间因气候而感染肝部的疾病,疾病在他去往广州的途中发作,这就使他在广州逗留期间不得不整日待在房间里。由于广州没有药物治疗以减轻他的痛苦,山茂召在1794年3月17日坐上了前往美国的"华盛顿号"。然而,疾病在航行期间加剧,10周之后夺去了他的生命。他随行的朋友托马斯·兰德尔(Thomas Randall)写信给其妻汉娜,信中提到了这件事,并表达了他的悲恸之情。

沙嘴沟半岛(Sandy Hook)，1794年8月24日。

亲爱的夫人：

我怀着万分悲痛的心情，提笔告知你：5月30日星期五下午3时，我亲爱的、令人尊敬的好朋友，山茂召先生在好望角附近的轮船"华盛顿号"上不幸逝世。在广州和海上的外科医生道奇(Dodge)先生、山茂召先生的朋友尽了一切努力希望治愈他的疾病。在广州，他由最有名的医生照料，在海上，麦卡尼勋爵大使馆的吉伦(Gillon)医生和战时的莱昂(Lion)医生负责医治他；还请了印度的医生马克雷亚(Macrea)来诊治；但是，噢！恶疾已入骨髓，所有的医生都无回天之力了。

我的朋友临终前非常平静，最后一刻仍在关心他的朋友们的幸福。

亲爱的夫人，我对此无比悲伤，以至于已经无法抚慰你失去至亲至爱的悲恸。

请允许我对你的丧夫之痛致以深深的哀悼，我的悲痛与你同在。亲爱的夫人，向你致以恭敬的、深爱的敬意。

你最忠诚的仆人，
托马斯·兰德尔

同样，轮船医生詹姆斯·道奇(James Dodge)的航海日记中也记载了山茂召病况的细节,注释中是其摘录。①

山茂召少校从广州回来乘坐的轮船抵达美国,第一次带来了他生病和去世的消息。对日夜盼望他返回的山茂召夫人来说,这个打击太大了,而且阴影将持久地伴随她。她住在娘家,有了她的妹妹和妹夫爱德华·道斯(Edward Dowse)等家人的抚慰,随着时间的流逝,她深刻的悲伤逐渐减轻,但是她与爱人的美好回忆却是时间所不能抹杀的,然而也没人特意勾起她的回忆让她难过。她和朋友有着长久的友谊,热心慈善事业,对丈夫的亲戚一直很关

---

① "山茂召先生是美利坚合众国驻中国广州领事,他从1786年始任此职直至去世。1754年10月2日,他出生于波士顿,享年39岁零6个月。他在战时恪尽职守,表现突出。平时生活中,他性格温和,这使友人对他赞不绝口。他高大魁梧,玉树临风,待人亲切,心地善良,怀热情而不轻浮,持沉静而不保守;他经常忙中偷闲去看望贫苦的百姓,喜欢帮助穷人和急切需要帮助的人。他人品高尚,令人肃然尊敬;很多心情沉重的人在他的感染下变得快乐起来;他在和所有军官们谈话时风格随意,表达方式真诚坦荡,这使他颇受他们的钟爱和重用。夜晚,会因他的在场而气氛变得轻松,大家就在这种气氛中随便谈些轶事。清晨,我们也喜欢听他幽默的话语,在与他轻松的对话中时间过得飞快。在他病中,我去看望他,他说没什么能比在他波士顿的家中看到我更让他高兴的了,这让我受宠若惊;然后,他跟我聊起各种轶事,这让我更感到他的谦虚和伟大。他临终前不久,当我站在他身边时(当时就我们两个),他深情地把我的手握起并放在他的胸前;然后是一声长长的叹息,看着他放在床头的妻子的照片,他又叹了口气,说,'这是上帝的旨意。'此情此景让我忍不住清然泪下,泪水滑落在我脸颊,又落在他手上,他劝我说:'亲爱的朋友,你知道我不行了,说点祝福我的话吧。'这个时候,他往后沉了下去。他这个时候仍然带着对朋友的深切的爱,我想我见证了这难忘的一幕。他的仆人悉心地照料他的起居,当这个可怜的人发现再也不能为主人做些什么时,只有悲伤地站在他的身旁,泪流满面。

"下午一点,我们亲爱的朋友,山茂召少校在患病8个月零10天后医治无效,平静地离开了这个世界,在这段时间他饱受病痛的折磨,残酷的病魔坚定地要夺去他的生命。当一种治疗法无效时,我们又开始想其他办法。确实,在我们逗留广州期间,我很高兴地发现他部分地康复了。他的精神力量令人称奇,足够去战胜任何一种疾病;但是,令人厌恶的并发症发生了,使得一切治疗都前功尽弃。"

心,并且从宗教中获得安慰。汉娜又活了很多年,在1833年去世于戴德姆(Dedham),享年76岁。

山茂召赢得了同龄人的尊敬,他们对他的去世印象深刻,并且在1794年8月20日波士顿出版的"美国士兵"的讣告中有着生动的表达,以下是一些摘录:

他天分极高,博学笃行,社交力强,这使他赢得了很多熟人的敬重,并让他在社会上发挥了很多作用。作为战争晚期在军队里服役的一名军官,他功勋卓著。尽管有着罗曼蒂克的热情,他也显示出高尚和沉稳的品格;此外,他还谨慎英勇,忠于职守。

他作为美国驻广州领事所具有的品格中,其判断力和立场为人称道。在"广州战争"中,山茂召先生代表美国的利益采取举措,其行为也为自己添了光彩,并让他得到广大欧洲商人和其他海外名流的极大赞誉。返回时,他的行动也得到了美国国会的许可。

他被认为是为国增光了,因为他在任何场合都表现出正直和高尚的品质。美德让他更加出众,在他年轻时就表现出这种品质,随着年龄增长,美德在这个人身上更加一览无余,还表现在公共行动中。一些人认为,他的灵魂太高贵,以至于不能在日常生活中让自己得到些什么。他不爱财,而是将其作为广布仁慈之行为的方式。他蔑视权术,相信公正。他的商业行为被严格的道德所约束,并因受到哲学和宗教精神的影响而更加文雅。

他的商业活动乃至军事生涯,并不能阻止他对科学的热爱。尽管他没受过学术训练,他的文学素养还是很高的,在1790年,他被剑桥大学授予荣誉文学硕士学位,这是由他不在时几位文学素养很高的绅士齐力推荐的。与此同时,他还当选为美国人文和科学联合学会的高级会员。

如果他能再多活几年,他的祖国就会从他的能力、知识以及美德中受益更多。他令其他人感到快乐的热情使得享受与他之间友情的人更加爱戴他,让那些人的心灵感受到快乐的撞击,然而他们现在因他的去世而感到无比悲痛。对他去世的一致惋惜就是他赢得深深爱戴的明证。熟悉他的人都为他的去世而悲恸。

类似的现存材料帮助我们追溯了山茂召先生从幼年到终年的一生。我不能不带着感激、欣喜的复杂心情来回顾。这种复杂的感情是由他的朋友在讲述他的故事时产生的。他的性格既不张扬,也不做作。他还是个孝顺和有爱的人,从他在军中写给父母、兄弟和朋友的信中就可得知。

他的书信中包含着他崇高心灵的证据——他对自由和祖国的热爱——他对祖国事业的奉献,以及他对独立革命中最受赞誉的爱国者的看法;这些使得华盛顿也给予他高度的评价——"从山茂召上尉的上级军官的证词中,以及我自己的观察中,我可以说:他在整个服役过程中尽心职守、表现突出,其行为可以证明他拥有作为军官所应具备的聪敏、活跃和勇敢的品质"。

他任美国驻广州领事期间在中国的官方行为和商业行动,在他的航海日志中介绍得很清楚,详见书后面的部分。他逗留在那个城市并运用官方影响带给美国人有关中国的最初印象,他描述了遥远国度的国民性格和资源,并向中国人介绍他们前所未闻的美国。他的智慧、商业才能,对本职工作和活动的忠实,以及与人相处时令人愉悦的绅士作风,都极大地增强了中国对美利坚民族的信心和尊敬。同样,在严酷和危险时——正如日记中所载——他为了争取权利和外国人的安全而代表美国加入欧洲国家,这在当时处境甚危,但最后终于赢得经常和中国发生冲突的英国的感激和尊重。在此之前,美国的独立战争使得一些在广州的外国人对美国怀有敌意,毋庸置疑,山茂召处理事情的态度减少了他们的敌意。

航海日记

第一次赴广州航行记

在大不列颠和美国的战争结束后不久,纽约和费城的几个商人对与中国广州开展贸易发生了浓厚的兴趣。他们购买了一艘轮船并载满人参,用来交换中国的茶叶和其他产品。我的朋友丹尼尔·帕克阁下(Daniel Parker, Esp.)是那些商人的代理人,他邀我担任大班(即船货管理员,原文为"supercargo",以下统称大班。——译者),我答应了,并发现挚友托马斯·兰德尔阁下也有前行的愿望,我们决定一起去探险淘金。在1784年2月22日这个星期天,轮船"中国皇后号"在船长约翰·格林[①]阁下的指挥下,从

[①] 随船航行的成员名单如下:
　　约翰·格林阁下,船长。
　　彼得·霍金森(Peter Hodgkinson),副船长。
　　罗伯特·麦卡沃(Robert McCaver)和埃布尔·菲奇(Abel Fitch)先生,大副。
　　约翰·怀特·斯威夫特(John White Swift)先生,事务长。
　　罗伯特·约翰逊(Robert Johnson)阁下和安德鲁·考德威尔(Andrew Caldwell)先生,医生、大副。
　　小约翰·格林(John Green, Jr.)和塞缪尔·克拉克森(Samuel Clarkson)先生,海校生。
　　弗雷德里克·默利纳克斯(Frederick Molineaux)先生,船长助理。
　　并且,船桅前还有34个人,包括一名炮手,两个船匠,一个制桶工和我们的男孩子们。据船匠测定,该船重量为360吨。

纽约起航。帕克先生、波特(Porter)先生和其他几位先生前来为我们送行,一直送到沙嘴钩半岛。在经过盛大的礼炮典礼时,我们鸣枪 13 响致礼,并收到 12 响。下午 4 点半,我们和其他几艘开往国外的轮船在灯塔附近抛锚,此时没有风,潮水开始袭来。第二天中午,朋友们向我们告别,并在进入领航艇后收到 9 响致礼的鸣枪,他们也为我们欢呼三声。

24 日,陆地消失了;到了 3 月 14 日,当我们看到加纳利群岛(Canaries)中的帕尔马(Palma)岛屿时,一切正常。登陆之前,我们捉到一只鱼,它被水手称为"长鳍鲔"或"鲣",属于鲭鱼科。这种鱼躯干部分短小滚圆,躯干至鱼尾部分逐渐变细,尾部分叉,其外表类似于戈德史密斯(Goldsmith)在其作《生机勃勃的大自然》中所提到的金枪鱼。我们把它用炖或烧烤的方法吃,发现它只是味道平平的食物。

3 月 17 日。经过昨天的奔波,我们穿过了北回归线,船员们还在今日下午进行了惯例的庆祝。在此之前,他们的活动范围受到局限,还从未穿越过回归线。大约 3 点,回归线的长老跟我们打招呼,甲板上的官员邀请他上船。他在妻子的陪伴下从被众多打扮得像海神众随从一样的水手拉着的华丽的车里下来,从船头走到后甲板,船长和先生们就在这里接待了他们。他们的装扮非常可笑,脸被涂黑涂花,肩上披着一大张毛皮当作长袍,头顶破布作冠,布上拴着的长长的绳索垂至腰际,当作头发。他们在向船长献称赞之辞、并欢迎我们的船只来到他们的领土后发现,这是一艘以前从未来过这里的新船,他们还发现我们这一大批人也处于和他们相同的困境中。在听到船长传达了我们的船只和船上的先生们可以来这里的讯息后,他们返回,继续处理新问题。船载小艇上已事先装满了水，放在一边的桶里是柏油和油脂的混合液体，从未穿过回归线的船员被分别蒙上眼睛后带上去。长老举行了隆重的仪式欢迎他们，并告知他们来此地是受到欢迎的，还表示在他们出发之前愿意冒昧地为他们修面。然后，这些长老选中的人被要求坐在靠近船沿的板凳上，脚不能接触水面，开始接受柏油、油脂之混合液体的涂抹与凹棒修面的洗礼。完毕后旋即要发誓，即为了证明自己是个壮小伙，能喝酒精含量高的啤酒，就绝对不喝酒精含量低的啤酒，除非自己喜欢喝低浓度的；能吃白面包，就绝对不吃黑面包，附文同上；能亲吻女主人，就绝对不亲吻女仆，除非自己更喜欢女仆；能获得新船，就绝对不要进旧船，除非自己认为生来就注定要被处以绞刑。总之，当以后可能再一次穿过回归线或赤道时没有通过同样仪式的地方不要屈从于任何人。现在，一个喇叭递到他手里，他被要求向赤道打招呼。当把喇叭按垂直角度对准嘴巴时，一桶水很快就被倒进去，同时，他坐的板凳从身下被撤走。他肚里满是水，跟跟跄跄地退后到船里，这样，他就被船里的旁观者做了一次壮观的洗礼。仪式到此结束。其中大约有6个人通过考验，他们被认为性情非常好，还被这群人邀去喝为庆祝轮船和先生们第一次穿过赤道而备下的烈酒。

今天还是圣帕特里克节（St. Patrick's Day），先生们也以适当的形式表达了对这位爱尔兰守护神的纪念。

在20日下午3时，我们看到了博阿维斯塔岛（Boavista），从下午3点开始直到第二天，看到了佛得角群岛（Cape de Verde islands）的剩余岛屿。22日清晨6点至7点之间，快到圣雅各（St. Jago）岛时，我们因两个引水员的登船而鸣枪一响，引水员稍后引领我们在普拉亚港口（Port Praya）抛锚。我们在这发现一艘方帆船和两艘双桅帆船，船长和大班上了其中一艘船，并告诉我们，这艘方帆船和双桅帆船中的一艘是葡萄牙人的，他们在天天等待第三艘船的到来。等这第三艘船到了之后，他们就可以一起前往非洲海岸装载满船的奴隶，随后返回这些群岛，以和某公司进行黑奴贸易，之后他们就可以从那里返回里斯本（Lisbon）了。岛上还有一艘法国帆船，同样满载着奴隶，从塞内加尔（Senegal）而来，是在去弗朗索瓦角（Cape Francois）的途中经过这里的。这艘船的船长也来到我们的船上，告诉我们：他是哈佛代格雷斯（Havre de Grâce）人，船上共有123个奴隶，平均每个花了他5克朗，他希望这些奴隶能在弗朗索瓦角卖个好价钱，今晚上他就打算起航了。这些人赏脸与我们共进早餐，当他们被水手带上我们的船后，船长就告诉我们要注意这些人，这并非杞人忧天。船长说，"这些家伙是圣彼得（St. Peter）的孩子——每根手指都是个钓鱼钩，而且每只手都是抓钩"。

9点钟，船长、兰德尔先生和我从舢板上了岸。一个黑人在海滩上迎接我们，他穿着一身二手衣服，装束像极了军人——天蓝色的海军上衣和同样颜色的锚钮；鲜红色的棉布马甲和深红色的长绒毛马裤，脚穿黑长筒丝袜，身佩黄铜宝剑。"How do do"是他可以说的唯一的一句英语；然而，这并不妨碍他把我们领到城堡，在这里，我们向葡萄牙指挥官致敬。他以正式的礼节接待了我们，并用法语问我们停泊在该岛的原因。我们回答说，到岸上来是为了储备水、买些家畜和水果，还要捻一下干舷的船缝。他听后告诉我们，前者很容易做到，但捻船缝就得靠我们自己了，因为据他所知，整个岛上都没有一个捻船缝的工人。他向我们收取了5美元的停泊费，并补充说，我们再登陆时必须送他一份谢礼，然后才能买下我们需要的货物。我们给了他一张所需货物的清单，他许诺第二天上午就能准备好，我们一上岸就可以拿到。与他喝下一杯掺水烈酒后，我们告辞了。

由于天色已晚，我们无法去9英里以外的首都圣雅各给总督送谢礼，我们就去拜访了港口的另一位官员。他也是个葡萄牙人，举止文雅，给我们每人一杯葡萄酒，见到我们似乎很高兴。当一个黑人翻译告诉他我们是美国人之后，他非常满意，带着兴奋和惊奇的神气大喊，"波士顿人！波士顿人！"在他房间里还有一个女子，我们猜测可能是他的妻子。她看起来清秀端庄，但肤色显得格外苍白；此外，她的头发被精心修剪和束起，她头上不戴帽或花环，而是缠着一块约摸4英寸的折叠的白布；身穿印花布裙子，一片印花布随意地披在肩上，当作披肩，这就构成了她的穿着。从整体外表看起来，这个女子和我们国家女性的装扮完全不同，而且我相信她并没让我们产生亵渎十诫的不良念头，尽管她看起来还不满25岁。

我们中午时分返回船上，各自忙着写信，好让那艘法国帆船捎回去。在给帕克先生的信中，我做了一份自起航至到达这座岛上这段时间里有关我船和货物交易的账目，这些情况我都写在了日记里，以便向他交代。此外，我还附了一封写给纽约朋友的私人信件。兰德尔先生把信件拿到那艘法国船上，并交给船长，邮件封面的地址是"吉拉德公司诸位先生"（Messrs. Girard & Co.），那是在弗朗索瓦角的几位商人，他在费城时就和他们有联系。这艘法国船是"La Jengat"号，船长是皮科特（Pécot），大副是塔塔里尔（Tartarel）先生，船主是哈佛代格雷斯的多雷亚（Dorea）先生。

法国帆船第二天上午起航，经过我们的船时，以4响旋转炮和

《国王万岁》的音乐向我们致意道别,我们回以三声欢呼。甲板上站着好多光着身子的黑人——可怜的人们,即将陷入无望的奴隶制的悲惨境地,与亲人们都不能再联系,注定要在饱经煎熬的水深火热中苦度余生!上帝呀!人们之间竟然可以享受这两种截然不同的待遇吗?这就是那些在天堂里面带甜美微笑、看起来堂堂正正的人所表现出来的仁慈和美德的行为吗?这就是那些你赋予其享受快乐、遭遇痛苦,向其传授真理、告之如何裁断对错,并使之相信恶终将有恶报的人类吗?这就是那些践踏仁慈之原则、并走上与这些原则背道而驰的另一极端,进而变成折磨同伴的魔鬼的人类吗?这就是故意给和他们平等的人们带来悲惨,谋求自身永远幸福的人类吗?

早餐后我们上了岸,并向指挥官送了谢礼,谢礼是一块圆的腌牛肉、一块干奶酪和一些苹果。他要求我们付一美金,作为看管我们水桶的费用,我们给了他钱,他还向我们要葡萄酒。做买卖的人都集中分布在他的住所周围,我们在那儿买了羊、猪、家禽和水果,指挥官本人亲自监督,理由是国王对每一件卖出的物品都要征税。我们还拜访了另一位长官,送给他一块奶酪和一些苹果,他似乎非常感激,之后我们就回到船上进餐。

葡萄牙双桅帆船的大副来到我们的船上。他曾经指挥一条纵帆船从里斯本出发,不幸在海上触礁。船上的两名船员失踪,一艘英国船在离陆地 120 海里处救起了在无篷船上漂泊的他和剩下的 6 个人,并在三周前把他们带到这里;那艘无篷船现在停泊在岸上,很破旧,而且还不到 18 英尺长。以航海为生的人们会遇上多少数不清的意外啊!正如贺拉斯(Horace)所说的——

在那强壮的胸膛里,

心如刀绞，
残酷的伤害，
令血泪纵横。

日落时分，船长招呼我看一条鲸，它离我们大约5英里远，正在用尾巴用力地拍打水面。船上的人们说它被剑鱼和长尾鲨袭击了，并详细描述了搏斗的经过。剑鱼钻到鲸的身下，把它顶起来，不让它落下去，与此同时，长尾鲨用锋利的尾巴从鲸身上大块割肉，等等。海员们大都相信这种解释；然而我探查了一下，我们当中谁也没见到长尾鲨。看起来似乎是鲸的尾巴拍击水面，让他们想象出了这条长尾鲨。戈德史密斯在其著《生机勃勃的大自然》中，描述了以下有关剑鱼袭击鲸的方式。

"剑鱼是鲸最可怕的敌人，'一看到这种小动物，'安德森说，'鲸就显得极为躁动不安，像受到惊吓一样从水中跃出：每当剑鱼出现，鲸从老远看到后就会马上向相反方向逃离。我亲自看到过它们狭路相逢。鲸除了尾巴之外没有其他可供防身的了；它用尾巴奋力打击敌人，打得准就会有效地击垮对方：但是对手强壮，而剑鱼灵活，能轻易地避开鲸的攻击，然后跃出水面，落到躯体庞大的敌人身上，奋力用牙齿般的边翼而不是用尖嘴切割对方的身体。海水很快就被从鲸的伤口流出的血染红；而庞然大物的鲸鱼则徒劳地努力去靠近它的进攻者，用尾巴拼命拍打水面，每一次拍击都弄出比加农炮还响的声音。'"

我们因为离得远而不能判断这些情况，但我们确实看见鲸鱼的尾巴在拍打水面，并且清楚地听到了拍打声。

"鲸还有一个更强大的敌人，"戈德史密斯继续描述道，"新英格兰地区的渔民叫它'杀手'。这种动物身躯庞大,有着锋利有力的牙齿。据说,它们喜欢集体包围鲸,就像一群狗围着一头牛一样。一些在后面用牙齿发动攻击,另外的一些则在前面攻击;直到最后这个庞大的动物被撕裂,据说它们捕获一头鲸后,鲸的舌头是它们唯一吞食的部位。据称它们精力充沛,其中一条就能拦住几条船拖曳的死鲸,并把它拉到海底。"

25日天刚亮时,在前一晚就安排好相关事宜之后,船长、兰德尔先生、事务长、医生和我一起上了岸,骑马前往圣雅各城,一个黑人给我们带路,他虽然步行却走得比我们的马还快。路上每隔一段路程都会看到耶稣受难像,半路上我们还遇到一座小的石头教堂,教堂院里有一个耶稣受难像。我们的向导每经过一个耶稣受难像都会脱帽行礼。离教堂不远处有一些小木屋,还有一个中间有小溪流过的种植园,我们还在小溪里采了一些西芹。在这座城的高地边上、位于小溪旁的是一座旧城堡的废墟,城堡看起来似乎是一个常备的要塞,侧翼是可控制整座城市的4个堡垒。经过废墟后的第一个木屋处,我们看到一些穿着大方整洁的黑人,他们用拉丁语告诉我们他们是学者,这座教堂就是他们设计的,他们还能阅读奥维德(Ovid)、维吉尔(Virgil)、贺拉斯和西塞罗(Cicero)的著作,不过不懂希腊语。他们引领我们来到总督的居所,从优雅的角度来说,房子跟一个好的谷仓差不多。总督大人因发烧而卧病在床,但当被告知我们是美国人之后,他指示手下把我们带到他的房间。我用法语跟他的充当翻译的士兵解释了我们停靠这个岛屿的原因,总督大人对我们的到来表示欢迎,还准许我们随处走动,如果我们逗留阶段有什么需要的,他都尽可能提供帮助。他是一个当地的土著,是个黑白混血儿,看起来大约55岁的样子,1765年去了里斯本，在那里住了9年，从那以后他就成为这座岛屿和另外的佛得角诸岛的总督。他特别问及我国政府的体制，我向他解释了，并补充说鉴于葡萄牙女王颁布政令，承认美国的独立，美国人对葡萄牙人的好意心存感激。他礼貌地承领了这份感激，并在谈话中说起海军准将约翰斯通（Johnstone）的事，即在1780年，约翰斯通的队伍在普拉亚港停泊时遭到萨夫林（Suffrein）的袭击。对阵双方差不多势均力敌，不过由于法国人出其不意地发动袭击，对约翰斯通造成巨大损失后起帆远航。总督大人极为赞赏地谈起约翰斯通，显得对英国人格外偏袒。我们提到船上储备的物品，表示愿意送给他，但他都拒绝了，还说如果能给他几副纸牌，他将非常高兴。他用葡萄酒、糖制杏仁、水果和奶酪招待我们，但是没有面包。吃过饭，我们对他的招待表示感谢后，便出门参观这座城市的其他地方。

  我们接着来到修道院，这里有7位圣方济会的教士。修道院有一个漂亮的小礼拜堂，我们进了礼拜堂，发现一个白人神父和黑人助手正在做弥撒，教众是大约12个高矮不一的黑人。在此稍作逗留后，我们进了修道院，见了教士们，并参观了花园。这里平淡无奇，由于太阳的暴晒以及高高的岩石的包围而非常热，没有一丝微风透进来。穿过大厅回来，我们发现教士们已把桌上摆满了水果、葡萄酒、蜜饯和蛋糕。我们对他们的盛情表示感谢，给了他们不多的钱以用于修道院的建设。我们同这些人之间的谈话不是通过翻译用法语，就是用拉丁语，尽管我们的拉丁语说得很差。他们很有修养地表示听懂了。在城中逛了其他几个地方之后，我们返回并向总督告别，总督送给我们一个西瓜。

  圣雅各是一个四面有墙的小镇，坐落在岛的西南边，在面向海的低地处，在一座大山的脚下，这里因新鲜的空气被高山阻挡而变得非常炎热。这里最繁荣的时候可能有 300 座房子，不过现在大多数，包括最好的几座房子已经无人居住，变成了一片废墟。我被告知这是由于贸易地点已被转移到临岛了，还由于很多居民搬到了岛另一端的圣多明戈（St. Domingo）城，该市环境宜人。这里有两个监狱，几座教堂，其中一座非常大，有四个大钟，根据堂体的镌刻推测，教堂似乎建于 1696 年，至今仍保存良好。这些建筑多数是石头构造，盖以一层砖瓦，无论是公共建筑还是私人建筑都几乎没有玻璃。除了我们进镇的门，在其西北端还有一个入口。这两个入口的大门都被卸走了，这些空地似乎是从陆地出入这个镇的唯一通路；小镇面向大海的一面完全开放，除了山上的那个旧堡垒和海岸边的四个小机关枪装备，几乎毫无遮挡。

  回来的路上，我们爬上山后就在堡垒废墟的门前坐下，一边享受清凉的海风，一边吃西瓜。从这个角度望去，海景很美，依稀能看到正对面远处的福古岛（Fogo），天上有片云彩，云深处就是一片平平的高原。经过一段累人的骑马旅程，我们在大约 4 点钟回到船上吃饭，并送给总督一些饼干、6 瓶上等葡萄酒（总督招待我们的似乎很普通）、一块奶酪和三副纸牌作为礼物，还附上一封用法语写的感谢信，感谢他给我们的关照。这些东西都交给了充当我们翻译官的士兵，他被总督派来取我们许诺送给他的纸牌。

  第二天，船长兰德尔先生和医生在用餐之后上岸打猎。他们走后，我就给纽约的朋友写信，有两艘船将会在我们启程后前往里斯本，我托人把信捎上。傍晚时分，我们的运动员们回来了，带回几只小鸟和一只很不错的火鸡，这只火鸡是另外一个长官送给船长的，我们曾送给他一块奶酪和一些苹果。

  27 日早晨，船长和我上岸并向指挥官道别，送给他四瓶葡萄酒。这位指挥官看起来似乎不知绅士的标准,他看起来并不糊涂,但在教养和好客方面确实很欠缺。尽管我们每次上岸都去拜访他,并送给他两次谢礼,但他却一次也不回礼。除了在第一天给我们一些掺水劣酒,让我们吃喝;当我们从圣雅各城回来之后,他尽管知道我们没吃饭,却只说我们看起来很疲倦,也没请我们吃饭。我们约11点返回船上,因为事先得知当晚船就要起航,我就用剩下的时间写信。从弗朗西斯角寄出的信的复制品,加上对我们到此地后的交易详情,我都寄给纽约的帕克先生,还附上一封给朋友的私人信件。我把这些东西打包,注明是交给里斯本的商人勒菲弗尔先生的。然后同复制信件一起交给兰德尔先生,让他帮我送到前往里斯本的那两艘船上。

圣雅各岛约50英里长,有些地方有30英里宽,是佛得角群岛中最大的一个。岛上山脉绵延,但山上几乎不见草木,山谷地带却一片草木繁盛,盛产水果如柑橘、可可豆、罗望子、香蕉、无花果、菠萝,以及少量酸橙等;还盛产印第安玉米和小豆。当地居民还在这里饲养了山羊、猪、羊等许多牲畜以及家禽。此外,这里还有矮马、驴子和长着黑脸的小绿猴。这里大约住着6000居民;150人是白人,其他都是黑人、混血儿等等,其中还有很多是牧师。除了提到的圣雅各城,还有一个规模较大的内陆镇——圣多明戈,坐落在普拉亚港的东北角,离普拉亚港和圣雅各城的距离差不多。

普拉亚港,位于岛的南端,北纬14°54′,从伦敦算西经23°29′。伸向大海的两个突出部位形成海湾,几乎是半圆形,水质好,任何载重量的船都能安全停泊,两点间的距离大约是1里格。船只在此处靠岸,若做好水源和其他物品储备,则可以在一年里9个月都能安全航行,这9个月内都是北风,而且是从陆地吹向海洋。6、7、

8月是雨季,南风让这个海湾变得很危险。在海湾内东边的一处高地有一个堡垒,架设有大约12部旧铁制的大炮,用来保护港口。堡垒后边和两侧都是开放的。驻防部队由40个白人和200个黑人组成,他们住在条件极差的石头房里,房顶覆有可可树叶。港内唯一的好建筑是教堂、监狱和仓库。没有委任状的长官主要是黑人。长官的制服是蓝色的,前胸是红色,有银色绳边,衬衣也是红色。岛上贸易由一家公司进行,公司在港口不远处有加工厂。他们的船只带着货物从里斯本开来,再从那里到非洲海岸买奴隶,将奴隶卖到他们其他的岛屿上,然后把四处买来的货物运回这里再启程。

这些船就停泊在这里。许多黑人都是自由的。他们总体上说都很聪明,比白人更诚实,许多黑人会写字,能说英语。我特别喜欢一个十三四岁男孩的举止,他想买一条毛毯。"如果你把他(注:指毛毯,小男孩用him代替it)卖给我,"他说,"我就给你一头小猪、一只鸡和一个橘子。"我告诉他我不卖东西,问他父母是否健在。他回答道,他的父亲在非洲海岸上去世了,母亲还住在那个岛上。我夸他是个好孩子,给了他一点银子。"啊,主人,你说我是好孩子,我没撒谎。"他这样回答道,他感激我似乎是因为我称赞他而不是因为给他钱。男人们都显得很聪明,其中一个,在有人告诉其玉米要价太高时,他回答说:"没问题,我昨晚睡觉时看到两艘英国船到这里,买了很多玉米,一美元一蒲式耳。"

我们在普拉亚港靠岸,是因为船舷漏水了,还发现因水箱坏而导致我们的淡水储备不足。我们只好把所有必须考虑的部分都检查一遍,结果更让我们信服了检查的正确性;因为如果我们一直不停地航行,那么不到巽他海峡(Straits of Sunda),就会不可避免地缺水。从美国到中国的船只在这里逗留最合适不过,可以修理一下船只,储存一些淡水、牲畜和水果,过温暖的纬度时,这些东西将对保持船员的健康大有帮助。我们在 6 天内完成了所有这些物品的储备,将 10 门大炮都装满火药,在甲板间隔出房间,让大家更舒适,也让我们的船变得比当初更加整洁,今晚 7 点在温和的风和适宜的天气中,我们重新起航。忘记提一点了,在普拉亚港停留期间,我们储存了很多鱼,尤其是梭鱼、石首鱼,质量还相当不错,与梭子鱼貌似没什么不同。

27 日夜,三只鱼跳到甲板上。31 日,我们看到一只小鲨鱼在我们船尾的水下游玩。一个以猪肉作鱼饵的钩子一会儿就把它钓上了甲板。鲨鱼有两英尺半长,成为我们晚餐的丰盛佳肴;部分鱼肉被腌过 1 小时后放在太阳底下晒干,烤着吃了。剩下的鱼肉被我们用沸水煮熟就着奶油吃了。31 日晚,我们带来的三只猴子中的一只掉进了海里,第二天早晨,它被发现缠在钓鱼用的鱼竿上,没有任何损伤。5 月 8 日,我们捉到一只海豚,第二天它就被用几种方法烧着吃了:它的肝脏被炸着吃了,就像猪肉那么好吃,它的肉被先煮后烤,然后做汤喝了。烤肉有股野味,和鹿肉味道没什么不同;没人会知道它是鱼肉,除非他被告知。我们中那些之前没出海的人很幸运,因为我们曾经品尝过至少我们捉到的所有好吃和不好吃的东西。

从圣雅各岛出发,我们向南行进,到 4 月 9 日中午,我们抵达了南纬 0°4′,西经 20°31′。5 月 5 日,我们抵达南纬 36°23′,东经 1°20′;之后就在 36 度和 39 度之间航行(5 月 26 日,39°24′),我们沿着我们的经度前行,直到 6 月 5 日,在这天,我们抵达南纬 36°35′,东经 76°11′,我们努力向北航行,没到圣保罗岛停留。

6 月 25 日中午,我们抵达南纬 7°52′,东经 105°15′,并到爪哇岛去了,在这四天里,我们经过的地方有芦苇、竹子和其他植物,此外还有各种我们从未见过的鸟。水手们叫它们呆鸟。我们在一个小院子里抓住一只,我们的孩子们又抓住很多。它们一般是灰色的,和家鸭一般大小,有着长长的突出的鸟嘴和带蹼的足,以及大翅膀。它们靠飞虫和其他小鱼为生。它们瘦而呆滞,是平淡无奇的食物。还有一种叫信天翁的大鸟,我们在旅途中经常碰到这种鸟。这类鸟和鹅的体积差不多,并且非常害羞。我们不止一次想捉住它们,尤其是站在远处用系着肉的诱饵引它们上钩,但它们不上当。它们应该非常强壮,就和木头一样,以至于我们无法捉住它们,有一只上钩的信天翁弄坏了船上的深海线,带诱饵的钩子的一部分也被它带走了。

7月9日,霍金森船长离开小艇想捉一些小鱼回来,却捉到3条蛇。它们有三四英尺那么长,有着深棕色的背和淡黄色的两侧和腹部,尾巴是黑白相间的条纹。由于它们没有鳍,我们给它们开了膛,发现它们胃里有一种草,而且这附近是一片土地,我们由此认定它们是两栖动物。

15日拂晓,我们发现东方不远处有四股强大的水柱从水面腾起,还冒着水汽,就像煮沸的水一样。我们在一个小时内都看得到这些水柱。

7月17日,星期五。从上月25日开始直到今天,我们一直往东航行,间或看到陆地,这个下午3点半,我们有幸发现一块陆地,并确认它就是爪哇首府,它在北偏东约10或12里格的样子。此时根据我的测算,我们到了南纬7°24′,东经111°13′。摩尔(More)认为,此地距离伦敦的位置是南纬6°49′,东经106°55′。

第二天早晨,9点到10点之间,我们到了巽他海峡,中午在三、四里格之间发现一艘船向爪哇海岸驶来。3点钟,我们升起了国旗,4点钟,我们看到了一艘大船在小海湾抛锚——第一艘停留半小时后,又有一艘在这里抛锚,这两艘船都升起了法国国旗。

4点,两只轻舟从爪哇海岸向我们驶来,其中一只船上有5个土著,他们上了船,另一只则无法靠近我们。这些人体型中等,体格强健,有点类似北美野人,有着正常的体征和愉悦的面部表情,就是牙太黑了,这可能是被他们咀嚼的一种药草给染的,他们的嘴唇也被染成深紫红色,或者确切地说是淡红色。他们头上戴着围巾,腰上缠了一块棉布,一直垂到膝盖处。卖给我们一些家禽和可可豆后,他们向国王的岛屿驶去。不一会,另一批人上船了,我们用半美元买了足以盛满船舱的鱼。两只船约15至20英尺长,2.5英尺宽,船桅有10至12英尺长,帆有4英尺宽。一根芦苇充当摇桨,直径有6英尺,装在船的一边。这些船上有很多芦苇或竹子,以供船员坐下,其下面用来储存鱼和家禽等食物;他们用桨摇船。我们从他们那里买的鱼有的是带有红色斑点的黄尾鱼,有的是很漂亮的朱红色的鱼。此外还有一种短小而厚的鲈鱼。

傍晚来临,我们点了两只灯笼,得到了这些船只的回应,我们在8点一刻抛锚,水深19英寻,大家身体都还健康,自从纽约启程以来没发生什么事。

18日下午,兰德尔船长和我上了一艘大船。这艘船的船长和他的管理员们礼貌地接待了我们,它被称为"海神号",只有16台加农炮和184名船员。这艘船在3月20日离开布雷斯特(Brest),前天到了这里;在此取水和采木之后将驶往广州,然后返回欧洲。这系如下情况所致:季节原因使得它返回时停留在此处变得不安全,在广州,木头已经按重量卖完了,在好望角又不能买到这些东西。同样大小的另一只船穿过马六甲海峡到了这里,第三只船经常到这里,都是驶往广州的,他们的船货和钱财估计值六百万里弗赫。由于在法国没有永久的东印度公司,国王因此就借给一些商人的公司这些船以进行这次航行。船长是圣路易(St. Louis)的一位骑士,似乎是位消息灵通人士,他曾多次到过中国。他说,在他离开巴黎的前一天,拉法耶特侯爵接到了辛西那提的美国协会的命令,国王准许军官有权利投资之。他补充道,法国对这个机构为他们国家做的感到非常高兴和荣幸。我们离开他的船时,舷侧和桅杆配备齐全,他们还向我们欢呼三声致礼,我们也回以三次谢意。

另一艘船比我们的要小,名字叫"费比乌斯",没有装备枪支,只有36名船员。这艘船在5月15日自好望角出发,昨天到了这里,将驶往巴达维亚,并为那里的荷兰政府准备了加农炮和备用物资。由于我们不知道英荷关系是不是和平无冲突的,因此雇佣一艘法国船只似乎更为妥当。船长在1778年7月的海军上将凯帕尔(Keppel)事件中是跟着奥维利耶公爵(Duc d'Orvilliers)的舰队的;在切萨皮克(Chesapeake)随从海军上将德格拉斯(Count de Grasse);1781年10月约克敦之战英军投降后被编入美法混合部队;随后参加了4月12日值得纪念的格拉斯与拉德尼之间对前者来说虽败犹荣的战争。离开船时,双方互送赞词,约两小时后,船长回访我们。两艘船的指挥均是皇家军队的中尉,第一位看上去有60岁,第二位则差不多40岁。

我们今天看到了很多土著。他们对鸦片非常感兴趣。我们以半美元买了他们50磅的海龟,以1美元买了12只家禽。他们还有猴子,我们的船员们买了几只在圣雅各岛看到的那种,其颜色是一种微暗的浅灰色。

"海神号"船长是奥德林（D'Ordelin）先生，副船长是柯戴兹（Cordeaz）先生，他们在19号下午回访了我们。他们认为我们的航海图（邓恩[Dunn]作）很好，还邀请我们次日与其进餐。在切萨皮克，柯戴兹曾在德格拉斯的舰队做事。晚宴后，船长、兰德尔先生、斯威夫特先生和我在缪岛（Mew Island）上了岸，三艘船就是在这里取木材。水从爪哇海岸获取比较方便，水桶可以通过橡皮软管直接灌满，而不必把它们从船上搬下去；但到树林中就很危险了，因为这里常有老虎和其他野兽出没。

20日下午，一艘大型荷兰轮船经过海峡。同一天，船长、兰德尔先生和我在"海神号"上进餐。饭菜准备得很丰盛，就像在岸上受到的款待那样。每天餐桌前有20位先生，很有礼貌，见到我们也很高兴。船长告诉我们他将在星期四起航，并表示愿意为我们提供帮助，我们决定和他一起去广州。他已经去过那里11次，对在这些海域的航行非常熟悉。主要的大班特罗利耶（Trolliez）先生对我们也很友好。吃饭时另一艘荷兰船经过海峡。下午，我们和副船长柯隆布先生（Colombe，即"费比乌斯号"船长）以及获得跟随"海神号"航行准许的法国步兵团的船长在缪岛上岸。他为了宗教事业和其他目的前来，所以不光是为了旅行，而且是要和他的祖国永远说再见的。他将作为传教士在北京居住，那里有很多他的同胞，他们有大教堂，可以自由传教布道，真是一项伟大的事业。他似乎不到30岁，明理而有礼貌。官员们说他懂很多科学知识，熟谙实践哲学，还懂得来自巴黎的蒙哥尔弗（De Montgolfier）发明的热气球原理。这些和他的优雅举止无疑将使他易于接近中国人和他在中国的同胞。上帝为他加油吧！他做了很多牺牲，因为根据中国法律，外国人在京城居住后，是不被允许回国的。

第二天,"海神号"船长发送给我们日间和夜间的信号。我给在纽约的帕克先生写了信,并复制了一份,把它们封好后分别寄给阿姆斯特丹的约翰·纽夫威尔先生及其儿子。我在下午把信交给"费比乌斯号"的船长,他答应我从巴达维亚出发后在第一时间把信寄出一封,另一封他保存着,以备传送不到的需要。

斯威夫特先生、格林船长、兰德尔先生和我,陪同"海神号"副船长和两位管理员在缪岛上岸,这里种植着印第安玉米、燕麦、豌豆、豆荚和马铃薯,我们为发现这片土地喝了一瓶红葡萄酒和一瓶香槟。这个无人拓居的岛被法国人称为"坎塔亚"(Cantaya)。把它和爪哇分开的小河里有很多鱼,邻近地区有一种很大的蝙蝠,习惯在傍晚飞行。它们大得就像成熟的家禽一样,法国人说它们非常好吃。在这个地方,"海神号"船长在一块木板上钉了钉子,上面刻下了他的名字、船的名字以及船到达和离开的日期。

7月22日星期四拂晓,我们随同法国船只启程了。船在晚上10点抛锚。第二天早晨,我们起锚,放下小船并捉了两只海龟。下午4点,船停泊在塞里尼(Serigny)岛边上。岸上的一个巡逻的警官过来,拿着印刷有问题的纸和笔过来询问我们,"这艘船是哪里的,归谁主管,来自哪里,驶向何方?"等等。船长做了恰当的回答。兰德尔先生、船长和我上了"海神号"。官员们极力称赞我们的船。明天如果天气放晴,他们想去观测天象,根据太阳和月亮测定经度。他们已经测定了四次经度,还说没有一次超过他们预料20英里之外的。黄昏时分,几乎看不到"费比乌斯号"的船尾。"海神号"和我们的船的外壳都是铜制的。

24日早饭过后,霍金森船长、医生、兰德尔先生、斯威夫特先生和我上岸来到了爪哇的塞里尼岛上。上岸后看到一群土著,一个老人走上前来向我们伸出手。我们从海滩走到镇里,镇上有四五百个由藤条和芦苇建的小屋,屋顶是用树叶和稻草铺的,看上去宽敞而干净。当我们差不多走到镇中心时,首领接见了我们,他身边是100多个镇里的士兵,有些配备了长矛,所有人都配着刀。他带着宽容和友好的微笑接待了我们,和我们握手,还说:"我是这里的贵族班特姆(Bantem)。"我们跟他做手势,并指了指我们的船,他应声道:"美国人。"这是他从比我们早一天抵达的荷兰人那里得知的信息。他带着我们转了主要的街道,引我们走进一个大的庭院,石墙周围有很多大树,这是他的家。他请我们进了门。我们辞行时,他陪我们走到门前和我们握手道别,我们举杯祝福他健康。他看起来有30岁,容貌英俊,穿着印花布长袍,里面的衣服也是上等的印花布,头裹围巾,腰间缠着蓝色、白色和红色的丝带,还佩戴着剑鞘为磨得发亮的黄色金属的短剑;他露着脚和腿。他表现得很高贵,也很高兴,从他总体举止来看,他是友好的,也很有魅力。

从这里我们又走了3英里,来到另外一个地方,这里和开始的地方并没有很大的不同。我们还在这儿看到副船长、医生、步兵指挥和到此购买牛肉、海龟与禽肉的来自"海神号"上的三位先生。

此地靠近海岸,被当地的土著为生存而种植的稻田所围绕。他们还种了菠萝、玉米、香蕉、黄瓜和椰子,此外还有各种丰腴的家禽、水牛(被他们当做牛肉来源)和山羊。土地很肥沃,从这里通往更高居住区的小路非常平直,被一片醉人的翠绿所覆盖,路边还有椰林,椰林给我们提供了舒服的阴凉,隔离了烈日的酷晒,椰奶也是清爽解乏的好饮料。

这些地方的居民大多数以捕鱼为生,这里有他们的不少于200艘大小不一的船。它们建造和装备的方式前面已有提及,载重量从一个人到三四十个不等。大一点的船上有小屋，占据了从船尾到中部的空间，它们是用芦苇和麦秆建造的，以为船员抵抗不良天气的侵袭。大约有 70 艘小一点的船日出即出海捕鱼，中午满载着大大小小的鱼回来。海滩离岸的距离不远，海水涨潮声音很大，所以任何在那里的船都有可能一下被掀成好几块。为了防止这一点，也为了保证小船的安全，居民们翻土挖了沟渠，大约有 15 至 20 英尺宽，通往他们住处后方的水池很大，可以盛足够多的水。沟渠和水池穿过每一居住区，两岸之间由木头建成的桥梁连接，桥上覆盖着由芦苇条铺成的席子，做得非常精细，因此也很紧实牢固。这里人口众多，且各年龄段比重不一，有很多小孩，妇女的生育能力应该非常强。他们是伊斯兰教徒，每一居住区都有清真寺，男女都常年配备着刀，把刀扛在肩上，刀是装在木制的剑鞘里的。尽管如此，他们看起来对彼此都很平和，对陌生人也有礼貌。然而，据说他们不喜欢自己的女人被陌生人关注，可能也是因为这个原因，他们羞于并从不让她们的面目示人。

这些地方隶属于般塔（Bantam）和巴达维亚，其中，我们最初到达的地方有一个荷兰警卫官和守卫的两名士兵，这里还有两架小型黄铜加农炮，上面载着半磅重的球和一面时而被风吹起的荷兰国旗。警卫官要来到每艘船前，以回答我们大家提出的问题，并把船只疏导到般塔，再由那里到达巴达维亚。士兵则来回走在海岸一直巡视，保卫安全，因为这些土著人来来往往。警卫官拿出一把有毒的刀，很多土著人的矛上也是有毒的；他还补充道，这些毒是剧毒，只要被这些武器擦破一点，就必定导致很快的死亡。

这里的点心价格一般是我们在海峡入口处发现的两倍。鸽子、鹦鹉和长着各种羽毛的其他鸟类也都可以在这里买到。涨潮之后，我们在大约 9 点离开这最后几个地方，并在 11 点返回船上，虽然今天行程漫漫，却丝毫未觉得疲劳。

由于我们最终是要与"海神号"同行的，所以奥德林先生告诉我们他并不打算走通过邦卡海峡的往常路线，而是试图在邦卡和比立顿（Biliton）之间寻找一条东边的路线。这条路线是一个在西班牙船只上的法国人加斯帕尔（Gaspar）先生告诉他的，他说沿这条路线来往中国非常安全，水深大约为 12 至 25 英寻（注：1 英寻＝6 英尺）。因此，在 7 月 25 日星期天，我们在风和水流都允许的情况下前行，直到 8 月 2 日当两艘船抛锚、"海神号"发出一只小船去探索行程。格林船长和我在拜访奥德林先生时，他告诉我们，这么早就来到这里不是因为我们看到的土地可能不是正确的航向，就是因为他获得了错误信息。因为根据探测，他发现只有 5.5 英寻，他本以为是 12 英寻。他的航海图似乎确认了后一种观点，他派出一名管理员去做进一步的发现。我们同意，如果风力不允许我们的船在夜间返回，那么我们将召集他的一两名管理员陪同我们。他给了我们他的航海图中的一个，第二天早晨，当柯戴兹先生和另一个管理员上岸时，我们非常高兴地获知他们的船只在发现航海图上的航道之后刚刚返回。早晨 5 点，我们沿着这些海峡引路前行，下午 3 点抛锚，离加斯帕尔岛有两英里远。麦卡沃先生、兰德尔先生、医生和我上了岸。在离加斯帕尔岛不远的岩石上，我们发现很多鸟蛋和小鸟。在它和加斯帕尔岛之间只能通过一条船，在岛的另一端，有一些傻乎乎的鱼群不断接近我们。我们没时间去确认岛上是否有淡水，但是从这里青蛙的呱呱声以及白鸽群所渲染的生机气氛中，我们可以确定这里无疑是有淡水的。

离开加斯帕尔岛之后，在 8 月 4 日清晨，两艘船相伴前行，在

23 日下午，我们得到来自澳门的引水员的帮助，我们的船下午 4 点在正确停泊位置抛锚，并向镇上鸣炮致礼。

24 日清晨，来自澳门的法国领事和几位先生接见了我们，并在我们离船时收到 9 响礼炮致意。这些接见我们的先生和我们在澳门待了一整天，我在他们的船上陪同他们。领事和我同行，要把葡萄牙的长官引见给我。但这位尊敬的长官先生恰好不在家，他就留下了一封关于我们这次到访的书面报告。我在这个先生的房间里和法国、瑞士、帝国的船货管理员们以及"海神号"的一些先生们共同用了晚餐。下午，兰德尔先生、霍金森船长、医生、斯威夫特先生、格林先生和"海神号"的其他绅士们在饭后上了岸。医生、霍金森船长和我一起度过了这个夜晚，并寄宿在瑞士领事的家中；兰德尔先生和其他先生也和我们一样，与法国领事度过此夜，我们在给了这些先生有关美国和与美国友好的欧洲列强的条约复本之后，在第二天早晨与他们告别，返回船上。

这天（25 日）是圣路易（St. Louis）的周年纪念日，"海神号"在日出时分鸣炮 21 响以示纪念，收到我们轮船 13 响炮的回应。在中午，又开始了一轮鸣炮，下午 2 点，我们的引水员上船之后，我们开始航行并经过奥德林先生，向他鸣炮 9 响致礼，他回礼以同样数目的炮声。《安森航海记》（Anson's Voyage）的作者写道："澳门市是葡萄牙殖民地，位于广州河入口处的一个岛上。它曾经非常富裕，人口稠密，并且能和邻近的中国政府抵抗；但是现在，它的繁华已是明日黄花，远不及从前了；因为，尽管城里居住着葡萄牙人，并有由葡萄牙国王任命的地方长官，但是它的统治仅仅是依赖于中国人对这些的忍耐，中国人有能力让这个地方存在，也可以随意处置此地，他们想把葡萄牙人赶出去就能做到。这就迫使澳门的长官战战兢兢地执政,并慎重行事,以避免发生任何冒犯中国人的行为。"

澳门的地理位置宜人,来自欧洲国家、在广州做生意的先生们在这里住得挺舒服。当他们的船只离开广州并与中国人结清账目后,他们旋即返回澳门,需在这里居住到下一个船季的到来。荷兰人、丹麦人和英国人在我们抵达几天之前已经去了广州。

我们从澳门向广州行进,在28日清晨黄埔码头开埠之时,我们鸣炮13响,收到每个国家轮船的鸣炮回应。8点钟,我们抛锚了,对方又对我们的到来表示欢迎而鸣炮13响。

在我们抛锚之前,法国船派出两只由管理员指挥、并且有锚和绳索的小船,他们帮助我们找到一个合适的停泊处,并一直等我们的船只停泊后才离开。丹麦派出一名管理员前来赞扬了我们,荷兰派了一只船给予帮助,英国派来一名管理员以"欢迎你们的旗帜来到这片世界"。

下午,船长、兰德尔先生和我随同格林先生按照下列顺序进行了回访:两艘法国船、一艘英国轮船、一艘丹麦轮船、一艘荷兰轮船、一艘丹麦轮船、三艘英国轮船;除了后两者之外,其他船在离开时都向我们鸣炮致礼了——法国人鸣炮7响,其他为9响,我们的船回礼以同样的数目。没有鸣炮的是两艘来自孟买的船,一艘卸了货;另一艘则装了货,但是,直到太阳落山,我们的访问才结束,此时鸣炮不符习俗。两艘船的官员们都做了有礼貌的道歉,并在我们离开他们的船只返回时给我们以三声欢呼。

每艘船上先生们的举止都相当有礼貌,让人感到恰到好处。在英国船上,不可避免地谈到最近的战争。他们同意这场战争是他们国家的一个重大错误,他们对战争结束也很高兴,他们很高兴看到在世界的这片土地上的我们,希望能抛弃一切偏见,并补充道,希望英美两国联合起来,他们可能要向全世界挑战。船长们都不在船上;荷兰人和丹麦人在他们的堆栈岛上,法国人去拜访奥德林先生了,英国人则停驻在广州。①

---

① 在旅华的行程中,在到达巽他海峡之后,奥德林先生和他的官员们给我们以礼貌和关注,还给了我们很多有益的建议和帮助,因此我不能不表达对他的深深感激,在本月4日,在清出加斯帕尔通路之后,他给我们写了封信,以下是这封信的副件:
  我荣幸地向格林先生道一声晚上好,谢谢他在加斯帕尔通道上提供的信息,这为我们打下了良好的基础。我们很快地通过了加斯帕尔通道,非常幸运。我们辨认不出东边的塞尔岛周边所有的岛屿。加斯帕尔岛和邦卡岛(Banca)东部岬角的实际位置与地图有较大的出入。最后我们出来了,确切地说,如果不是我们的第二领航员丢三落四,昨天早上才出去勘探的话,我们昨天就应该出来了。
  正如地图上标示出来的,正北边,离加斯帕尔岛4古里(法国计量单位,约四公里)处有暗礁。我们6点钟起航,这时天已亮,船队万一遇到不利的情况下也有一定的能见度。然后,我们在方向朝北的位置开辟出一条路线直通航道,可能到了两个名为多戈斯(Doggers)的沙洲。随后,为了不错过普罗提蒙岛(Pulo Timon),我们就跟着测深器走。从马六甲海峡和邻近地方出来的水流,通常都流向东北方向。
  最后我们很乐意对自己说的,——于我总是如此,您可以确定和证明的,
                                先生,我是您谦卑的仆人,
                                           奥德林。
  向贵方的诸位先生表示诚挚的问候。我们的小艇将到加斯帕尔岛上去看看那里有没有水,然后再看看能不能解决水的问题。
  在"海神号"29日抵达黄埔时,我们拜访了奥德林先生,格林船长交给他一封我以其名义书写的致谢信,以下是这封信的副本:
  奥德林先生,
  在我们幸运地抵达目的地的时刻,我必须而且也十分真诚地愿意向您表达我的感激之情,谢谢您对我们所从事的工作的关心和支持。在这第一次由美利坚的后代们组织的旅行中,您所给予我们的帮助,以及您和您的朋友们对我和我的队友们表现出来的友情、善意和礼貌,将永远不会被忘记。我们是如此幸运,在长途跋涉中能够遇到来自友邦的朋友;在这个遥远的地方,我们首先也是唯一受到的恩惠都来自贵方,贵国是我国的支持者,也是我国高尚的朋友。我们两国的联盟,已经有了一个很好的开端,又由贵国的屡屡施与的恩惠所巩固,它将会永世长存,您和您所有的同事们也将永远快乐,
                真诚的,感念您的恩惠的,您的顺从的仆人,
                                           格林。

由于另外两艘离欧与"海神号"同行的法国船也到达了，并且船货管理员还获得了一个商馆，特列兹先生邀请兰德尔先生和我与其同住，直至我们的住所被安排好。于是在8月30日，我们同特列兹先生和其他的法国先生们就到了广州，并与他们住在一起，直至9月6日我们的商馆准备好，我们对其拥有所有权之后。我们感谢他和他的朋友们——罗斯先生和迪莫斯先生对我们的照顾。他们让我们确信，他们是非常乐于与我们相识的，并将对我们提供给他们的好机会表示真挚的感谢。我们有一封来自费城的由马利特（Mallet）先生寄给德穆兰（Desmoulins）先生的信，德穆兰先生对我们总是非常友好，尤其是在获得商馆和使我们安定下来方面给了我们很多帮助。

在我们到达这天，一些主要的中国商人和丹麦、荷兰商馆的主要负责人拜访了我们；第二天，几个英国先生来我处拜访；第三天，皮古（Pigou）先生和英国商馆的六位先生亦来访我处。他们为不能及时拜访我们而道歉，说是前天一位中国商人在他的住处招待了他们，他就住在河的对岸。

我们按照他们来访的顺序对他们进行了回访，并得到几个商馆领导的邀请，他们给我们以国宴的招待，希望我们在将来能不拘礼节地约请他们。离开英国商馆时，皮古先生在感谢了我们的陪伴之后，说："先生们，这是我们一天的仪式。如果今后你们也以社交的形式约请我们，我们会很高兴；我们也将为能给你们提供服务感到由衷的快乐。"商馆的第二位负责人罗巴克（Roebuck）先生不愿很快离开我们；但是，尽管已经过了11点，他仍然要我们去他的房间里坐坐，在那儿，我们与其他商馆里的几位先生和船上的官员们聊天，度过了几个小时的美好时光。

当我们在自己的商馆里安顿下来之后，我们也从给法国人开始，一一给那些欧洲人以国宴的回礼。至于在我们之后到达广州、和他们一样礼待我们的瑞典人和英国人，我们后来也予以回礼。

中国政府将中国国民和来访外国人的交流限制在非常狭窄的范围内，对外交流仅仅在一个城市的郊区，我们就不能经常性地、尽可能广泛地获知这个国家的宪法，以及这个民族居民一般的风俗习惯。因此，在广州的发现并不能提供给我们足够的数据，以便获得对上述方面的准确评价。传教士作品中的表述被神秘化地延伸了，在很多情况下，对中国的描述都是认为中国是非常美好、令人向往的。我们所知道的关于中华帝国的印象毫无疑问就是，中国是一个历史悠久、政府英明，并至今仍保持着世界对其羡慕的国家。

接下来的表述将涉及英美民族与中国人进行商业往来的交易方式等，并包含一些零星的细节，在某种程度上，这是作者在不足 4 个月的居住时间里所能搜集到的信息。

就从商业开始说起，这里的商业没什么好大惊小怪的，就像世界上任何地方的商业一样。丹麦人、英国人、瑞典人、荷兰人在这里都建了固定的贸易机构，贸易即由公司组织展开。法国人没有公司，去年，法国国王因个人缘故而举行了一次远征，今年他又把自己的船借给了商人们。由来自南美私船的大班组织的西班牙贸易取路马尼拉。他们去年有 4 艘船，但今年就没有了。葡萄牙人尽管拥有澳门，然而却不像其他国家一样，有一个公共的贸易据点，而是由来自欧洲并乘船返回的代理商进行。伴随着在澳门的贸易如火如荼地进行，欧洲国家所要支付的税也随着贸易额的显著增加而增多了。

英国船只从欧洲带来了铅和大量布匹，因为国内毛纺织业的发展，公司获得特许而得以将布匹每年运到中国。有些船先到了印度半岛，部分船货包括供给公司据点的商品和满足市场需求的其他商品。安排好这些后，他们还带上棉布、铅和布匹上船前往中国。英国人从英国在印度的国民所有的、从事对华贸易的私船中获得巨大利益。除了从沿海带来的棉布、檀香木、乌木、鸦片、鱼翅以及燕窝外，这些船只还与马六甲内外的荷兰殖民地进行走私贸易，卖给当地人鸦片、布匹、枪炮等，以换取胡椒粉、锡锭和香料。他们从印度带来的白银和其他商品约占带回全部商品的三分之一，这些将满足印度市场的需求；其他用现金或转账形式同中国商人交换的物品则归入公司的金库，他们以5先令6便士的汇率兑换美元收到账款。这一持续多年的基金使得公司不必要从欧洲进口任何货币，以同中国人进行贸易往来。

荷兰人从他们在爪哇、苏门答腊、马六甲和其他在印度的殖民地上获得资源，由此他们得以和中国进行平等的贸易，各民族都能从中获益。

其他公司主要依靠他们从欧洲运来的铅和白银；然而，有时来自印度海岸的英国船长们还是拿白银作为已付讫票据的报酬。英国公司是不允许这种交易的，参与其中的任何人一旦被发现，都要被剥夺权利，并有可能被送往英国做囚徒。然而，几乎从没有人受过这一处罚，因此也不怎么惹人关注。在印度希望把个人财富汇往欧洲的英国人将会发现除汇入公司金库之外的其他途径，他们得到1美分，有时是2美分，而不是1美元，除此之外，英国公司的信誉在居住在印度的英国人心中并不像以前那么好了。一位船长告诉我说，他的航运次序就是先把钱运到瑞典，然后运到丹麦和荷兰，最后才是英国。

法国原来在这有家公司，但因其业务日渐落伍而解散。去年，法国国王又派出4艘船到广州来，今年，他把三艘船借给一些商人，这些商人的货物被分为若干份，其中一定数量卖给了那些后来成为探险家的个人。全部资本是600万里弗，这些货币形式的一半是硬币，此外还有毛布、玻璃、珊瑚和其他商品。构成先前建制一部分的法国领事仍被保留下来。国王给他提供了一所房子和一个桌子，年薪是6000里弗。法国人之间有任何争论都可送往他主持的法庭，他的判决将是决定性的，除非案子又被上诉到国王和议会那里。

帝国的商业行将结束。德国的地盘不太适合从事此项贸易。公司已经亏损很多。他们今年没有船只，据估计明年也不会有。他们的首领（一位苏格兰的雷德［Reid］先生）告诉我说，他期待能得到与中国人结清账目并返欧的命令。

瑞典和丹麦的公司主要依靠在海峡和不列颠沿海地区进行的走私贸易维持。如果英国国会废止对茶叶征税，这项贸易可能不会成为这两个国家的目标，与中国的贸易将由其产品的最大消费国进行。这是所有在广州的欧洲人的共识。皮古先生告诉我，大不列颠每年对茶叶的消费已达到1400万磅重，然而公司的销售还未超过600万。他说，"如果我们的立法机关用其他税款替代对茶叶的征税，那么走私贸易就会少很多；同样，瑞典人、丹麦人和法国人也不会从事这样的贸易。这样，贸易主动权自然就落到荷兰人、你和我们手上。我们可以雇佣20艘船，这贸易对我们来说也足够了"。

除了欧洲人外，亚美尼亚人和摩尔人的对华贸易也有相当份额，他们从红海、波斯湾和印度半岛出发，带着珍珠、宝石和其他商品等货物，经过葡萄牙和英国，与中国进行贸易往来。

这就是中欧贸易的大致状况。国家的商业机构建立在自由的基础上，大班被分配给好的商馆，并且可以按照自己的意愿住他们想住的房子。所有费用都已支付过了。委员会允许他们处理商务交易事宜，根据其资历而有所分别。在英国商馆里，一位其父亲（或许为近亲）是公司成员之一的年轻先生，在十四五岁就作为作家随行，随行的费用可报销，而且每年可获 100 英镑的收入。5 年期满时，他成为大班，没有薪水了，此时他就成为委员会的一员。（委员会的）数量将取决于船只的数量。现在的首领已经在商馆里 14 年了，据估计，他在今年的任职将有超过 7000 英镑的收入。罗巴克先生告诉我，第二位首领的收入在 4000 英镑以上，其他成员按比例获得薪俸。任何首领任职不得超过三年。

为公司服务的英国船长们和所有管理人员都被允许从事私人贸易；当其船只在黄埔停泊后，船长就有了在广州的个人商馆。他们带来的商品包括各种各样深受中国人喜爱的时钟、餐具、玻璃、皮毛、白银和人参，还有从印度海岸带来的其他商品。船长拥有携带 60 吨商品上船的权利。这些商品包括上等茶叶、肉桂、南京布、瓷器等等，进入英国海峡后，这些商品中的很多都被处理给走私商人了。走私商人和海关官员之间一直以来都存在清晰的互相理解。船只由私商建造和装备，私商向公司缴纳一定的吨位税。它们通常有 600 至 800 吨，通常也没有船只可以承受超过 4 次的航行。一位船长必须对其中一艘船有极大的兴趣，或者需支付 5000 至 7000 英镑。在这种情况下，他可能还要再卖掉这艘船，如果他在旅途中不幸去世，这一特权就由他的继承人或指定的人享有。

这后半部分的安排同样适用于下属官员。在广州的港脚船①的船长也有商馆,并且有权利与他们的雇主做最合算的买卖。

其他国家商馆的官员没有进行私下贸易的权利,相反,他们可以根据自己的等级获得赏钱。由于这些船只是公司的财产,每位船长在商馆里都有一处居所和办公地点,这里还提供其他到广州来访官员的办公点和居所。

欧洲人不能整年都待在广州。他们在船只离开、与中国人结清账目后就回到澳门,在澳门,每个国家都建立了自己独立的商业机构。在这里,等到他们的轮船在下季到来后,就再次返回广州。

私家或公家船只一旦停在黄埔,在船只卸货之前,一位担保人必须参与进来。这是一位主要商人,尽管并不排除与其他人做买卖的可能,然而通常情况下,商品交易同此人进行。他负责帝国的海关税务事宜,通常我们要交每船超过 4000 美元的税。除此之外,对于每件进出口的商品也要征税,硬币除外;但这没有什么困难,与中国人做任何交易时这都是被理解的,甭管买或卖,他们都要为商品交税。

在中国这边,贸易是由把自己归为"公行"的数位商人组成,这个词是贸易商号的意思,公行由 12 至 13 名具有与欧洲进行贸易特权的商人组成,他们还为此向政府交纳可观数量的金钱;除去无足轻重的店主之外,没有其他同样需由政府发给营业执照的经销商可在政府许可之下聚集。公行商人逢必要时集合,交流各自得到

---

① country ship,专指有别于公司船只的私商的船。往来于中国、印度间进行贸易的私商(或是英商,或是印度商人)所拥有的商船,叫港脚船(应是源于洋泾浜英语的音译)。港脚船虽不属于东印度公司,但它却是由东印度公司发给特许证,并在公司的一般控制下进行航运和贸易。——译注

的有关市场上商品的信息,商定所需购买商品的价格,并决定出口商品的价格。当一艘外国船仅有很少的货物时,没有任何一位公行商人愿意做它的担保人,因为盈利可能还不够交税的。这种情况下,就由公行任命担保人,与此船的买卖收益放到共同的账户中。价格一旦由公行商人确定,一般就不会有什么变更了。

每一艘船和每一个商馆必须有一位买办,这个人负责供应各种必需品,对于这些,他以一定的价格签下合同。这些条文中有很多强加于人的条款,如果船很小,买办除了要为所有的货物买单外,还得支付 100 或 150 两白银①的小费。不管船大船小,政府都要从每艘船上征税纳入国库,这是买办必须做的。

来到黄埔的所有船只在岸上都有一个堆栈岛,用来存放他们的水桶、桅杆、帆和船上的木头,这里还有供病人休息的居所。法国人的堆栈岛在一个岛上,和欧洲其他国家的分开了,所以这个岛就被称为法国岛;其他国家的在对面,局限于他们所占据的地盘,其他地方是玉米田地,通常被水灌溉了,使得人们无法走出堆栈岛;这样,法国岛就成了一个好去处和所有国家的绅士乘兴欲览的胜地。除了法国人和美国人,一般的水手是不允许到那里的。这个岛的另外一个特点就是,每艘法国船都要因为给户部②买礼物另加 100 两银子。堆栈岛主干由竹竿建成,覆盖以垫子和芦苇,外形比较大。它们由中国人建起来,当外国人离开后就被拆掉,以便以

---

① 中国算数总体上说来是十进制的。
货币单位:10 文钱=1 枚;10 枚=1 钱;10 钱=1 两。
旧的墨西哥 1 银元称重后值 7 钱 2 枚。
重量单位:1 斤=21 盎司;100 斤,或 1 担=133 磅。
长度单位:10 寸,或者 1 尺=14 英尺。
② 英文为 Hoppo,是中国海关的最主要官员。

后可以建立新的堆栈岛。一个堆栈岛的价格是约 200 美元。由于我们的船很小,法国先生们建议我们不要另买堆栈岛了,说我们可以在他们的地盘选用任意大的空间。在这个岛上的中国官员①通常有四位,在允许我们上岸之前,他们跟我们要相当于堆栈岛价格的小费——声称我们要不要堆栈岛对他们来说是一样的,不管用我们自己的,还是用其他人的。跟他们争论了几天,直到他们停止给我们的供应,我发现有必要和他们妥协,最终双方以每月 30 美元达成一致。

除了担保人和买办,每艘船还得有一个翻译,翻译的酬劳是 120 两白银。翻译是绝对必要的,因为在海关办理所有事务都要雇用到这个人。海关在城里,那里不允许任何陌生人进入,那里还提供"舢板"②以供卸货和装货,翻译是随叫随到的。

当户部来视察黄埔海运时,经常有公行商人随行。这种情况下,船长们便展示出他们的钟表或其他新奇玩意,户部就按照他喜欢的方式摆放它们。船的担保人被迫将其送给他。过一段时间,大人会问起价格,以表示他并不以礼物的名义收下。懂得内行的商人就告诉他大约值其价值的二十分之一,并收下钱。当视察我们的船只时,大人问我们有没有类似的商品,在我们回答说没有后,他看起来很不高兴。然而,当他被告知我们是从一个新的国家首次前来时,他看起来似乎满意了,但没忘记吩咐我们下次来时要

---

① 英文为 mandarin,指称中国每一等级的文武官员。
② 指船只。

带上这些商品。①

船只视察完毕,户部就拿出卸货许可证,翻译提供两个舢板接纳货物,这些货物在两位官员面前被抬高运出船外。货物到达广州后,一位主要官员及其助手就到席,他们对所有货物进行称重、测量,并记录详情,之后方允许货物出售。担保人或公行商人不需要的商品就可能处理给任何其他人,翻译就从这个人身上收税,并与担保人达成协议。当返回的货物即将被运到船上时,官员们就像原来一样来到这里,检查所有货物并做记录,整理好的每个包装箱都要印上卖者的印章②,这样翻译就可以知道去哪里收税了;否则,买者就得自己缴税。买者或卖者都不用给这些官员小费,他们的薪水是由皇帝定的。卸载的费用由欧洲人付,中国人把返回的船货运到船边,不用缴任何费用。所有货物必须由中国的舢板装卸。

广州海关和世界其他地方一样,有时也会有流氓行为。为丝绸所缴纳的税额可以和官员商量,官员会接受相当于税额一半价格的礼物,这样丝绸便可以不缴关税了。在这些情况下,携带各国旗帜的中国小船会在指定的时间出现、装货,并得到官方许可证而不必再接受进一步检查。在来到广州或从广州出发时,所有小船

---

① 9月14日星期四来自航海日志的摘录:
  "上午10点,主要的官员及其助手和广州主要的商人上船检测。我们鸣枪9响致礼。11点,他们离开船只去视察其他船,——我们又鸣枪9响致礼,其他船只也这样做了。"
  "P.M.——最大的官员上船了,带给我们两头公牛,8袋面粉和7瓶国酒作为礼物。"
② 印章英文为 chop,这个词有很多意思。此处它指"许可证"(mark),有时它被用来指称税,如缴税(pay the chop);其他情况下它表示"准许"(permit);向任何人说"chop—chop!"时,它的意思是"快点!"

都要接受检查,必须有许可证;除此之外,除非携带国家的国旗,否则在河上经过时就要在不同的检验处检查。

广州的商馆占据了不到四分之一平方英里的空间,位于河的岸边。被栅栏所围绕的码头还有从水上通往每家商馆的阶梯和开着的门,所有的货物就在这里被接收和发送。欧洲人的活动范围被严格地限制住了;除去码头之外,只有郊区的少数几条街,这里充斥着被允许频繁出入的生意人。欧洲人在这里住了12年之后所看到的并不比他刚到这里第一个月所见到的东西多。他们有时被中国商人邀去进餐,在河的另一岸,是中国商人的家和花园;但就算是那个时候也不能得到什么新信息。家里的一切都被严格地隐藏起来;尽管他们的妻妾和女儿住在那里,但没有人见过她们。我们在不同的时候分别与4位公行商人聚餐,其中的两位邀请法国先生和我们去他们家中游玩。这些时刻,客人们通常是要付很多费用的。在周官和潘启官家中,法国人负责为桌、酒和大量食物买单。周官家里的花园很大;很多人力和精巧工艺的投入使其看起来颇具田园风光,有些时候,对自然的模仿倒是很逼真。森林、人工石头、山和小瀑布的布局合理,各种因素融合在风景中,构成了一幅令人愉悦的美景。然而中国人对水甚为偏爱。每个花园都有足够多的水的因素,不能自然地流动的水是大片的池塘,池塘的中间是凉亭。周官说他的家和花园足足花了他不少于100 000多两白银才建成。

广州的欧洲人并不像所想的那样可以自由地聚会——各自商馆里的先生们大都独居,当然也不排除少数时候会有一些隆重的集会。丹麦的商馆里每周日晚上都开由几个国家的绅士表演的音乐会。这是他们交流的唯一场合。总体上来说,欧洲人的处境并不令人羡慕；考虑到他们在这个国家居住的时间、他们必须服从的禁令、他们之间较远的地理距离，以及他们对社交和娱乐的需求，中国政府应该允许他们多挣点钱。

当欧洲人在广州去世时，死者所属国家的主要首领就会告诉各个商馆这件事。在尸体被运往黄埔之前会为这个人下半旗，之后才又升起；与此同时，死者的朋友接受来自其他国家的吊唁。船只也举行同样的仪式，当尸体出现时，死者所属国家的海军准将开始每隔一分钟放一次葬礼炮，港口的其他船只也这样重复放葬礼炮，直到尸体被送往法国岛，旗帜又像往常一样重新升起。第二天，这个国家的首领和一两名先生回访其他的欧洲国家，感谢他们出席这一场合。

在我们离开广州前10天，兰德尔先生和我拜访了每位首领（这个仪式不能忽略掉），感谢他们的礼遇，并告知他们我们将要离开。每个国家都邀请我们，我们对他们邀请我们进餐表示感谢，法国领事还坚持给我们特殊的礼遇。给我们礼遇的都是欧洲人，他们给了我们在国家和个人层面的尊重，让我们受宠若惊。法国人尤其友好。他们帮助我们停泊船只，让我们在他们的商馆就像在自己家一样，并让我们分享他们的堆栈岛，而且不用付任何报酬。他们说："我们在任何情况下都可以为你们服务，并为此感到高兴，而且期望能够有表达我们乐意为你们服务的更多机会。"

瑞典人、丹麦人、荷兰人以及德国人都表达了对我们的恰到好处的关注；英国人也不比他们落后。除去商馆的先生们之外，很多船长接待了我们，来访我们并接受了我们的回访。在这个交流过程中不难发现他们对法国人的妒忌；他们也并不隐瞒我们有时与法国人交往时保持良好沟通的不满。特别是一天傍晚，在英国商馆里,就在我们从桌旁起身之后,首领问我们是否愿意共进晚餐。这是一个令我们出乎意料的建议,因为他一向对我们特别礼貌。他们在声称已给予我们足够关注、希望我们的民族和他们的能永远保持一种友好关系之后,他说我们的接受方式有些问题,他希望我们能够改正。他说,"我们一旦得知你们的船只到来,就决定给予你们隆重的关注;当和法国人一道时,你们回访了我们,我们的意思是,你们应该第二天和我们聚餐,和法国人应该是第三天。这样,我们对你们一起到来就不会有任何失望之意。你们可以记住自己的错误,对此我们表示非常遗憾;但先生们,请相信我。"他最后笑着补充道,"我们并非特意地希望有你们为伴。"

除去返回印度的港脚船之外,去年从广州和澳门驶来45艘轮船返回欧洲,其中16艘是英国船只。这个季度船只的数量如下所示(12月27日):

英国,9①——法国,4②——荷兰,5

丹麦,3 ——葡萄牙,4。

---

① Sulivan 号　　　　　船长:威廉姆
　"加尔各答号"　　　　汤姆森
　"霍克号"　　　　　　李维顿
　Ponsborne 号　　　　哈迈特
　Middlesex 号　　　　罗格斯
　Contractor 号　　　　麦英多斯
　Foulis 号　　　　　　布莱克福德
　Latham 号　　　　　罗伯森
　Nassan 号　　　　　吉尔
② 海神号　　　　船长:奥德林先生
　Provence 号　　　　曼塞尔先生
　Sagittaire 号　　　　莫林先生
　Pondicherry 号　　　布列欧先生,曾在法国岛与我交谈。

以上25艘船驶往欧洲。

美国船只为一艘,驶往美国。

英国港脚船,8①

丹麦雪(Danish snow),1。

综上总计,船只总共是35艘。

瑞典人丢失了其航路;至于德国人和西班牙人,正如前面所提到的,他们在这里没有船只。

由于我们的船是到达中国的第一艘美国轮船,所以中国人要完全区分英国人和我们之间的差异,需要一段时间。他们把我们称为"新民族",当我们在地图上向他们指出我们美国的疆土、现状以及日益增多的人口时,他们为中华帝国的物品多了一个如此可观市场的广阔前景而感到异常兴奋。

中国人尤其是在商人阶层中表现出的流氓行为尤其明显,这已是公认的事实。然而也有例外。尽管小贩几乎无一例外的是流氓,得对他们严加防范,但同时也必须承认,公行商人和在世界其他地方所看到的一样,是一些令人尊敬的人。我们正是主要与他们进行商业往来。他们聪明专业、算账准确、严守准时,他们具有良好的品质。其他欧洲人对他们的异口同声的说法证明了这一点。

---

① Biram Gore 号　　　船长:Maughan
　Bellons 号　　　　　Jas. Richardson
　Pallas 号　　　　　　O'Donnell
　General Eliot 号　　 McClew
　Le Neckar 号　　　　Woolmors
　Triumph 号　　　　　Wm. Richardson
　Lady Hughes 号　　 Williams
　Nonsuch 号　　　　　Stevenson

尽管对中国政府之卓越的赞誉是大家普遍认可的,但我不禁要质疑,世界上难道还有其他文明国家比中国更加具有压迫性的吗?省里的官职给了那些蝇营狗苟的人,国民经受着每一等级官员的压榨——小官受到高一级官员的压榨,而高一级的官员又受到更高级官员的压迫,到了最后,朝廷官员和总督有时就被置于暴政的外衣下,被皇帝抄去所有的财富,并被放逐到西伯利亚聊度余生。我所知道的两件事可以证明中国政府的专制特点。

几年以来,石琼官一直是公行商人中最受欢迎的商人之一,在一次交易中未能把茶叶运到英国船只中。他说明了缘由,原来是石琼官到户部那里缴税时,户部大人喝醉了,石琼官觉得很失望。不久之后,公行中另一位商人到了英国商馆,石琼官不经意间提起这件事,并表示了他对户部的失望和原因。然而这位商人是石琼官的对手,他把这件事告诉了户部大人,石琼官因此被迫缴纳3万两白银作为给官员的礼物,以换取他的自由!这件事我是从皮古先生那里听到的。从此以后,石琼官对所有的官员都很畏惧,他再也不敢私下会见官员,并在称量船货时与其他商人一起参见官员,缴纳每年的总税款以不用再参见总督。

另一个事例是有关我们的买办的。除去公行商人和政府官员的所有中国人都必须有进入商馆的许可。许可证每月更新一次,下人、甚至是每个月仅挣3美元的苦力都必须付半美元。我们的买办有一天被海关副监督接见,这位大人要看看他的许可证。但他把许可放在家里了,由于受到质疑,他回答说,他是一位商务负责人,但官员就因此要从他身上勒索钱财。很不幸,这位商人家的一个人此时正好经过。可怜的买办被发现并立即被送到城里的监狱,被关押了一周,关押期间手和颈上都戴着枷锁。他提出交1000

美元以获得释放,但官员拒绝了;真不知道,这个大人到底想要多少钱才能换取商人的自由!他要想获得自由,是没其他的法子了。

欧洲人被监视并被局限在自己的地盘内,中国人从不给他们犯一点小错误的机会。码头上的官员们非常警惕,商馆里的每个随从都是间谍。码头上供陌生人散步的场地为另一位官员居住的需要新建了一座房子,这位官员也可能是一位间谍。这一点,加上其他的不公平事件,使得欧洲人聚集起来向下次视察海运的户部抗议。由每个国家抽出代表组成代表团在英国船只上会见了户部大人,我被要求代表美国。户部大人保证会给予纠正。房子不久就被拆了,特别提及到的那位买办也被释放了。尽管曾经有过多次的控诉,但这一次是欧洲唯一一次不约而同地参与的。买办走到每个先生面前表示自己对他们的感谢;但是,尽管户部保证他可以无须任何代价地获释,可怜的家伙还是觉得有必要给那位拘留他的官员买份礼物。

在这个地方,或许关注那件或许会产生严重后果的"广州事件"不会不合时宜。

11月27日星期六上午10点,一声通常的警报在广州的外国人中间响起。中国人逮捕了英国船"休斯夫人号"的大班史密斯先生。3天之前,船长和几位同他进餐的先生在上船之后离去时接受了船只的鸣炮致礼;不幸的是,鸣炮时,"休斯夫人号"旁边的一艘官员船上的一个中国人不幸受伤致死,还有两位也受伤了。中国法律讲究以命偿命,而且也有贯彻这一原则的前例。4年之前,这同一艘船上的一个法国人和葡萄牙人曾出现过混战,后者被杀;中国人要求法国人必须被交出来。当被告知法国人所做纯属正当防卫之后,他们回答道,他们非常了解事情的经过,但他们必须在法庭上审问他，外国人应该知道对类似事件进行这样的处理是必需的，审查之后，他们将把嫌疑犯毫发无伤地送回。在得到这些保证后，可怜的家伙就被送到中国人那里，然而第二天上午人们发现在商馆附近的河边，他已经被扼死了。

这件事情在每个人的脑子里仍清晰如昨，因此，英方首领这次拒绝接受中方要求；不仅因为这是一件偶发事件，而且这个炮手是无辜的，他在船只方面没有发言权，这些船也不受中国随从所服从的司法权的管辖。经过两天对此事的争论，中国商人和官员们告诉皮古先生，他们对此事无他意见，由于炮手已经潜逃，应该没什么其他麻烦了。所有的人都以为这件事结束了，但接下来的事件告诉他们，对中国人是不能信任的。潘启官是公行商人的首领，他以生意之名要史密斯先生到他家去一次，史密斯先生到达时旋即被士兵捕获并送往城里。此事被得知后，所有的商业往来停止了。中国商人退回城内，欧洲人聚集起来商议对策。大家认为，权宜之计是在事情解决之前，每艘船派出一只装备好兵力的小船，以保护每个国家人员和财务的安全。与此同时，买办、中国随从和其他人离开了商馆，几艘皇帝的战船以敌对的态势出现在我们的对面。傍晚约7点钟时，我们的一艘小船在经过他们的要塞时被击中，一人受伤。船只抵达时，船员们被留在商馆，被其官员所控制，所有欧洲人一致同意支持这件事。这一事件开始时，我们收到了请求，于是船只就跟随过去。我们把一封解释事件由来经过的信捎到城里，说明了史密斯先生是无辜的，并宣称我们放弃炮手是不可能的。守卫被有序地布置，这一夜静悄悄地过去了。

第二天早晨，我们的买办回来了，像往常一样工作。在前一晚上我们发现一个人在命令所有中国人离开商馆。我们捉住了他。

经审问得知,这是一位小官员,他还有官印。他旋即被直接送往英国首领那里,他说:"粤海关监督富恩大人已经下达了逮捕史密斯先生的命令,只有在交出炮手之后他才能被释放。大人对于你们武装的船只很不满意——欧洲人应该知道他们自己的角色——他已经布置了省城所有的军备就绪,你们不能反抗,只能屈服,他要强调的是,帝国法律是不可侵犯的。"

下午2点,法国领事维埃亚尔(Vieillard)先生前来我处告诉我,他已经和中国皇帝的翻译吉尔伯特(Galbert)先生在宝塔与一位中国官员见面,这位中国官员通知他说,许可可以发给除英国人之外的任何人,在中方希望他们撤走船只的任何时候撤回去。领事对我说,丹麦人、法国人和荷兰人已经决定不为英国人而制造战争了,他建议我也申请一个许可并撤回船只。我谢过他的好意后回答道,我更看重的是在现行贸易中的人权,我支持英国首领希望美国船只到广州的请求;当英国首领的要求被答复后,我才会遣回船只,而不是现在。

夜色袭来,后面跟随着翻译的两个中国官员出现了,要求除英国之外的每个国家派出一位代表去见富恩大人,他已经在那里等待接见我们了。与英国先生沟通之后,我们就去见大人。我们意识到,史密斯先生被捕已经不仅影响英国,而且是关系到所有在广州做贸易的外国人的事情了。外国人的财产和个人安全已经不再有保障。我们由官员引领,来到我们不太熟悉的郊外的一个塔里,富恩就在这里接待我们。在穿过两排装备有弯刀的士兵后看到了大人。富恩说,他把我们前来此处看成是我们站对位置的标志,我们不会因为史密斯先生而被逮捕,史密斯先生本人也不会受到任何伤害,但是只有炮手被交出来后他才能被送回。当被告知炮手已经潜逃时,他回答道:"没关系,你们必须'制造'出一个炮手来。"当吉尔伯特先生试图解释为何布置装有军备的小船、并维护英国人时,大人说他可以保持沉默,并宣称正是考虑到其他国家的利益,才不对英国人采取行动的。大人邀请我们喝茶,我们婉谢了,随后他又赠给每位先生两块丝绸,以表示对我们的友好,然后就把我们遣散回来。

到此为止,在这件事情的处理上,我遗憾地发现,不同的国家并没有一个统一的计划和对策。这是事实,在几次会议上,先生们都认为这是一个普遍问题,但他们各自的行动还是这样,他们最初的热情似乎减少了很多。中国人清醒地意识到:如果他们能让各个国家远离英国,就能很快结束事件;确定无疑的是,他们已经把橄榄枝伸向维埃亚尔先生,邀请各国前去的要求也是富恩的意思。在最后一步之前、在英国馆中开会时,我还深信并且主张我们是可以采取一致行动的,每位代表自身国家利益的先生都问,这件事可以被当成是一个共同的事件吗?他们能为其在多大的程度上联合并给予支持?没有人反对我的提议,也没做出什么决定,然后我们就到了中国的总督面前。

第二天,一整天都很平静,只是超过40艘战船装备在商馆的对面。确实,这些战舰并不十分强大,他们的武器是两块长长的铁皮,上面装有4盎司重的球,并固定在一个四脚支架上,中国士兵则持弓箭、长剑和由三脚架固定住的步枪。从我对中国海军队列的观察中,我确信:就算是他们的兵力再增加四倍,3艘装备良好的欧洲长舰都可以从中国军队中开出一条通道。

随着时间的流逝,两艘法国小船、一艘丹麦小船和一艘荷兰小船在一个中国人的保护下沿河而下,在船首举起了小红旗。除此之外,一艘携带史密斯先生要求交出炮手的信件的英国船只也以同样的方式被护送过去。把我们引见给富恩大人的那位战时官员给每位先生两块丝绸，富恩当时本来只允许6位前来的先生可以获得礼物，但后来又命令所有前来的人都将收到这些礼物。

30日早晨，布朗（Browne）先生、莱恩（Lane）先生、朗斯（Lance）先生和菲茨休（Fitzhugh）先生前来通知我，他们没经和其他国家商议，已经派出一只小船去往黄埔。他们是作为一个委员会前去解释事件，以及之后一连串事情的来龙去脉。史密斯先生要求交出炮手的信件已经在中国官员的命令下送达给威廉姆斯（Williams）船长；但翻译官被港口外装有枪支的舰船的架势吓坏了，他返回时并没有传达这一信息。得知此事后，中国人给了英国小船许可证以把传信的那名翻译带回来，麦金托什（McIntosh）船长作为担保人也前往并返回了。他们补充说，由于还没找到炮手，船长返回时仍不能把史密斯先生带回来，先生们因此又一次集会要求在富恩大人面前做一次联合的陈述，希望大人能把他们的小船和人员都遣返回黄埔，并恢复贸易。

朗斯先生在中午又前来告诉我，他代表英国人已经在宝塔里见了一位中国官员，中国官员通知他，他们不应该做出武装小船的错事，由于事情已经解释清楚，他们期待麦金托什船长的返回，但希望能带走炮手。朗斯先生建议说，应允许小船回到黄埔去找凶手；如果发现不了，或找到凶手后威廉姆斯船长仍不愿交出，公司就放手不管、只能听凭中国人处置。中国官员当时没给许可证，但答应会在下午给出一个答复。

大约下午3点钟，在中国旗帜的保护下，英方的5只小船前往黄埔。黄昏时分，麦金托什船长带着炮手回来了，炮手被送到商馆，几分钟后被转到宝塔，在那里他被交给了中国人，——包括英国在内的每个国家都派出一位代表参加。官员们向我们保证今晚将把史密斯先生送回来，炮手将被囚禁起来，直至皇帝发出赦免令，——事件至此算是结束了，贸易禁令也被解除了。

晚上，翻译官通知我，我们运走船货的许可尚未发出，因为大人把我们当成英国人了，而英国人的许可只有在第二天才能下发。在询问中我发现，我们的船只被当成英国人的而被记录在大人的册子上是由潘启官导致的；兰德尔先生和我给法国领事写了一封信，法国领事答应我们在第二天拿出公函，还保证将第一时间通知我们。①

---

① 致法国领事的公函
　　致法国驻中国广州领事，尊敬的维埃亚尔阁下。
　　先生，——
　　美国驻华商务往来代表人向您发出此信，您一定知道，由于潘启官向中国海关大人做出我们是英国人的汇报，我们由此被当做英国人了，我们到达此地的船只也被当成英国船只，由此，我们也被视为英国国民。
　　为此，我们郑重请求澄清这一错误，并向中国人宣布我们是来自一个自由、独立、拥有国家主权的国度的国民。我们以美利坚合众国的名义请求，我们的盟友和好朋友——法国能通过国王的翻译官吉尔伯特先生向中国人解释并使其知道我们的身份，我们是美国人，是一个自由、独立和拥有主权的民族，我们与大不列颠没有任何关系，不效忠于英国和世界上任何其他国家，只忠诚于美利坚合众国；我们祈望中国人能正确地认定我们，并颁发给我们许可证。
　　　　　　　　　　　　　　　　　　　　　　　　　　山茂召，托马斯·兰德尔
　　　　　　　　　　　　　　　　　　　　　　　　1784 年 11 月 30 日于中国广州
法国领事的复函
　　致美国驻华商务往来代表山茂召和兰德尔先生。
　　先生们，贵方在 1784 年 11 月 30 日备忘录中的陈述是公平和公正的，我已经命令国王的首席中文翻译官吉尔伯特先生充当你们的翻译，向中国政府做如下说明：潘启官误将贵国的货船作为英国船只注册在户部了；你们是美国人；贵国既非英国也非法国，也不是任何其他在华从事贸易的商人，贵国是独立的国家，有自己的主权。先生，我本应在贵国舰队抵达时就向他们通报这一事件，避免他们把美国和英国相混淆。每当一个新兴的国家来到中国开展贸易的时候，由于地理知识的缺乏和他们远离世界其他国家的地理位置，中国人总是会犯同样的错误。
　　　　　　　　　　　　　　　　　　　　发自广东，我们的旅馆，1784 年 12 月 1 日。
　　　　　　　　　　　　　　　　　　　　　　　　　　　　　　　　　　　维埃亚尔

12月1日，这里恢复了平静和通商，英国的首领前来感谢我们给予他们的帮助，在前一晚被释放的史密斯先生也感谢了我们。

中午，每个国家的先生们被叫去在公行的大厅里参见户部大人，户部大人在表达了他对恢复平静和通商的满意后提醒我们：水手应该严格遵守法律。在被告知中国人和欧洲人经常因为商人说假话而发生纠纷时，他保证以后每月派出一位官员在宝塔通过他们自己的翻译官来倾听欧洲人的意见，强调这样做是为了保证对欧洲人不公平的行为能够得到纠正。

这时我希望法国领事能宣布我是一个美国人，他也由国王的翻译官——吉尔伯特先生这样做了，并且明确指出我们和英国人的区别。大人回答道，石琼官已经在昨晚向他解释过这件事了，他很清楚我们是谁，遣回我们的装有商品的船只和舢板的许可上明确地写着是"美国人"。我们的担保人潘启官之所以把我们的船只说成是英国的，是因为他知道，出现新的国家还需送出一份礼物。于是中国人自己就欺骗了自己，第二年，英国人就被当做古老的民族了。

我们有武装人员的飘扬着美国国旗的船像往常一样在同一晚返回黄埔，装有货物的舢板被送到大船上。

于是，一件从混乱中发生、毫无章法地进行、毫不光彩地结束的棘手事件解决了。如果欧洲各民族能坚定人权为目标的信念，并为公共利益牺牲点儿私利，事情的结果肯定会是很光荣的，可能还能从此多获得一项权利。但事情就这样终结了，我们只能用中国人自己的话这样评论——"事实上，所有的'番鬼'①在这次事件

---

① 英文为 Fanquois，系中国人对外国商人的侮辱性称呼，他们不分青红皂白地称呼所有欧洲人为"番鬼"。

中颜面尽失。"

中国政府在以上文字中说得够多了。至于中国宗教,最值得一提的、也是中国人做得最明显的便是他们的偶像崇拜和迷信了,我们这样说是有充分依据的。世界上没有任何民族比中国人对宗教更加虔诚狂热的了。风调雨顺时,他们会因日子过得顺利而更加迷信。在经过神庙①时,我经常停下来关注他们在神庙里虔诚的祈祷。有一尊胖胖的、正在咧嘴哈哈笑的神仙老人像,它坐在位于屋子后面靠上端位置的一张椅子上,老人像前端是个小祭坛,祭坛上的檀香木总是香火不断。参拜神像的人进来祭拜时,跪在神像前,在地上叩头三次。磕头完毕,他把两块木头固定在一块,并再次跪下叩头,鞠躬三次后便开始往空中扔木块;若木块着地时都是平的或都是侧面立起,说明做事"吉利";但如果一块平着着地,一块是侧面立起,这就是不祥之兆。于是他就重新向神像鞠躬,重新扔木块。我曾经看到过有祭拜之人甚至重复做过 6 到 8 次同样动作,直到扔成功为止。然后此人会再次跪下叩头,手持一个陶罐,其中装有很多印刷有文字的芦苇片,并摇晃之,接着把陶罐放在神像前晃 3 次,把罐里的一片芦苇倒出来。如果运气不好,他会再晃;直到他满意时,他还要烧一片镀锡的纸,把它呈在祭坛前,鞠躬 3 次方退去。女性祭拜者也进行同样的拜神仪式。除了社会下层女性,一般妇女不被允许经常到公共场合去。神庙一般是开放的,除了这些神庙外,周围经常还建有大的宝塔或庙宇。这些塔或庙里住着很多和尚或僧侣。他们每天都会举行敬神仪式。这些庙里有各种各样的神像,神仙或男或女,但通常个头比人要高大,而且

---

① 英文为 Joss-house,Joss 是中国人对偶像的称呼。

面目狰狞。有一座千手观音，被看做普度众生的大慈大悲神仙的象征。除了这些祭拜的公共场所外，家家户户也设有神位，这些神像前也要保持檀香木不停地烧着，这样就会使神像充满香味，让这家香火不断。而这户人家每天早晚都会烧纸点香来祈祷。

中国人没有安息日，他们一周7天都在工作。在满月和其他节日，尤其是冬至到来时，中国人会大摆宴席来庆祝。当太阳进入水瓶宫15度时，正逢新月渐盈的初始，这个时候，中国新的一年开始了。这是个非常重要的日子——不光是因为这是所有中国人都庆祝的节日，通常春节持续4至5天，人们在这段时间不用做活；还因为在这天之前，人们欠下的所有债务都必须还清。在冬至到大年初一的这段时间，债主变得纠缠不休，如果欠债的人没还清债务，债主会在年三十这天来到欠债人的家，就在那里坐着，大家都不说话，气氛非常尴尬。当凌晨零点、新年到来之时，债主不再逼债，他站起来向欠他债的这户人家恭贺新禧，然后走了。欠债人这时丢尽颜面，以后没人再相信他了。

中国富人最关注的事情是寻找一个建造坟墓的理想地点。为了找到这个地方，他花费多少也在所不惜。这个地方必须通风、有树荫和经过的流水；还必须地势显赫、面积广阔。富人对这些细节真是给予了高度重视，以至于他们有时竟会认为生活的任何不幸遭遇是由于父亲的骨灰未能得到很好的安置安息。在这种情况下，僧侣们便会举行新的祭祀仪式。他们会准备一座新坟，从其原来的居所里拿来父亲的遗物并放入其中。当然伴随这一过程的还有盛大的仪式和巨额开支。

中国人实行一夫多妻制。中国男人乐意与最喜爱的妾在一起，也同样喜欢给他生儿子生得最多的妾。但女儿生得再多也没用。Syngchong是广州的一个经营瓷器的大商人,他有天很满足地告诉我,他的妻子给他添了第三个儿子——他表现出感谢神的表情,认为是神对他的眷顾。"神在保佑我,"他接着说,"因为我做过很多次祭拜。"

广州有很多画家,但我认为他们中没有一人对绘画有天分。我希望能得到可以象征辛西纳提协会的一套瓷器。我的想法是美国的辛西纳提人受到智慧女神的引导,决定接受中国人的伟大的雕刻技术。基于此,我找到了关于女神的两种不同的雕版图、一个威武的军人像,并给画家提供我私人珍藏品的副本。这个画家在此领域赫赫有名,但是,经过了几番尝试,他还是不能适当地还原原画。由于他对作品制作的精确度不高,我只能部分地实现自己的愿望。我保存的他的最优秀作品,是中国卓越绘画的典范,看着这些作品,我不由得不笑。一般认为,尽管中国人可以临摹大多数美术作品,但却没有什么与生俱来的艺术天分。

中国商人的行为方式开放而自由。他们可以很好地控制自己,并且时刻提防着他人。对于这一点我有足够的证据。我得一直保持警惕,尤其是当我的容忍度在接受小贩几次三番的考验时。买他们的商品时,他们总是卖给我们所需商品的三分之一,并且对此不会有丝毫的顾忌,即使告诉他们不能在量上减少,他们还是不改,并且日复一日地卖同样的商品。一个小贩要以我估算的双倍价格卖给我一件商品,并且每天都过来要我买下。我每次都很有礼貌地对待他,同时坚持最初的要求,最后他妥协了。当生意做完时,他问道:"你是英国人吗?"

"不是。"

"但你说英语呀!你第一次来的时候,我不能区分出来;但我现在很清楚了。当我告诉英国人商品的价格时,他会说,'就这些了,拿着,别来烦我。'我就告诉他,'不,朋友,我给你的已经够多了。'他看着我说,'你给我下地狱吧,你他妈的流氓;你到了这里,还出这么高的价!'真的,大班先生,我很清楚地知道你不是英国人。所有的中国人都热爱你们的国家。"

到此为止可以说,这个家伙的称赞让我很高兴。但公正让我不得不补充道:"所有的外国人初次来到中国时都是很好的绅士,对你们也很礼貌。但来广州两至三次后,外国人就全都变成英国人了。"

在12月26日处理完所有事宜、轮船准备起航之后,兰德尔先生和我就去每个国家的首领和先生们那里告辞,我们再次感谢他们的关照,也收到了他们希望我们好运的祝福。第二天我上了船,又过了一天,轮船返航美国。

兰德尔先生和我一起出行了。大家知道,当到了中国后,船员可以根据自己的需求决定是否留在中国,不必非得回美国。是否回国要看他自己认为哪种选择对他更有利。这一许可的结果是,物主可以利用其服务的便利,在给我们最初的补贴之后不用再补给另外的钱,除此之外,他们的财产也得到了双重保障;对我来说,在我死去之前,我似乎是和此人密切相关的。

1784年12月28日,我们在黄埔起航,在下午4点经过各国船只时,鸣枪9响致礼,收到各位船队队长的回礼。30日,在经过珠江时,我上了"海神号",向奥德林先生和他的官员们辞行,他们对我们的礼貌和关注值得我们发自内心的感激。31日黄昏时分,我们驶出澳门,引航员离开了我们。

荷兰轮船"克拉克将军号"在我们前一天自珠江起航,并且答应我们在中国的海域上航行时与我们同行,我们在北岛(North Island)附近追上了这艘船。1月19日星期三中午我们在该岛离我船84英尺处抛锚。在这里我们发现了驶往欧洲的一艘荷兰船、两艘英国船以及两艘葡萄牙轮船。英国轮船"Ponsborne"和"霍克号"在我们离开三天后于珠江起航。他们走的是加斯帕尔通路,比我们还早一天到达北岛。我们一直与班克斯(Banks)船长同行,这是考虑到可以借鉴他的航海经验,因为我们原来驶往广州时并没有经过邦卡海峡。在路上我们一直跟着他,并时常被迫缩短航程。当我们来到岛上时,我们有被羞辱的感觉,因为我们发现他和我们同样在这片海上是个新手,这是他首次到中国,谁也不能为我们丢失一个锚给点安慰,就算是1月11日经过普洛蒂蒙(Pulo Timon)时他们也丢了一个,我们也觉得不平衡。

抛锚后,斯威夫特先生和我上了"克拉克将军号",与班克斯船长和从广州来的荷兰的一个大班——本瑟姆(Benthem)先生进餐。荷兰居民每年派一位大班回荷兰、向首领汇报通商等事宜,并且带回国内的命令,这是他们的习俗。瑞典和荷兰派出了大班,大班负责协助其在广州定居的居民,并且随船返回。

晚饭后,班克斯船长和本瑟姆先生和我们上了另一艘被称为"合恩号"(Hoorn)的荷兰轮船,这艘船从巴达维亚驶往荷兰,船长是特伦斯(Terence)先生。船长让他在巴达维亚娶到的妻子也上了船。她装束奇异,我从来都没有看到过这样的装扮。她身着一件长长的、宽松的白棉布长礼服,礼服上裹其颈,下垂至地,袖子至腕部还很宽,在手上系住。这件礼服的里面也是由白棉布做的裙子和紧身胸衣。我相信,这些就构成了她的整个装束。此外她还穿着拖鞋,脚上也没穿袜子。头发上没有任何装饰,只是用梳子随便地扎起。喝了一杯酒,并在第二天与船长及其夫人共进晚宴之后,船长陪我们在苏门答腊岛上走了走,在这里我们发现了一个储木和蓄水的好地方。再次来到"克拉克将军号"上后,我们发现了英国轮船"霍克号"的利文顿(Livington)船长,他与我们度过那晚,10点钟我们回到自己的船上。

第二天,班克斯船长、本瑟姆先生、船上的另一位先生、特伦斯船长及其夫人、他们的医生,以及葡萄牙大班乔治(Jorge)先生和索列兹(Soarez)先生在船上共同进餐。那位女士除了换了件白棉上衣外,装束和昨天一样,但穿上了袜子和鞋。她看起来似乎30岁以上,举止大方,善于交际,对她的宴会流露出满意之情。

晚饭过后,来自葡萄牙轮船的几位先生来拜访我们,他们中间有一人是作为囚徒运往里斯本的。他是个画家,曾和一名传教士来到中国,打算今后住在北京。到达广州时,他想到可能要与他的祖国和朋友永远说再见,这种想法是如此强烈,以至于他不愿意再前行了。这一决定让广州的中国官员们深感不安,他们向北京的朝廷汇报了有关他和传教士的情况。在被告知他必须对拒绝前往北京找个原因时,他说,自从离开欧洲以后,他父亲去世了,母亲写信给他,祈盼他回国照顾她和孩子们。中国官员说这个理由不错,但是,由于这并不足以说服朝廷,他们会在下次入朝请示时说他病了,然后宣告他的死亡,这样问题就解决了。那位传教士身为在中国的主教,前往北京,他必须在这里度过以后的生命,再也不能见到那些朋友,再也不能回到祖国,他已经向他的那些朋友和祖国永远道别了,然而画家,在我看来却更加开心,他将要重返故里,与亲友重逢了。

乔治先生告诉我们,这艘船是48年前在巴西建的,当时他还是一个乘客。这船使用一个抽水机抽水已经两年多了。在从欧洲前来此地的路上,他们试过,但仍抽不到水;不过,他毫不怀疑地认为,这艘船可以安全航行超过48年。

伐木取水完毕,我们在22日离开北岛,第二天在喀拉喀托(Krokatoa)抛锚,在这里我们待了两天。在这两个地方,都是由马来人给轮船提供水果、山药、家禽和甲鱼,有时还供给我们水牛。离开喀拉喀托和巽他海峡后,我们在26日中午到达的位置距离爪哇角(Java Head)还有10里格远。

我们从爪哇角前行向着好望角驶去。3月4日上午9时,我们离陆地还有11至12里格(长度单位,1里格约等于3英里)。11点,还没见到任何陆地,水深130英寻。中午抵达南纬34°35′处,据我估算,应该是距离伦敦的位置是东经25°44′。由此,我们沿着海岸在船上经过了相当长的一段时间,9日下午5时,我们在泰伯海湾(Table Bay)抛锚,并向荷兰轮船船长鸣炮7响致礼,也收到了同样数量鸣炮的回礼。我们发现这里有几艘分别来自荷兰、瑞典、丹麦、法国和美国的轮船。抛锚之后,一位先生从岸上走到我们船上,问我们从哪里来,到哪里去,我们有多少船员,并且把这些都记录下来交给港口的一位船长,然后退去。瑞典轮船的船长(彼得·阿佛孙,Peter Aferdson)来访了我们,我们把小船运到载着英格索尔(Ingersoll)船长和列维特(Leavitt)医生返回的美国轮船上,他们在我们抛锚后上了岸。轮船是驶自萨拉姆(Salem)的"华丽的土耳其号"(Grand Turk),船主是那里的德比(E.H.Derby)阁下。这些先生们与我们一起度过了那夜;第二天早晨,格林船长、医生和我上了岸,与他们住在同一处房子里。一直到周日晚上,当饮水和食物都准备完毕之后,我们才上船,次日(14日)下午3时,我们起航。

"好望角,"《安森航海记》的作者写道,"气候宜人,不冷不热;荷兰居民众多,发展着本国的工业,这里因天气温和、土壤肥沃而产有丰富的、各种各样的水果和粮食;而且同种水果比其他各地的更加可口;由于这些,也由于这里有充足的淡水,此地堪称是为远航跋涉的水手们提供了世界上最好的储备物的地方。"

毫无疑问,上面的描述一点也不过分。甚至自那个时候往后,这里有了更大的发展。这个小城是正方形的,有着宽敞的街道。除了两个教堂(路德教堂和加尔文教堂)之外,还有市政办公机关、图书馆、医院和其他公共设施,还有大约 800 所居民住房,很多房子都很华丽。此外该地还有先生们的住处和花园。荷兰东印度公司对该地拥有所有权,并出租给移民者居住,公司必须以适当的价格给移民者提供每种生活所需品;他们还可读报,并在允许下经商。总督、财政部长和其他官员都必须服从其命令。公司的花园很大,一直对外开放,因此成为各类人群休闲的好去处。这里有各种野生动物,尤其是刺猬、野猪、狒狒、羚羊、山羊、兔子等等;同样,还有鸵鸟、雄鹰、雕、孔雀、猫头鹰和其他鸟类。当然,现在动物的种类不如以往多了,这里现在已经没有狮子、豹、斑马以及此类其他动物,它们的毛皮可以在皮革店里买到。

这里的大多数居民都服务于公司,他们通过供给欧洲人生活所需,以及为驶往印度途经此地的船只供应食物饮品而获利颇丰,内湾受到边防和堡垒的保护,自从约翰斯通州长在战时访问萨尔达尼亚湾(Saldanha bay)之后,更加加紧了防备。驻地装备有大量的大炮和军备,还有由政府雇佣的 1000 名荷兰精兵,和同样数目的瑞士军队。他们严阵以待,气势威武。此外还有由本土居民为抵抗侵略而组成的民兵,这就使得武装力量大增。他们是州长兼总司令的市民,总司令自己也作为陆军上校服务于荷兰。上岸后,格林船长和我拜访了他。他会说法语和英语,看起来很有学问,但还是把美国当成欧洲国家了,并礼貌地通知我们:如有任何需要,我们都可以获得他的帮助。

或许世界上没有任何其他地方比这里更能方便地取到淡水了。这里有一个较大的木制水上平台,小船可以上来并在那里取到宝贵的水,水从管子里运出,通过连着的管子导入水桶,这样连小船都不用移动就可取到水了。轮船可以用自己的小船灌水,也可以缴纳一定金额使用公司提供的早已备好的小船。

小镇的后面是泰伯(Table)山和其他高地,从泰伯山向周围眺望,是郊区、内湾和水湾。为了满足我们的好奇心,列维特医生、格林先生和我在到达这里的第二天就去登山。我们动身时天空明朗,过了一会儿看到了天上的朵朵白云一会儿聚集,一会儿散开。经过 3 个半小时的跋涉,我们到达了山顶,开始遭遇尴尬,我们对此行简直是失望透顶。山顶的云雾越积越厚,开始下雨了。我们在瓢泼大雨中奔跑着返回。结束这一短途旅游之后不久,州长邀请格林船长和我与他共同进餐。船长去了,但这场爬山行动却使我不能前往赴宴。

好望角的女士们喜好打扮、颇有教养、开朗健谈,而且很有意思。在她们居所附近居住的军人们,尤其是法国人和瑞士人都被她们的气质吸引了,这也使得她们熟悉法语。在我们抵达之前几天由州长为庆祝奥林奇(Orange)公主的生日而举行的一次舞会上,有 80 多位穿着欧式风格服装的女士出席。先生们看起来并不享有同等的特权;一般认为,这里的欧洲人比土著能享受更多。或许很难得出结论他们到底拥有什么,这种发现在多大程度上是对的；但一位深刻体察人性并享有较高声誉的作家对此有自己的看法。在《人类史通论》(Sketches of the History of Man)中，他说道："很多人因不能适应自然的天气而导致身体机能退化，这是有例证的；我也知道很多情况下，在这样一种天气中，人们保持着其最初的活力。几个欧洲殖民地的居民已经在美洲的炎热地区度过了两个世纪，即使是这样漫长的时间仍不能使他们适应天气：他们和刚到这里的居民一样不能忍受炎热，也不像从同等炎热的地方迁移过来的黑人那样。南美卡沙及那（Carthagena）的西班牙居民就在几个月之后失去了活力和肤色。他们行动看起来没精打采，说话声音低沉，还经常断不成句。出生于巴达维亚的欧洲人后裔就这样很快衰落了。他们中很少有人能够担任管理职位。这里的官员都是由土著欧洲人担任的。一些生活在刚果海岸很多年的葡萄牙人，几乎从不让人看到。"

这个地方发达的生产力以及荷兰当局给当地居民提供的每一种外国产品，使得该殖民地独立于世界其他地方。英格索尔船长的目标是卖酒、乳酪、食盐、巧克力以及方糖等等。他还带来大量人参，以及将要投资于茶叶的资金。但由于这艘船驶往欧洲，不被允许携带散装茶，他为自己批发那种商品感到很沮丧，他的人参以一磅0.66西班牙元的价格卖出，比在海角的利润高20%。他打算再停留一小段时间以购买上等茶叶，这些茶叶将在官员们上了印度船只后、与其进行的私人贸易中购买，然后船只再驶往几内亚(Guinea)海岸，在这里以他的朗姆酒等换取象牙和金粉。这样，就不用带走奴隶，向西印度群岛行进，之后就带着在此地购买的糖和棉花返回萨勒姆。尽管对航行中的主要目标很沮丧，他也下决心要去几内亚海岸一趟，但这位船长不致力于购买奴隶的决定还是很令人尊敬,也为他的船主增光,他使我确信,这位船主宁愿将整个收益沉入水底,也不愿直接或间接卷入这肮脏的交易。

除了美国轮船外,内湾还有18艘其他国家的,包括法国、丹麦、荷兰的;来自巴达维亚的轮船等待着其中国轮船的同伴以一同驶往欧洲;其他则来自印度海岸。在我们离开好望角的前一天,一艘来自英国的单桅帆船抵达此地,此船将在11周后驶达马德拉斯。

世俗的快乐是多么不堪一击!我们最美好的期待有时又是多么令人失望呀!我从英格索尔船长带来的美国报纸中惊闻一位开国先驱去世的消息,这摧毁了我要与他建立密切关系的希望,我们的社会曾以他为荣,但那个时代也因他的去世而结束。

我们在3月14日离开好望角,驶往美国,在此途中没遇到什么意外情况——除了我们的木匠约翰·摩根(John Morgan)的去世之外,①在4月15日中午,他的尸体被埋葬在北纬5°2′,西经27°23′处。4月25日拂晓,我们在西印度群岛意外地发现了一片土地——圣巴萨罗穆(St. Bartholomew)岛。同一天10点,从巴尔的摩来的帆船"丽贝卡号"将要驶往圣优斯塔利亚(St. Eustaria)。中午,我们即将抵达圣马丁岛。该岛屿位于北纬18°5′,西经62°30′,这或许可以解释为"出乎人意料的",我们的抵达同样也是出人意料的。船长在前一天还问我此地经度,对我做出的已经驶出离西边很远、我们的船领先于各艘轮船的回答深表惊奇,并且诙谐地把它解释为我们"着急想回家了"。27日,一个发现解释了这一差异的原因,我们的测量仪本应走14秒,结果被发现只走了12分半,28

---

① 他是本次航行中唯一去世的人。

秒因此也只表现为 25 秒多一点。于是便调换成一个 14 秒的新测量仪，我们的速度就是 45 英尺了。离开圣马丁岛之后，我们改变了前往纽约的航线，在 5 月 10 日下午 6 时，我们看到了内弗辛克（Neversink）。整个晚上，我们都很激动，第二天上午 9 点，一引航员上船，此人在中午引导着我们在纽约的东河抛锚，我们向城市鸣枪 13 响，就这样结束了我们的旅程。

航海日志中记载的行程（英里数）

1784 年 2 月 24 日从沙嘴沟出发			3 月 27 日从圣雅各岛出发	
103	122	226	217	84
120	199	91	168	96
109	157	112	70	95
185	63	97	64	54
137	69	93	49	109
193	70	42	109	117
206	51	161	119	123
211	28	195	67	98
229	31	94	112	95
217	49	148	202	91
—— 1710	—— 839	—— 1259	—— 1177	—— 962
197	67	177	189	79
200	40	159	163	43
206	97	86	182	35
207	82	125	172	55
171	98	92	136	37
156	117	82	126	25

56	145	83	118	66
30	151	94	180	44
30	142	132	148	81
58	149	124	120	70
—— 1311	—— 1088	—— 1154	—— 1534	86
140	148	102	103	70
93	137	186	98	—— 691
137	118	175	125	——
83	139	91	132	1653
91	137	170	138	3811
96	152	67	103	3840
124	100	114	50	3175
44	63	128	87	——
—— 808	99	196	141	12479
	155	198	123	
	—— 1248	—— 1427	—— 1100	7月17日抵爪哇角
3829	3175	3840	3811	

3月22日抵圣雅各岛

在中国海上航行时,记录不慎丢失;因此我们必须估测路程。

爪哇角,根据摩尔数据, 6°45′S.

广州,.................... 23 7 N.

距离 29°52′ 3829

纬度共1792海里,也就是说,根据 12479

N.N.E. 航线，从广州或黄埔到爪哇角　　　　1940
共需航行 1940 英里，8 月 28 日。　　　　　———
　　　　　　　　　　　　　　　　　　　　18248

1784 年 12 月 28 日从黄埔启程，至 1785 年 1 月 26 日，共航行 1940 英里。

1 月 26 日从爪哇角起航，

30	147	123	62	142
93	151	85	100	80
106	185	82	80	42
117	187	117	80	30
44	188	173	121	—
33	173	143	141	294
151	132	106	154	960
166	120	180	107	1316
180	86	164	42	1480
163	111	143	73	1083
—	—	—	—	
				3 月 10 日抵
1083	1480	1316	960	好望角 5133

3 月 15 日从好望角出发，

106	76	72	128	179
189	159	41	156	158
177	164	38	177	—
154	181	30	165	337

148	163	23	167	1629
162	167	56	162	549
149	154	71	176	1403
167	116	64	170	1511
166	115	64	166	——4月25日抵圣马丁岛,
93	108	90	162	5429
1511	1403	549	1629	

4月25日从圣马丁岛出发,

156	64
169	118
157	60
128	66
119	37
146	50
98	
80	395
169	1313
	——5月11日抵达
91	纽约,1708
1313	14210

第二次赴广州航行记

由于我们的轮船是美国第一艘前往中国的,我在5月19日给外交部写了一封信①,陈述这次远航中的亲历事件——我们在巽他海峡会见法国人,我们在中国被接待的情况,以及中国和在广州建立据点的欧洲各国是如何对待我们的。这封信被呈在国会上,我还收到部长的回信——"国会对于美国国民第一次努力与中国建立直接贸易的卓有成效的行为感到非常满意,并特别赞赏这次行动的承办者和指挥者。"

对供应我们船只必需品的关注不久就消失了,我的朋友帕克先生破产并去往欧洲,我不得不与作为罗伯特·莫里斯(Robert Morris)代理人并拥有一半资产的莫里斯先生和丹尼尔·帕克公司代理人托马斯·菲特斯芒(Thomas Fitzsimmons)先生结账。由于全部货物都卖出去还需很长一段时间,先生们就估算起这次可能获得的利润,我也大致同意他们的看法;毫无疑问,这次航行获得了30 727美元的收益,收益达25%。

此次回国,父亲和长兄不幸去世,我放弃了再次赴中国做生意

---

① 参见附录A。

的想法,接受了美国国防部第一秘书的任命,并得到我的好朋友、该部部长——诺克斯将军的帮助,该职位将保证我有充分的时间处理个人事务和父亲遗产。与此同时,兰德尔先生乘坐由约翰·奥德诺(John O'Donnell)阁下指挥的"雅典娜号"(Pallas)轮船带着茶叶从中国回来了。茶叶作为我们共同的财产,价值达50 000美金。在这一投机生意中,我们使罗伯特·莫里斯阁下产生兴趣,他将购得我们一半的茶叶,这样我们就不必为卖茶承担风险;这样做的结果是,他答应汇款到欧洲,并欣然同意先付我们先前去广州的保证金。不久之后,我们把另一半茶叶卖给他了,保证金的持有者解除了兰德尔先生和我的债务,并答应让莫里斯先生替代我们偿还。

既然决定再次派船前往中国,莫里斯先生主动提出与兰德尔先生和我再次合作,并策划更大的计划,这项计划包括我们在广州停留数年的估算;但是他想当然地认为,我们提出的条件太高,于是事情泡汤了,另一位先生就参与到航行中来。

11月末,伊萨克·西亚斯(Isaac Sears)阁下和纽约的几位先生就此事向我提议,让我们和西亚斯一起去广州。在他们答应我让我的朋友兰德尔先生同去并且由我俩一起经营广州事务之后,我同意了。于是,他们提供了一艘好船——"希望号",这艘船和"中国皇后号"差不多大,船长是詹姆斯·马吉(James Magee)。我辞去国防部的职务,此后不久被国会任命为驻广州领事,兰德尔先生被任命为副领事。在装备了货物后,我们在1786年2月4日从纽约出发,驶往巴达维亚和广州。

离开沙嘴钩半岛之后,我们前往佛得角群岛,这期间没发生什么大的事情,直到本月最后一天,我们在晚饭时忽然听到有人大喊

"着火了!"几分钟后,我们看到了一片火光中的主中桅,我们旋即去扑火,然而火没被扑灭,我们被迫切掉中桅,之后就不再那么惊慌了。风势非常猛,轮船非常危险。这场大火可能是因为主中桅绳子的摩擦所致,更引人注目之处是中桅着火的一边的中下部掉到甲板上后,落下很多烟尘,它没有造成伤害,在弹起来时直接坠到水里了。

我们因此事而增加了警惕。几天后,我们发现一艘船向我们驶来。当接近彼此时,我们怀疑对方并不是阿尔及利亚人,于是就亮起了英国旗帜。但是我们的礼貌并没有收到期望中的响应,因为她刚一使我们注意到,就立刻从我们旁边经过驶走了。此时是3月4日晨7点,我们发现,主桅在两天前已经被风刮弯,再用下去就会有危险。但已经没有时间怀疑,我们在船上找到大钉子并钉住它,在三四个小时的航行中,我们很高兴地发现,我们的轮船比那艘船航行得快。第二天早晨,她已经消失在我们的视线。与此同时,我们还花力气修了很久未修的桅杆。黄昏时分,这艘船又出现了,但到了晚上,我们就看不到她了。第一天中午,我们的位置是北纬21°52′,西经22°23′。3月7日,我们看到了圣安多尼岛(St. Anthony,佛得角群岛中的一个),在这里做了短暂停留后,我们向南驶去。4月17日,又有一艘和前面那艘差不多行为的船引起了我们的注意。我们的航海日志中记录道:"下午3点,发现一艘船从东南方驶来,往北方驶去。4点,向我们的背风处驶来,开始追我们,我们从其运动方式断定这是一艘巡洋舰。6点,这艘船航行了2里格。"第二天早晨六点,我们没发现其他船只。17日中午,我们的位置是南纬29°48′,西经15°到16°之间。

7月4日,我们在往巴达维亚的路上抛锚,因为我们的船员约翰·胡格斯（John Hoogs）先生在我们到达这片土地几天前去世了。肖先生和兰德尔先生在这晚上了岸,第二天早晨,船长和西亚斯先生也上了岸。处理完事宜后,我们在这个月 23 日离开此地前往广州,——西亚斯先生和船长因两天前发烧而不能下床。

巴达维亚市位于爪哇岛上,面积巨大,街道宽广,布局方正,用砖建造的房屋也很宽敞。乡间别墅华丽典雅,是我所见到过的最高级的别墅。警局也很气派,简言之,我认为整个城市看起来用最美丽的语言来形容都不为过,也是荷兰民族财富和力量的典型象征。这是事实,荷兰在印度据点的该首府至少已经牺牲了一百万个无辜的生命,这些人和世间所有人一样,都是生来平等的。

没有哪个国家的人能像这样聚集在一起,
听从神灵的指示。

在很多优良建筑物中,有一个尤其展现了仁爱的精神。这就是孤儿院的建立。当我看到院长每年参见长官、参加政务会以宣誓忠诚时,我感到很高兴。学生就是住在这里的几个国家的孤儿；这里有荷兰人、马来人、中国人、摩尔人、亚美尼亚人和犹太人等民族的孤儿,他们穿着黑丝外套,各民族的人住在一起的情景也很有趣。对于富有的孤儿,孤儿院能经营他们的地产,并提供教育,充当他们的监护人,就像世界其他地方一样,每一地产都要征收一定的税。对于穷孤儿来说,他们也会受到很好的照顾,基金完全来源于慈善捐助。

我们一抵达巴达维亚就参见了总督,总督给了我们进行贸易的许可,并在我们离开之前为我们举行欢送宴。逗留期间,我们参加了他们一月举行一次的音乐会,音乐会上男女以打牌为娱乐。

女士的服装尽管适应了她们居住地的气候，然而看起来很奇怪。她们身穿一条长长的印花棉布衬裙和紧身背心，而取代了束腰紧身衣。最美的女士通常穿着长长的礼服，礼服虽然覆盖住颈部和胸部，但仍没有完全遮住。长长的袖子一直到达肘部，每边用8至10颗纽扣系住，富裕女性的纽扣通常是钻石。谈到她们的发型，不能不说已经达到非常整洁的程度；发上没有薄纱、蕾丝花边或其他的辅饰造型，仅用几颗钻石饰针别住头发，通过这种发型就表达出一种活力和单纯的气质，有点类似华丽的贺拉斯。她们的举止中有一件奇怪的事，不亚于她们的服饰。不管在私下还是公共场合，女士们都坐在丈夫的旁边，从桌前站起向她们的丈夫行屈膝礼并给他一个吻。整个晚上以及晚饭之后，一些女士跳起舞来，一些则以吸食蒌叶和槟榔为乐。据说在热带国家里吃这个非常有益身体健康，可以保护牙齿和牙龈。它们被放在金盒子里保存，一个小女奴带着银罐进来，以方便女士们吐出果壳。尽管它很有用，然而人们希望这种东西应该局限在洗手间里使用，显然在最好的月份，当水果鲜甜可口时，人们就不免用到它了。我曾看到过一些蒌叶的盛器，价值至少1000美金。一个先生在玩闹时不小心打翻了其中一个盒子，我就帮助这位女士把蒌叶再装进去，她为了感谢我而送我一枚金币。和我跳舞的女士大约中年，也很有意思；但是由于她不会说英语和法语，我也不会说荷兰语和马来语，我们的交流只能通过无声的手势进行。

巴达维亚是荷兰驻印度的一个较大的商业中心，它建立了良好的防御工事，民用和军用工程都非常浩大。关于后者，市民们不但不用担心来自土著的攻击，而且他们在面对可能会进攻他们的欧洲武装时，也自我感觉很安全。居民有来自欧洲的荷兰人、克里奥人、亚美尼亚人、犹太人、摩尔人、马来人和中国人,据估计,此处的中国人大约有不下10万人。该市被认为是不健康的,因为它地势平坦,运河可经过其中任何部分,很多地方水都干涸了。尽管如此,岛的内部情况据说还不错,就和印度一样。就是在这些地方,更富有的那部分居民在这里度过了他们生命中的很多时光。

或许世界上最美的别墅就是议会第一议员史密斯先生的了。它被称为"纯粹别墅",距离巴达维亚有15英里。他的女婿雷因斯特(Reynst)先生邀请兰德尔先生、我和来自英国船只的三位船长在那里度过了一天。他和他的很多朋友一起陪着我们。自马车停在他家、我们下车后,就感受到他对我们的欢迎,进门后发现,一顿丰盛的早宴正等着我们。在庭院里,我们面前是各种禽类,有孔雀、皇冠鸟、美丽的雏鸡以及印度其他稀有鸟类;我们右边则是一个宽敞的花园,这里有200多只小鹿,它们四散跑去。我们目不暇接,从一个可爱的小东西转移到另外一个。此处还有一个大牛栏,牛栏的前面可以完整地看到我们坐的地方,左边则可以看到过道。说完这些后,我们还要提到这里大量的马、山羊、猪和其他动物,而上述仅仅是主人财富的一个微小部分。如果说我们惊叹于早饭时看到的景象,那么随后当我们走进公园看到那一幕时的心情也不亚于我们早上的。这里有梯田无数,横切在小山的斜面上,最下面的梯田旁边是一条美丽的小河,流过青青的一望无际的草坪。除了公园外,还有大量的水果、鲜花以及蔬菜。这里还种植有大片的胡椒、稻米和咖啡。房间里是一间藏书室、一个弹子台、一架羽管键琴以及其他音乐器具。眼前所见的一切使我们形成良好的预期,后来的晚餐果然不赖;撤下桌布后,第一次祝酒伴随着三响礼炮,是为了欢迎我们来到"纯粹别墅"。我们请求再次举杯,恭祝热情好客的主人吉祥如意,同样伴有礼炮。经过各种娱乐活动后,大约傍晚6点,我们在12响礼炮声中离开了这个可爱的地方。回到巴达维亚后,我们在哈米(Hemmy)先生家停留了一会,他和他的妻子与我们共进晚餐并度过了那个夜晚;11点钟,我们返回旅馆。

在巴达维亚逗留期间,司法评议会秘书拜农(Bynon)先生也邀请我们去他的别墅进餐,斯科立博(Skelliberg)先生也邀请我去他家了。不幸的是,以照顾陌生人著称的沙班达尔[①]勒·克雷(Le Clé)先生因健康原因不能和他们一样礼待我们;他对不能款待我们也多次真诚地表示了他的遗憾。

到巴达维亚来的所有外人不得不住在饭店里,饭店华丽宽敞,是一个公共建筑;尽管先生们能获得居住许可,但为了健康起见,他最好住在城外,他必须每天为在饭店的住宿付0.75西班牙元。长途汽车归饭店老板所有,平均每两位先生得为其付费,不管他们有没有使用之。这项费用为每天2.25西班牙元,从早六点到晚十点,汽车随叫随到。司机熟悉城里的每一间房子,只要告诉他去哪,他就带你去哪。当然,先生们很少步行,接近黄昏时,正如清晨到来时,如果他们有兴致,他们会围着大约有6英里的环形路骑马。饭店里有两份日常用品,一份给新来的人,一份给本地人用,尤其是给那些陆军和海军军人用。这里还有两个弹子台,或许不同团体之间的冲突不是很多。简言之,每项安排似乎都为刚到的人提供了方便,尤其是为那些从欧洲来的颇受尊敬的荷兰人提供

[①] 沙班达尔(英文Shabandar),由波斯语shahbondar转译而来,是古代波斯的海外商业制度。在古代至近代,印度次大陆和东南亚的对外贸易港口普遍实行沙班达尔的管理制度。他是外国商人和船主与之打交道的主要官员,通常也是海关的首领。波斯语称港务长为沙班达尔,其职责为管理外国人社团,促进对外贸易。——译注

方便。

在本地居民居住的很多建筑物中，有一个坐落在城外的天文台，是由一位先生在他自己的地盘建造的。然而，由于年久失修，它似乎已腐损了；我有一次看到它时禁不住惋惜，天文台的顶端可以看得到日落，我极目远眺，注视着视线所能及的海洋和土地，看到了远处那极为美丽的地平线。

7月23日我们离开巴达维亚，通过加斯帕航路，8月10日，我们在前往澳门的路上抛锚，在这里找了一个引航员。15日，我们抵达黄埔，同一天，兰德尔先生和我奔赴广州，西亚斯先生和船长还在生病。

在广州度过三天并获得一个商馆后，我们返回船上，与西亚斯先生商讨我们生意的必要安排。商谈完毕，我们返回广州，偶尔去看看我们生病的老朋友。与此同时，他和船长身体恢复得很慢，有一个时期，他身体机能有所好转，就到了广州的商馆和我们待了两天。这个时候，他发现气候不太适合他，就返回船上。在船上，起初他的体力每天都在增强，但当他恢复后不久，一次发烧伴随着严重腹泻再次袭击了他的身体，这使得药效停止，并在10月28日夺去了他57岁的生命。他的遗体在第二天被埋葬在法国岛上，我们按惯例为他举行了仪式；在我们的轮船离开黄埔之前，我们为他建了一个墓碑，并配以墓志铭。如果要用几句话来形容西亚斯先生的性格，我要说：他是个诚实的人，一个使人感到愉悦的人，一个热心的好朋友。

上次旅居中国时，我记下了广州人生活的细节，这次在广州逗留期间有关这个民族的风俗和习性就没必要赘述了。简言之，他们的举止和风俗有点像古米提亚人（Medes）和古波斯人一样，守旧而很少改变。所以,随后的这一次旅居中国的发现,应该局限在对外商业方面。

1785年和1786年年初,广州船舶的数量如下所述:

英国,18

荷兰,4

法国,1

西班牙,4

丹麦,3

瑞典,4

注:共34艘,以上轮船均返回欧洲。

同样,葡萄牙轮船从澳门驶往欧洲,1艘英式的美国船,旗帜为帝国国旗,将驶往欧洲和美国;此外还有10艘英国港脚船,将驶往印度海岸。

当下的船季,一直到1787年1月27日为止,轮船数量如下所述:

英国,29　　荷兰,5

法国,1　　西班牙,2

丹麦,2　　瑞典,1

葡萄牙,驶自澳门,5

注:共45艘,均驶往欧洲。

美国轮船有5艘,即:

单桅纵帆船　"实验号"　　迪恩船长　　驶自纽约

轮船	"广州号"	特鲁克斯顿（Truxton）船长	驶自费城
轮船	"中国皇后号"	格林船长	驶自纽约
轮船	"希望号"	马吉（Magee）船长	驶自纽约
轮船	"土耳其号"	瓦斯特（West）船长	驶自塞伦，驶往法国岛，然后去广州

英国港脚船有23艘，从印度海岸来，到印度海岸去。

这是我所知道的船只最多的一年，其在商业上的作用也可从其巨大的数目而推知。除了武夷茶外，每种茶叶出口量至少比1784年高25％，其他出口品也相应地提高了。

英国轮船在数量和吨位上明显增加，一方面由于国会对茶叶的征税，另一方面是由于公司为防止当时与其他国家存在的鸦片贸易而做出的、预先供应该种商品的决定。一般认为，丹麦、瑞典和法国的商业在很大程度上受到了这一管制的影响。英国对茶叶的极大需求迫使他们从本土出口了大量的金块；尤其是他们成为在印度的英国国民的借贷方，也成为中国人的借贷方。去年，他们的轮船运回国内的货源深深地依赖于中国人的商品；在当季，不少于70万英镑，即超过300万美元被回国轮船以商品的形式接收。

英国的港脚船有时在去巴达维亚时也收益颇多，船只带去那里的商品包括棉布、棉纺织品、丝织品和大量的硝石，带回广州的是胡椒粉和铸锡块，他们带到马拉巴尔海岸方糖，这也将换回颇多数量的商品。

提到法国，该国在战争结束时没有印度公司，已出现几篇分析中法两国贸易的文章。1783年和1784年的情况前面已提及，1786年，他们只有一艘船。这就使得他们希望成立一个新的公司，今年，他们就派遣了8艘轮船——6艘驶往印度，2艘驶往中国；其中一艘在本季折回好望角，据估计它将驶往本地治里（Pondichery）。他们驶往中国的轮船将依靠从欧洲带来的商品换取运回的船货。而驶往印度的轮船则带着货物前往法国和波旁岛，也前往在海岸和孟加拉的居住区。他们带回的船货包括胡椒粉、咖啡、药物、硝石以及其他诸如棉布、印花棉和丝绸之类的货物。法国人对他们在亚洲的商业并不抱很大的希望。一部分明智的人早已意识到这项贸易不是他们的强项，至于现在的公司，他们可以毫不迟疑地宣称，"她不会持续很长的时间"。

西班牙人在私家轮船做完贸易后，就在马尼拉（Manila）成立了一个公司，资金据说有800万美元。他们在这里的两艘船将返回马尼拉，在马尼拉处理他们的货物，一部分货物为那里的市场准备，一部分则经过阿卡普尔科（Acapulco）运回美洲，剩余部分就通过其他船只运往欧洲。这个国家主要依赖白银。

葡萄牙人几乎不受原来贸易的负面影响。在澳门和他们在印度残留的殖民地，由个人拥有的几艘船一直从事跨国贸易，他们以和英国人相似的方式管理贸易。正如所发现的那样，他们同欧洲的贸易同样由私人进行；他们很少从印度获得财富，从中国人那里赊购了大量货物回国。他们的船只很少有从欧洲带来足够资金的；而且，如果不是由于有赊购，如果不是有来自欧洲驻印度公司帮他们将财产运回本国的相助，这个国家的对华贸易将毫无疑问是失败的。

自从1783年以后，一些由私人在印度和澳门装备的小船只一直在凯姆特卡(Kamtschatka)和美洲西北海岸进行毛皮贸易。他们的成功满足了那些冒险者的期待，而且也极大地降低了从欧洲运到此地的毛皮的价格。

以上就是其他国家与中国进行贸易往来方式的大致介绍，我相信说说我们国家自身的情况是有必要的。

美国国民必须喝茶，而且，对茶叶的消费将随着我国人口的增加而必然增多。这样，在欧洲绝大部分国家不得不以足够的金钱购买这种商品的同时，美国人一定会为本国能以更简便的方式购买茶叶而高兴；她的高山和森林里的那些原本没用的物产将为这一高雅的消费品买单。这对美国人来说尤为有利；她与这个国家已经开始了贸易往来，其贸易方式为欧洲国家鸣起警钟。欧洲国家已经看到，在第一年只来了一艘船，用了不到五分之一的资金做现金，获得了与运来商品同等价值的船货，和他们国内的船只一样与中国进行平等贸易往来，主要按照商品的不同种类购买。欧洲国家又再次看到了美国船只第二次来到这里，而且又加了4艘船。他们还看到，这些轮船主要依靠本国充足的产品来交换中国商品；而且，即使美国船只的资金中，商品只占很小的比例，然而他们满载回了有价值的货物。这就是美国从她国产的人参中得到的好处。

谈到中国对美国人参的需求，或许可以说，中国认为人参对国民身体有益，正如她的白银和黄金对其他国家有用一样。在美国旗帜在这个季度出现之前，人们通常认为每年的消费量是四五十担。但事实却相反。1784年，美国第一艘轮船运来超过450担人参，这还不能和同季从欧洲运来的人参相比，其中很大一部分一定是先前由美国国民带去的。当季，超过1 800担人参被卖出，而其中的一半是由美国船只带过来的。尽管自1784年以后数量在增加，销售额却还没有受到很明显的影响；对人参的需求成为换取同等价值商品的有力保证。

对于人参问题的关注，调查似乎还在进行，它对该国国民在历史上比现在更加有益吗？这一商品的文化在多大程度上是可行的——通过什么方式可以被更好地推广——它是否满足了美国人利益的需要？这些都是值得我国国民关注的问题。

在同中国进行直接贸易的过程中，美国人除了从人参中受益外，还可以从航行中的迂回路线中受益，而这样航行也不会浪费多少时间。在第二次前往中国的航行中，我们在巴达维亚做了停留，巴达维亚是荷兰在印度殖民地的首都，我们在那里收获颇丰，跟其他国家一样，与中国在平等的条款下开展贸易往来。我们国家生产的铁和舰船装备在那里有很好的销路；除此之外，我们处理了那些与其他国家交换来的商品。有时候，也在巴达维亚到广州的途中赚了些外快。不用怀疑，这一受益应归因于美国到广州来的航线采取了迂回路线，即，我们是沿着马拉巴尔海岸、科罗曼德尔（Coromandel）海岸和马六甲海峡过来的。

总而言之，每个美国人都应该感到特别满意，因为他的祖国和中国进行的商业往来是有利的，也许在很多方面并没享有特权，然而至少是平等的，就像其他国家一样。

除了英国之外，我们第二次航行所接受到的、来自中国和欧洲国家的接待非常得体有礼。中国人对于我们增加了贸易量很高兴，而欧洲国家的人和我与兰德尔先生则有着老交情，他们对待我们非常礼貌友好；我相信，其他轮船的先生们也会对他们自身受到的接待感到满意。英国则是一个例外，他们与所有国家不同，这不好说。当他们从澳门抵达广州之后,我们就去拜访了他们,他们也回访我们了;按照惯例,其他国家都在请我们进早餐和晚宴,我们也回请他们,但是唯独英国略去了这一惯例,我认为这种行为不仅仅是针对我们个人,而且还是针对所有的美国人。然而,这件事并没有阻止或者打断我们与先生们之间的交流,我们也没有机会抱怨什么。这是真的,董事会在当季吩咐大班们参与到他们中来,努力防止英国国民帮助或鼓励美国商业,但是,如果这一禁令是董事们的意思,或者他们的助手解释了这一行为,其目的是为了表达对美国人的友好和礼貌,我们不能不承认,这一行为有点狭隘了。

至于其他事情,自从1784年11月广州事件①中那个不幸的水手被捕后,没发生什么中断中国人和外国人之间既存的友好关系的大事;而且,那件事完全形成了轮船抵达黄埔时在任何情况下都禁止鸣炮致礼的习惯。

我们的朋友西亚斯先生的去世打乱了我们在中国商业活动的既有计划,他的儿子和兰德尔先生一道回国了。在兰德尔先生还未返回这里时,我将在今年前往孟加拉以及克洛德曼海峡,在本季度结束之际返回;明年将前往孟买以及马拉巴尔海岸。

我们的轮船的贸易将在1787年1月25日接近结束,她在27日从黄埔起航,载着兰德尔先生和我前往澳门,并在2月1日登陆。兰德尔先生在同一晚返回船上,第二天早晨,引航员离开了这艘前往美国的轮船。

由于我已经接受国会任命我为我国驻广州领事的决定,在中国期间,我写了一封致国会的信,由兰德尔先生捎回,信中记载了

---

① 或许在此事件中,提到那个被中方在1月8日处决的可怜水手时,我们心里都会有一点痛。

很多中外之间商业的重大事件,这些事件在前面已有提及;此外,信中还谈及我们国家的情况。①

3月14日。我希望去孟加拉的想法似乎已有注定的结局。在本季结束之际,唯一的一艘从广州去往孟加拉的轮船不能满足我的住宿需要;我向曼特斯·约翰斯(Mattheus Johonnes)先生提交了申请,这位先生是一个亚美尼亚商人。我上了他的从澳门驶往马德拉斯(Madras)的船,从那里再去加尔各答就比较容易了。当我在2月1日抵达澳门时,我发现已经准备就绪的轮船将要在4天后起航;但是到了第二天,船长迪福(Dufort)先生告诉我还有一艘船,他是那艘船的指挥,那艘船将在15日直接驶往加尔各答,在那里上船将有一条直接前往目的地的通路。我放弃了去马德拉斯的想法。就在这一间隔时间中,从广州方向驶来的轮船"恒河号"在3日抵达此地,上面的几位乘客拒绝让我上船。欧洲人说,拒绝一位先生上一艘港脚船真是前所未闻的事,或许如果我是欧洲人,我就不会成为例外。船主麦金太尔(J.McIntyre)先生向我道歉说,他身染疾病是当时他们拒绝我申请上船的主要原因,并对此深表歉意。然而,由于他不再邀请我上船,我也没有再次要求,该船在7日起航。而轮船"波特货号"(Botelho)也不能在指定时间准备好出发;现在,耐心成为医治我的良药,然而这一美德并没有对我发生作用。耽误了一周以后,在这个月3日,我被告知轮船的航线发生改变,她将驶往马尼拉,第二天,船员开始卸载船货,然后驶往孟加拉。

这件事真让人扫兴,但我也没有其他选择。我必须待在澳门。

---

① 参见附录B。

一考虑到将丢失整个季节的贸易我就觉得心神不宁。没有了任何交易——也没有任何可娱乐的——不去孟加拉的代价真是惨重,然而我必须在这里耐心地等待将要到来的扫兴之事。

7月。在澳门将近6个月的居住使我有机会深入观察这个地区的事务。该地区的形势和政府与我前面已经从《安森航海记》摘出的描述没有本质不同。总督和参议院管理市政,独立于上述二者的是市政官,或称法官,和一个管理基督教事务的主教。所有官员都在果阿(Goa)任命。在城市周围的高地以及海滨的高处有堡垒和大炮,这有助于保卫城市安全。然而,这里并没有军事阅兵的需要,因为长官每次到户外去都会带着一队印度兵出行,长官和妻子会举行阅兵仪式。印度兵都是从果阿的正规军队中调来,一次出行大概需要150名,当地居民也会参加民兵,一部分装束和印度兵一样,协助履行戍守边塞的职责。

当地居民要更直接地受控于葡萄牙当局的统治,除此之外,这里的中国人或许数量更多,他们有着一个分离的、由清朝官员组成的独立的政府,还有一个属于他们自己的海关。

总督的薪水是一年200两白银,这一津贴或许对他的生活所需支出还不够,他的收入还包括从贸易中获取的大量利益。鸦片贸易在中国是绝对违法的交易,而且在任何情况下都不被允许进入他们的港口。但这一禁令并不适用于由葡萄牙管理的澳门,并且总督对从孟加拉驶来的葡萄牙船只携带的货物很感兴趣,也对英国轮船货物感兴趣。通常的情况是,英国船只不能抵达广州时,就在这里进行走私贸易,他们为了走私鸦片,就和在澳门的葡萄牙船只做交易,他们把鸦片的收益暂存在葡萄牙船中,以便不会错过当时贸易的船季;在这种情况下,总督就成为此项贸易的参与者,从中收取贿赂。据说,在1784年和1785年之交的船季,他从这个商品中获得的收益不少于4000美元,不需对此感到惊异。据估计,每年会有超过2000箱、每箱价值350美元的鸦片运往中国。然而,从那时起,尽管该商品的进口增加了,但总督在鸦片上的收益却大大减少了。英国投机商人不再像原来一样把总督那么当回事,而是安排一只船来往于临近的有着比较安全海港的岛屿,这只船作为鸦片的存放处。他们所存放的包括鸦片和手头上剩余的货物。中国购买者抵达这只船时,在收到鸦片之前要先付钱,此外还需为清朝官员们付每箱20美元的小费,这些官员在视察船只时通常非常仔细,并且接受了贿赂。

葡萄牙人要求独占凼仔(Typa),禁止其他一切国家船只在此停泊,中国人却不在其中,这一点非常奇怪。凼仔是一个由数个岛屿组成、通往澳门的安全港口,但不听军事要塞的命令,到此地来是不允许携带任何枪支的。尽管这样,轮船有时在开放航路上还是会面临危险,甚至有时轮船在遇到天气原因被迫停在此地时,上岸的船长会被逮捕并监禁,不是被关在叫做"特诺"的普通监狱中,就是关在他们的一个堡垒中。此类事情在我停留期间就发生过一次,一艘英国轮船的船长被监禁了;经过很多妥协之后,船长在被监禁8天后才获得自由。同样令人奇怪的是,对于葡萄牙人的宣言,其他在印度的欧洲人竟然允许他们的做法,尤其是,他们可以轻易地在各个港口报复葡萄牙人的。

葡萄牙人不讲道理、但与此同时欧洲人却与之妥协的另一事例,就是房屋问题。他们出租房屋给欧洲人时,欧洲人一般总是处于一种悲惨的境地。房屋一旦由承租人付费修好,尽管房屋租期还有好几年,然而屋主却催促租房人搬家,不搬的话就提高租金。

除非房客与之妥协,否则房东将收回房子,房客将被迫离开这里去广州,并且不得不寻租另外的房子。瑞典的房子是澳门最好的了,装修和改进房屋耗费了他们公司8000多美元。总督,确切一点说是他的夫人,对它兴趣大增,这样,瑞典人不得不有交出房屋的必要,虽然可以得到其他补偿,但对他们来说是不利的,因为总督的房子价值不值他们房子的一半,而且他们还要花大力气装修。面对单个欧洲人时,他们甚至不用经过准许的程序就可收回房子。当这个欧洲人不在家时,他的房子就被收走了,霍尔(Hall)先生在上个季节的遭遇就是一个不幸的例子;而皮奇(Peach)先生①在几周之前接到通知必须放弃房屋,这又是另外一例。为从果阿来的市政官准备一所房子是有必要的,皮奇先生就被命令撤出房间以提供给他们。他不肯妥协,尤其是因为他已交了当年的房租;于是他关上门,决定继续占着房屋。但这对他没有任何好处,第二天早晨,他的门被掀开,他在床上被捉住,并被送往地牢。皮奇先生过了5天才被释放,此时,他的房子已经被市政官占据了。在收回皮奇先生的房间和市政官到来之前的这段时间,皮奇先生收到了这位市政官的来信,信中声称他之前曾经在澳门居住过,皮奇先生本可以拥有那所房子的。那所房子现在为多齐(Dozy)夫妇所有,夫妇俩要住到荷兰人去往广州、他们能搬进公司的房屋为止。市政官表达了他对皮奇先生遭到暴力对待的不满,宣称他不会在皮奇的房子里住多久,等葡萄牙方一安排到房子就搬出去,但皮奇也不能拥有多齐夫妇现在住的房子了,他的本意是不想让任何欧洲人感到不方便。我拜访了这位在我离开澳门前两天抵达这里的官

---

① 霍尔和皮奇先生是英国商馆的大班。

员。他是一位欧洲裔葡萄牙人，大约50岁的样子，法语说得很好，待人有礼貌，也很聪明。

在澳门，葡萄牙人和外国人之间有关房子问题的争论，也被那些在此地承受着没有任何地产之痛的外国人所关注。这些外国人如果不想租房子，就得买一块地皮自己建房子。而且，对于房子问题的争论不仅仅局限于活人。如果信奉异教的外国人碰巧去世，他在天主教城市里是不能举行葬礼的；并且在死者被运回遥远的祖国之前，还必须同中国人打交道、达成协议。因为中国人不受城墙的限制，拥有所有的土地。

如果想要判断澳门的基督教徒是否虔诚，那毫无怀疑地可以认为他们的虔诚达到了最高的标准。除了13所教会外，还有多明我会和圣方济各会的修道院，这里有男修道士和修女，然而里面人数却不多。在这里，还有公共建筑，如参议院议厅、政府大楼、监狱和医院等等，建造规模宏大，均由石头或砖砌成。私人房子通常占地面积较大，很宽敞，不是喷成白色，就是用石灰刷过。

正如所发现的那样，在广州拥有实业的欧洲人在澳门度过两个贸易船季之间的时间，在澳门，每个国家都有一所由葡萄牙提供的好房子，而且在这里，他们也得到了很好的招待。除了中国人供给的大量蔬菜之外，这里有鱼肉、家禽类和猪肉市场。当几个国家的先生们聚集此地时，情况不算很差。每个房子里都有一个台球台，很多人都有自己的游船，这里每两周还举行一次公共音乐会。除了这些娱乐项目，还有每周六晚营业的玩菲罗牌戏的赌场，通常是在丹麦首领沃格桑（Vogelsang）先生的房间举行，这项娱乐有时也在荷兰首领的公寓中举行。通常情况下，公司的房间紧缺，一些英国和荷兰先生们就以自己的名义租房子，由公司缴纳保证金。

这就鼓励了一些社会团体的兴起，并且发展了和谐、友好的关系。他们聚居的生活决定了这种关系的延续性。

在逗留期间，我受到了来自各方的厚待。每当我来到荷兰所时，首领何明森（Hemingson）先生和其他几位先生总让我身处一种愉悦、不拘礼节的气氛中。在瑞典所中，等待我的总是一种特殊的招待。丹麦人尤其是与其妻子拥有独立房间的首领沃格桑先生及夫人，总是让我感到宾至如归。谈到法国大班德穆兰先生和该国的其他先生们，我要说我和他们的友情有着牢固的基础，尤其是前帝国商馆的布戈尼（Bourgogne）先生对我表示出很深厚的友情。荷兰所的多齐夫妇居住在公司外，该国的本瑟姆先生和伯尔斯（Boers）先生也同样对我照顾特别周到，我得到了来自他们的毫无保留的帮助。

当与赫普沃思（Hepworth）夫人及其妹麦奎因（McQuin）小姐在一块时，我们感到了轻松愉悦，赫普沃思夫人是英国公司的一艘轮船的船长的妻子，船长在返回广州之前就把她们留在这里。她们将在此一直住到3月下旬。停留期间，她们举行了各种娱乐活动，分别在不同的房间举行，包括晚上的舞会，舞会上从来不会超过六位女士在场，其中包括拉戈韦尔南蒂（La Governante）女士[①]、德苏扎（De Souza）女士。

同样，德拉彼鲁兹（De la Pérouse）伯爵还拜访了我们，让我们深感荣幸，他和他的两艘轮船是环游世界时经过这里而停留片刻的。除此之外，在伯爵离开后几天，两个法国的军事人员在2月中旬到了这里，他们在通过博卡底格里斯（Boca Tigris）后才被中国人

[①] 该女士非常有个性，有时被称为"拉格南特阁下"，因为在政府和家庭中，她说了算。另一位女士是法国血统，来自法国岛，是一个欧洲裔葡萄牙人的妻子。

发现他们并非商人,他们在澳门声称是商人,并藏起了他们的士兵和枪支,直到他们去广州的引航员出现在船上时才被发现。这些船在底格里斯河上航行是违背当地习俗的,因为它们是战船,而其目标当时还没有泄露。他们回去时,其中一个人——德卡斯特里(De Castries)子爵在中途停了10天,在这段时间,他和他的官员偶尔会上岸来。

英国先生们抵达是在4月初,我像往常一样对他们做了礼节性拜访。他们也回访了。首领布朗(Browne)先生邀请我前去聚餐,我婉拒了,并请求他能谅解。几天之后,在荷兰所中,他又请我吃饭,就像熟人一样把手放在我肩上,说:"不光是明天聚餐,而且这个船季的每个周日,我们都要定在这天好好款待朋友们。"我这次的答复和上次差不多。从此以后,我就再也没有接收到邀请了,因为他毫无疑问地得知,我本意就不想接受他的任何邀请;尽管我们一周内在其他地方总能碰面两三次,并且交流融洽,然而,他再也没有邀请过我参加此类活动,所以我也不用再找任何借口拒绝。但是,这件事并不能阻止他在此后两次前来看望我,那是由于我身染小疾,三周内不能外出,也没办法回访他。由此可见,布朗先生是一位善解人意的优秀的英国人,我也对我们之间存在的这种尴尬深表遗憾,尤其是当我发现他没有注意到上个船季在广州的美国人,并非本意,而只是因为疏忽之时。但是,我已下定决心,我固执地坚持这一点,除非他能对过去的疏忽表示道歉,否则绝不在英国人的餐桌上进餐。这一决定并不能阻止我接受我的邻居——卡明斯先生(Cumings,是又一位英国人)的邀请,而且,我也会回请他,他住在独立的房子里,我们之间交流不断。同样,弗里曼先生住在国家所里,他经常邀请我和他一起进晚餐,一起进餐的有很多国家的朋友，我也会在这个过程中对他们给我们的礼貌表示深深的感激。

除了公司的成员外，私商有时也会在澳门居住。这类商人有考克斯（Cox）先生，他是一位英国绅士，父亲曾建立过一座著名的博物馆，他是做钟表装备和珠宝生意的，还是绝大多数此类商品运往广州的代销商。他还参与了两艘港脚船在孟加拉的贸易。另一个私商是帕沃利尼阁下（Signor Pavolini），他是意大利人，主要从事珊瑚、珍珠和其他此类名贵商品的贸易。

除了在总督的家中，以及曼特斯·约翰斯先生和苏拉夫人家中外，在澳门的欧洲人与本地的葡萄牙居民之间没有什么交流。但是，军人和几个主要的市民有时也会参加音乐会。不同的国家有时会为其尊贵的总督夫妇举行晚宴，但后者从不回请。尊贵的多娜·玛丽亚（Dona Maria）阁下是一位欧洲裔葡萄牙人，她机智有手腕，高兴时又非常平易近人。而总督阁下看起来不到 40 岁，是果阿的土著人，谈到知识面，他比玛丽亚稍差一点。对于不熟悉印度裔葡萄牙人的人们来说，我要说，总督看起来粗鲁而没有文化。但这就是事实，他、一位英国先生和我曾经应瑞典人邀请进餐，那位英国先生就坐在我们中间，总督就问他，英国和美国的战争到底何时才能结束！不久之后，当荷兰人引发的纠纷消息传开来时，当总督阁下听到"情况"和"王子"之类的字眼时，他非常"勇敢"地想知道"国王"在这件事情中的角色！还有一次，一位主要的议员也很无知，当美国大革命成为谈论话题，说起英国人因为丢失美洲而损失惨重时，他响应道："可能是这样的，但他们已经拿下槟城了！"当统治者是这样，他们的人民又是什么样的呢？欧洲居民一致声称，他们每天游手好闲，结果就是贫穷而极端迷信。

这种风格特点差不多适用于所有澳门人,如果有不是这样的,也仅仅是极个别的例外。当我们认定某些人不是葡萄牙人时,那么他们就是这样的一种组合人种:既有中国人的特征,也有印度所有民族的特征,他们中有3%的人曾经向西去过好望角。管理人员几乎都是在印度出生,从外表看来,应该可以得出这一阶层并不全是上述的人种。澳门地区主要说葡萄牙语,然而也混杂着马来语和汉语,这种混合语言使得首次从里斯本来澳门的先生感到无所适从——他的母语并不能给他多少优势。

澳门有许多很美丽的去处,其中有个地方太美了以至于不能不提。它位于半岛西海岸的一块高地上,从这里可以看到城市、海港、道路以及邻近岛屿的全貌。这里有一个华丽的大房子和花园,面积广大、布局精巧,堪称一个陆上天堂。该地被欧洲人占据,现在是朗斯先生和菲茨休先生的居所,是英式房屋。他们为该地的装扮花了很多钱,以便让它适应他们的口味。它是如此华丽,以至于获得了一个名字——"花园洋房"。维持这一景貌的巨大代价是澳门王公们不愿拥有它的原因。给这个花园倍添名声的是,这里有两块岩石加上第三块在上方的巨岩构成了一座自然的拱门,著名的诗人加摩斯(Camoens)就是在这里写下《卢西亚人之歌》(Lusiad),因着诗篇,他和勇于冒险的同胞们已永垂青史——正是这些人首次绕行好望角,发现了去印度的那条航线。

7月28日,从纽约驶来的帆船"哥伦比亚号"抵达,载重140吨,船主是索隆·班克(Soloon Bunker)。由于大班海登(Hayden)先生和他的朋友戈顿(Gorton)先生急切地想立刻前往广州,我们就答应与他们同行;于是在第二天傍晚,我坐上他们的船离开了澳门,31日抵达广州。

12月20日。中国百姓对米、面的缺乏,在1786年达到了如此严重的地步,以致广东省内出现了一次警报,由于上个季节出现一次大旱,庄稼停止生长,这更加深了灾难。大米的价格原先是每担3美元,现在剧增为每担8美元,高昂的米价不但遍及全省,而且还波及邻省。地方长官在本季节一开始时曾花大气力以减轻穷人的痛苦,做法是每日分配给穷人定量的大米。7月30日,就在分配大米时,由于压力如此之大,以至于粮仓的门刚一打开,人们蜂拥而上,22个可怜的妇女被踩死了;同一天,一伙闷闷不乐的穷人在返回他们在河对岸的住所时,一阵狂风掀翻了他们的船,导致17人溺水身亡。在通常情况下,甚至是在粮食最充足的季节里,一个有着仁爱之心的外国人也经常被乞丐、男人、女人和小孩们的数量震惊。他们经常聚集在商馆前,有些人面目可憎。中国官员想必也会因此讨罪;在这个令人烦恼的季节里,即使官员已作出努力以避免发生惨事,但仍没用。问题是:并非没有米,而是米价太贵了;这就使人们无法承担;在过去6周里,由于天气逐渐转冷,在早晨的码头发现一个或多个死者很常见。中国的管理部门管理水平低,无论是提到的广州警务部门,还是未提到的中国的穷人,都是极端有缺陷的。这并非与关于中国政府有着高效的管理能力的流行观念相矛盾的唯一例子。现在,帝国的很多地方都发生了叛乱,台湾岛也发生了农民起义,并且影响到了周围地区。类似事件的影响可能会持续一整年。政府的压迫使得灾荒地区的居民陷入绝望之中,这对于农业和商业有着极其恶劣的影响,而且不只这样,还会影响到周边省份。

轮船以及轮船装载的人参清单

		担	斤
英国	28艘	500	38
荷兰	5艘	25	5
瑞典	2艘	19	51
丹麦	2艘	9	48
法国	3艘	115	99
普鲁士	1艘	3	69
托斯卡纳	1艘	——	
美国	1艘	52	18

注：共计43艘通过好望角的轮船。

港脚船，31艘，驶回印度。

葡萄牙船只，4艘，在澳门，驶往里斯本。

英国方面需要再加一艘船，另一艘来自孟买。普鲁士和托斯卡纳的都是私人船只。

尽管英国轮船的数量没有去年的多，但是体积和吨位却有明显的增加。这个国家的习惯是用吨来计算载重量。轮船的载货能力更高了。然而过多的商品被称作多余的吨位，这部分商品只能算一半的价值。因此，轮船"诺丁汉号"载重了1 106吨的货物，共计1760种商品。这已远远超过原有估算为20％至25％的标准，但是，若在船上发生了商品的损坏，船主必须对其负责。

英国的轮船包括两艘小于一般尺寸的，他们从美国的西北海岸寻找到毛皮后驶来。为了鼓励这一贸易，公司同意支付前往广州的费用（就像对其他船只一样），并以多余货物的价格承担费用，把它们运回英国。其他4艘船估计是从位于新荷兰东南海岸的波特尼海湾(Botany Bay)前来的,他们把从英格兰来的男女囚犯运到那里,以建立一个新的居住区;但是,国内发来的命令是,他们应该在那里待一年,以保护和帮助建立殖民地。有理由相信:这里会有可能变成一个重要的移民区,当想到强大的罗马有相似传统时,我们会更加确认这一点。

明智的人们认为,英国人看起来似乎不仅仅想要垄断对欧洲的茶叶贸易,而且还把目光对准全球,想成为世界上控制茶叶贸易的唯一一家。政府对孟加拉及其附属国——其最新的向西和向东的殖民地——的新计划,以及他们禁止在印度的国民向外国人出售船只的命令,简言之,他们的所有行动都强有力地证明了这种猜想。英国的目标显然并不重要,然而这却是整个英国民族的幻想;结果是目前的民意在迅速跟着该公司认为适合采用的每项措施走。英国所最关注的荷兰在多大程度上将受到这种尝试的影响,还需要几年的观察才能判断。英国在槟城(Pulo Pinang)的殖民地使得他们能在印度半岛控制马来亚、苏门答腊岛的航海,这使荷方深为警醒;在新荷兰东南海岸的波特尼海湾更使他们确信了这一认识。来自瑞典和丹麦的反对意见也不是没有可能,这两个国家显然已经在这项贸易中获得了很大好处,同样的反对声音还来自英国一贯的敌人——法国。或许,这些国家为其共同利益而建立的商业联合会和战争时期的武装中立集团没有什么不同,这成为检查和战胜英国那过分自负的态度的最佳途径。

自从1784年开始,这儿的贸易往往已经不利于欧洲人。全部的进口商品难以支付成本,而出口商品价格也超出任何想象地增加了好多。平均来看,按照最保守的计算,每种茶叶——武夷茶除外——的价格都增加了40%以上,而且这还不是价格增得最高的。

这就是对这种商品的需求，中国人几乎不知道要多少才卖给我们；并且，如果明年购买的热情继续高涨，茶叶价格的翻倍不是没有可能。

我们在这个季节的商业还在开始阶段，迄今为止还没多少收益，尤其是今年，贸易依然不被看好。谈到人参，这个季节的人参销售情况让我确信：美国能从这种商品上获取极大的利润。它的价格由130美元每担升至200美元，这是迄今为止最好的价格；尽管直到最后一波轮船离开之际可能还会增加二三十美元。

12月31日。1787年就这样过去了。我对孟加拉之行无果的失望引来了关注，但最后结果应该是很幸运的。如果我上次跟随那唯一的一艘船前去，我或许就会跟随轮船"恒河号"（Ganges）返回，然而这艘船在加尔各答的河域中失事，超过60人溺水身亡。

来自美国的小船尽管在其他方面条件不好，却给了我一个寄回家一些小钱财的机会，这些钱财从中国人那里贷得，是用作在波士顿或波士顿附近建造一艘大轮船的部分基金，我计划1790年返回波士顿，打算在下季结束之际坐上返回美国的船。趁着这个机会，我写了一封给外交事务部秘书的信。①

由于这里只有一艘从美国来的船，看起来倒是个做投机买卖的好机会，我相信这也是一次供我施展拳脚、充分满足我意愿的好机会。一位先生要处理一艘500至600吨的轮船，条件很合理，尤其是他希望能部分支付掉这艘美国船的费用，大班同意让我购买船里的货物并运回国内。一切进展顺利。在经过了9天的谈判之后，当我另外决定并购买这些船货时，我却发现这是个错误。这艘

---

① 参见附录C。

船在孟加拉注册,假如卖给外国人的话就没办法避免接受处罚。这项禁令是在去年制定的。兰德尔先生和我曾在1784年将一艘在印度的英国船驶回美国,而那艘船当时就不被允许向西面的好望角航行。所以,船主们从那以后不得不注册缴费,缴费的标准是船只和船货加起来价值的两倍,而且船舶不得出售给任何外国人,甚至是英国人,除非经过政府的许可。然而,这艘船的船主在某些情况下误以为他可以不用受这些限制,结果却恰恰相反。

此项计划的失败促使我继续进行原来前往孟加拉的计划。我几乎没有因为这件事而感到惋惜。因为我又有了另一个机会,一艘从费城驶来的载重量为千吨的轮船在6月20日离开特拉华海角(Capes of Delaware)后,途经新荷兰和新几内亚并向东行驶,在23日停泊在澳门,29日停靠在黄埔,在抵达澳门之前没有在中途任何地方停泊。这艘船原是一艘战时护卫舰。轮船为罗伯特·莫里斯阁下所独有,船长是托马斯·雷德(Thomas Reid),大班是乔治·哈里森(George Harrison),他们携带来了给瑞典商馆的查默斯(Chalmers)先生的信,当然没机会注意到我。这艘船带来了超过250担人参。正如我估算的,考虑到不存在竞争,这艘船的到来将被证明为是"计划中的意外事故"。

正如罗马教皇说的那样,"无论发生什么,都是合理的"。我必须承认他的说法。于是,我乘坐麦金泰尔先生的轮船前往孟加拉,我希望它这次能够安全航行;因为前面已提及,这艘轮船共有人所有的一艘轮船在加尔各答海域中失事消失,他们可不希望在接下来的季节里再丢失一艘轮船。

1788年1月16日。又到了告别的时刻,我将于明天早晨起航前往加尔各答,在此之前或许指出以下很不礼貌:英国人并没有对我们表示出足够的关注，然而我们双方之间还是进行了常规的互访仪式。我们像往常一样在其他场合、在丹麦人的音乐会上会面。他们今年每个周三晚上都会举行公共的音乐会；但是，如同前面已经提及的原因，我没有参加。我们之间不存在误解，我个人也没什么可以抱怨的。同样，外国人中还有很多值得尊敬的人，我很高兴地认为其中一些人可以当做我的朋友。在说完英国人之后，我必须要表达一下对我们所受到的、来自其他国家的领导人和先生们的接待和礼待的感激与满意之情。他们对我的招待礼貌得体，非常友好。

孟加拉之行

在1787、1788两年的贸易间隔期间,当安排好前往孟加拉的计划后,我于1月17日早晨离开广州。我一直要到黄埔才能乘坐"阿盖尔号"(Argyle)轮船,该船停在珠江,船长是罗伯特·马丁·福尔(Robert Martin Fowle)。但由于夜幕降临,同去的一位英国绅士霍斯利(Horsley)先生认为在轮船"霍克号"上过夜比较明智。该船由他的朋友彭内尔(Pennell)船长指挥。我们在这里得到船上二副埃利斯(Ellis)先生和医生的礼遇;而船长和大副此时正在广州。18日吃过早饭后,我们前往珠江,并在中午上船,我们在这发现了作为乘客的希腊商人迪米特里厄斯(Demetrius)先生、亚美尼亚人格雷戈里(Gregory)先生和原贝尔迪维尔(Belvidere)海军军校生琼斯(Jones)先生。20日下午,我在澳门登陆。在经过了拜访这里长官及其夫人的仪式后,我又拜访了马特乌斯·约翰尼斯(Mattheus Johannes)和沃格桑先生。多齐夫人在数天前前往荷兰。与塞比尔(Sebire)以及迪福(Dufort)两位先生共进晚宴后,我与比恩(Bean)和惠特利(Wheatley)两位先生一同返回船上,他们都曾是贝尔维迪尔海军军校的学生；①前者是三副,后者是乘客。该船大副是霍布斯(Hobbs)先生,二副是基尔(Kier)先生。23 日,我们从英吉利湾(English Cove)出发,在澳门周边地区的岛屿穿梭航行,从 21 号开始,船长一直在向盖尔夫林(Gilfilling)船长指挥的轮船"斯诺号"(Snow)运送鸦片。

2 月 5 日星期二,我们抵达马六甲,在此处发现一艘带两艘护卫舰的荷兰战船;轮船因昨天海军准将的去世而降了半旗。船长、霍斯利先生和我在 5 点上岸,并借宿在归勒菲弗(Lefevre)先生所有的旅馆中。准将在这晚下葬。次日,我拜访了沙班达尔,但因水土不服、天气炎热之故,我只得婉拒了他要把我引见给总督的美意。我们在傍晚回到船上。

12 日星期二。我们到达了槟城。次日晨,我上岸拜访了总督弗朗西斯・莱特(Francis Light)阁下,他还是公司轮船"无畏号"(Intrepid)的准将,该船属于孟买海军,船长是皮克特(Pickett)先生,船长邀请我和他的朋友霍斯利先生一起住在他家,我欣然同意。我们在那天及 16 号与总督共进晚餐,他送给霍斯利先生和我各一根龙血竹。在那天之前,海军上尉(实为炮兵中尉)格雷先生与他的夫人来到这里,他们乘坐的是来自加尔各答的轮船"规划号"(Enterprise),船长是埃尔默(Elmore)先生。我们与他们、总督和其他先生们在格拉斯(Glass)船长(同时也是指挥军队的炮兵中尉)家进餐。17 日,也就是周日早晨,我们上了船,轮船起航了。

被英国人称作威尔士王子岛(Prince Of Wales Island)的槟城

---

① 由于没有许可不可能擅自离开公司轮船,必须待在印度,冒险的人将会发现作为海校生上船很难得到允许,并且若此人在轮船抵达离船的话,将会在航海日志中被记过为"逃跑"。

早在1786年就被他们占领。该城长约12至13英里，宽约5英里，并且有一个优良安全的港口，是克达（Queda）国王赠送给莱特先生的，莱特先生是一艘港脚船的船长，从事马来西亚贸易已有多年，并已小有名气；马来西亚的王公们是其各自领地的主要商人。槟城靠近马六甲海峡的西入口，它在与马来人进行的锡块、胡椒、竹子和藤杖贸易中处于如此优势的地位，以至于成为孟加拉政府关注的对象，他们任命莱特先生为总负责人，并派出由格拉斯船长及莱伯恩（Raburn）中尉指挥的一百名印度兵随同敢死队从孟买出发，以保护该地。这一居住区看上去欣欣向荣。除了卫戍部队，还有将近两千名中国人在此定居。所有人都安居乐业。居民的房子都以正确的角度分布在街道上。总督与他的助手在建有防御工事的城堡中居住，军队驻扎于平原上便利的地方。马来人被鼓励来此进行贸易，这里他们能以很好的价格出卖商品，并能没有任何风险地获得美元、鸦片和其他类似商品，这已深刻影响到马六甲地区与当地人进行贸易的荷兰人，并且在短时间内完全取消他们的特权是不可能的。该地看起来很和谐，格雷中尉的夫人将其描述得尤为理想。除了上文提到的先生，还有总督助手皮古先生、船上的赫顿（Hutton）医生、德尼斯顿（Deniston）先生、法夸尔（Farquhar）先生和詹姆斯（James）医生；中尉德拉蒙德（Drummond）先生；还有斯科特（Scott）先生，他是私商和一艘港脚船的船长，通常被称为马来的斯科特。这位先生据说是总督的合作伙伴，持有贸易的最大份额；虽然每个商人在通商中都处于平等的地位。锡、胡椒和其他运到此地的商品被卖给了想要前往广州的欧洲人或港脚船，除非货主更愿自己将货物出口。

在前往孟加拉的途中，没发生什么大事。3月14日中午，我们在河上见到了轮船共有人之一的亚当·特恩布尔（Adam Turnbull）阁下，船长和我与他在当晚上岸去了他家，他的房子距离加尔各答约7英里。次日晨，他与我们一同乘船去了镇上。

由于持有弗里曼先生给朋友科尼尔斯（Conyers）先生及其代理人科尔文（Colvin）先生的介绍信，当晚科尼尔斯先生就向我发出邀请，让我把他家当成自己的家，我接受了邀请，并在17日前往那里。帕金（Parkin）先生也让我给他的朋友安东尼·兰伯特（Anthony Lansbert）阁下和托马斯·迈尔斯（Thomas Myers）阁下捎信。前者热情地要我一定接受去他家的邀请，强调如果住在离城镇3英里以外的科尼尔斯先生处，对我来说不方便。我在那时感到有必要婉拒他的好意，但答应他：在从河上游的外国居民区返回时只要方便一定去登门拜访。科尼尔斯先生待人恳切，就接受了这一安排。

由英国东印度公司建立的殖民地，尤其是首都加尔各答已经广为人知。一个在此地做短暂旅行的过客对它们的详细描述并不有趣。至于孟加拉及其附属国，政府治理得井井有条——该国强大、资源丰富，商业正在繁荣发展，当地居民悠闲快乐。被允许居住在加尔各答的东印度公司雇员和其他欧洲人是自由商人，享有世界上其他商人享受不到的优越待遇。不管是私人还是公共建筑，它们连同乡间别墅一起，甚至是死者的纪念碑，都体现出一种华贵富丽的气派，一个之前未曾看到过这些建筑、但认定该殖民点肯定建于30年前的人，都不能对这些有一个足够的了解。光威廉堡（Fort William）——一个可容纳一万士兵、带有加农炮和军事物资的普通防御工事就已花费了300万余英镑，它还拥有一个设在郊区的规模庞大的军火库，这是一个储备各种军资的实验室，还带有一个制造黄铜加农炮和迫击炮的铸造间。这个堡垒的力量可能无法通过实战得到检验,因为恒河河况非常复杂危险,以至于海军无法保证准确攻击;并且该国已被完全控制,因此也不会出现对其进行陆上攻击的可能性。这些工作在规划和实施的同时,有关黑洞事件①的恐怖灾难的记忆令每个人心有余悸。但是伴随着东印度公司财富和权势的日益增长,现有居民似乎对其先行者如此恐惧以至于感到有必要建立这样庞大、耗资巨大的军事工程而吃惊。尽管如此,它经过精心修缮,还是让当地人对欧洲人的巨大力量感到恐惧。近年来,印度管理层的更迭、将军和主要官员被任命为孟加拉总督的做法,以及其他相似的任职在很大程度上表现出整体制度变革的前奏。通常认为,在公司当前的合同期满之前,政府将投资于政权建设,以及司法、军事和金融业;并且,公司将把岁入的盈余投资于本国国内。到目前为止,公司在孟加拉、巴哈尔(Bahar)、奥里萨邦每年的毛收入据估计为 4 000 万卢比;1 卢比等于 2 先令,总数就是 400 万英镑。此地大多数欧洲居民并不抵触政府,并逐渐得到本土亲王的认可。这些亲王情愿向一个以国王作为最高首领的强大民族进贡,也不愿成为一家贸易公司的委托人。

自由商人每年从公司对中国的汇款中获利不小,这些钱用于为欧洲人购买茶叶。公司的鸦片以拍卖方式处理,购买鸦片的商人以当前汇率出资买下,并因此获得收益。有时白银也以类似方式获得。白银和部分鸦片用于从马来亚和巴达维亚购买锡和胡

---

① 1756 年,印度莫卧尔帝国孟加拉省国王道拉,不满英国东印度公司商人在本省境内滥发许可证,擅自在公司总部加尔各答的威廉堡修筑工事、架设炮台等违法行径,率兵占领加尔各答,俘虏了尚未逃跑的英国守军,并将他们监禁于阴暗的牢房。英殖民地军官率军反攻,重占加尔各答,发现俘虏中已有 123 人因窒息而亡。故那间关押英国俘虏的小房间被称为加尔各答黑洞。——译注

椒，把这些商品运到广州卖掉，将获得丰厚的利润，同样地，鸦片在这里很有市场。

加尔各答的社会分化十分严重。东印度公司的雇员和大商人是第一等级；第二等级是德行良好的人，以及拥有20到50万卢比资产的欧洲店主，这些人不被认为适用于公司，也不被允许结社或开音乐会。这里有一个剧院，就像其他地方一样售票。演员主要是该地的绅士，有时也扮演女性；多余的钱支付房费后用于慈善事业。这里偶尔也有焰火表演，场面宏大而饶有兴味。晚饭时间是下午3点，吃过饭后，四轮马车绕着五到六英里长的场地赛马为娱乐项目。在旱季，在规定时间内从远处看，整个场地笼罩在掀起的大团灰尘里，除非跑到尘土里面，否则不大可能看见什么东西。从跑马场回来，在8点到9点半之间，女士和先生们为夜晚活动的到来而换装，晚宴时间是10点。在印度的女士们不久就失去了欧洲人的原有面色，不再清新宜人。然而，没有了这一特征，容貌却变得更加温柔精致了，她们看起来更有女人味，当然也更有意思了。她们的面容在烛光闪烁中显得楚楚动人，由于她们装扮非常整洁，我似乎可以用纯净来形容她们的服装，其衣裙通常是用上好的平纹细布缝制。确实在某些方面，加尔各答的女士们可被视为一种独具风格的性别。她们在照顾亲人方面远远超出其他地方的，或许世界上任何女子都比不上她们；她们中很少有人在24小时之内洗澡少于两次，最炎热的季节里通常要洗3次澡。男士们在这一点上也不逊色；他们的内衣是纯棉的，因此一天之内换三次衣服对他们来说并不奇怪。

在对加尔各答社会的这种描述中，我不能不发现，该市在款待和关照外来者方面在世界上也没几个地方能赶得上它；并且，一个绅士在这里所得到的热情接待,世界上也鲜有能与其媲美的。自从我初识兰伯特先生并与他同住开始,他就给了我很多关照。他利用各种机会给我介绍最好的公司,并尽可能让我知道更多的公司。我们第一次拜访了钱伯斯(Chambers)夫人及其丈夫、法院院长罗伯特(Robert)先生;回忆起当时我所受到的彬彬有礼的接待,以及这位夫人和骑士与我共进晚餐的情景,我感到很高兴。钱伯斯夫人是一个很有魅力的女子,三十三四岁的样子。尽管她已经在这个国家生活了14年,还是一位有8个孩子的母亲,依然散发出不可抵挡的个人魅力。在这位夫人的宴桌上,我认识了她的堂兄、有着高贵举止的绅士——威尔顿(Wilton)先生。这位先生也给我以礼遇,并对我关照有加。我还从艾迪生(Addison)先生和他妻子那里得到了很好的接待。这位先生是艾迪生船长的儿子,他的父亲曾在第52团服役,在邦克山战役中牺牲了;在此后的战事中,他的哥哥也负了致命伤。由于兰伯特先生与这家交情深厚,我们便经常拜访他们,聚会总是在友善的气氛中进行。我还得到约翰逊(Johnson)先生的邀请,两次前去他的离城约6英里的乡间别墅小聚;因为他曾受雇于本地王公的法庭,他非常了解印度的政治和内幕。他自己的生活方式有点类似当地王公,对他的女人十分尊重,为她们修建了公寓和单独的花园。她们深居闺房,就算丈夫最密切的熟人也从来没见过她们;我并不使用"朋友"这个词,是因为这反映了这位先生的个性,他认为友谊仅仅是一个名称。他尊重很多人,自己也受到这些人普遍的尊重;但在40岁之前的某个时间,他就明白人类不是太好,就是太坏。

除了交给兰伯特先生和迈尔斯先生的信外,我还受皮奇先生之托给他兄弟捎信,当皮奇夫妇来城里居住后,他们、皮奇先生的妹妹和丈夫基思利（Keighly）夫妇也礼貌地接待了我，并在我离开此地几天前请我进餐。此外，考克斯（Cox）先生写给军官鲁宾逊上尉的信使我从他那里得到关照。从自由商人、阿盖尔号轮船的主要所有者特恩布尔先生那里，我不仅仅受到他的礼遇，还得到他非常热情的各种帮助。这位先生早年居于新泽西，在那里学习了2至3年的法律，他在长岛有一个兄弟，据我所知是宾夕法尼亚州的炮兵中尉。他家在周日经常举行宴会，此时熟人们肯定能在他家找到他，这夫妇二人的热情招待让人们感到宾至如归。在这片殖民地上，很少有人能比特恩布尔先生更受爱戴了，当他友善地提供帮助时，很容易看出这不仅仅是礼节。我在科尼尔斯先生家中居住期间，与他及其邻居威廉姆先生、琼斯先生、麦金托什先生相处得很愉快。这些人尽管富有，却不属于第一等级；然而他们经常受到军官和公司职员接见；琼斯先生已辞掉炮兵中尉之职，以做买卖。这类例子并不少见。弗里曼先生写给科尔文（Bane and Colvin 公司的自由商人）先生的信使我得到例行的关照，除此之外，我还得到他提供的资金和房屋租金方面的帮助。

除了上文提到的先生，我在加尔各答还遇到一个波士顿的老朋友——本杰明·乔伊（Benjamin Joy），他从英国前来此地做投机买卖。我们经常聚在一起，对往昔时光的追忆使得我们现在的相聚倍添乐趣。一位同样来自波士顿的年轻先生乔治·斯科特与他同住，他在1786年与我和兰德尔先生一同离开纽约，并有望在印度得到任职。在巴达维亚，我认为他能接受福尔船长的邀请是很好的，于是他就以轮船事务长的身份到了加尔各答；但船主破产了，轮船被卖掉，于是他身无分文地离开。在这种情况下，他遇到了科顿（Cotton）先生家的一个朋友，他是船上的一位乘客，通过其推荐,他成了一个会计主任办公室的职员,这使他成为上流社会的一员。

谈完在加尔各答遇到的朋友后,我必须提一下总督康沃利斯伯爵给我的接待。这位贵族要解决实施改革、纠正滥用职权、减少支出等棘手问题,他的命令都被他的下属忠实地执行了。他不但赢得了绝大多数本土居民,也赢得了公司雇员、市政官和军官的爱戴。他对社会的治理无懈可击,就如同莎士比亚对邓肯(Duncan)的评价一样:他"在执政期间无比明智",以至于在听闻前任执政官为谋私利、侵吞公款的罪行之后,他更成为公众普遍尊敬的对象。他每周二的上午9点到11点都要接见欧洲人和新来者,周五接见当地人。兰伯特先生在我抵达的第二个周二陪同我前往那里,为我引见了科克雷尔(Cockerell)上校,并在他的引领下来到总督面前。总督阁下待人亲切,寒暄之后他开始谈到与东印度公司的事务。他的公共晚宴设在周二,我在4月8日很荣幸地与他共进晚餐。他对我在餐前和进餐时的礼待和关照显示了伯爵不凡的气度;不仅使我感到愉快,应邀前来的兰伯特先生及其搭档罗斯先生也非常满意。原先的卡片是为这周二而准备的,在我出发参观外国据点时,就已发给我了。在这些场合,尊贵的伯爵经常以穿着制服的长官形象出现,制服上别着获得的各式勋章。

3月31日周一下午,科尼尔斯先生与我沿河而行,前往约30英里之外的荷兰定居点胡格利-金苏拉(Chinsura),我们搭乘一艘船前往,大约在次日凌晨2点抵达,科尼尔斯先生的仆人奉命驾着马车在岸上等我们。在酒店用过早饭后,我们等待卡尔·布卢姆(Carl Blume)阁下,我还要交给他一封兰伯特先生写给他的引见信,他带我们见了当地长官迪新(Titsingh)先生,我们共进晚宴,之后又喝了饮料,度过了那个夜晚。撤去餐桌布后,迪新先生得到一个消息,最近在荷兰的争议已得到友好的解决。奥林奇(Orange)王子对该居住环境的喜爱引起该地的先生们的极大不满,除了迪新先生之外,他们都是强硬的共和党人。晚宴上,我还遇到了原先有一面之缘的范霍根德(Van Hogendorp)夫妇和克拉普(Crapp)先生,我们与前者在1786年的巴达维亚见过面,与后者在1784年的广州见过面,下午,我和他们,连同科尼尔斯先生一起向夫人致敬,并很荣幸地与她一起喝茶。次日早晨,科尼尔斯先生与我步行去了霍格利和班德尔(Bandel)那里,然后回到范霍根德先生家吃饭。用餐前半小时,我们欣赏了范霍根德夫人弹奏的美妙钢琴曲。我们在此度过了那个夜晚,并与范豪格维茨(Van Haugwitz)男爵及夫人共进晚餐。范霍根德夫妇还邀请我们到他们住处进行私下的小聚。科尼尔斯先生和我与女士们在无声中共享美好时光,这两位女士举止讨人喜爱。拉巴罗尼(La Baronne)夫人是个漂亮的白人女子,她有一双顾盼生辉的迷人的眼睛。

金苏拉的环境棒极了,有漂亮的花园和整洁舒适的房屋。长官住在一个整体上已拆除的城堡中;堡中只允许保留一架置于河岸边的致礼炮台和一支由60名印度兵组成的戍守部队,更确切地说是卫兵。荷兰公司在此季的业务在逐渐减少。他们既没钱也不讲信用。他们去年就没有轮船过来,今年也别指望了。

4月3日1时,我们上了船。6至7点之间,我们醒来发现轮船已经在金代那格(Chandernagore)抛锚了。我将一封来自广州方面负责人、现已赴欧的蒙蒂尼(Montigny)先生的信带给前总督当热勒(Dangereux)先生,蒙蒂尼在广州的继任者居住在5英里之外的古哈蒂(Ghurhutty)。我们向作为军队司令和船长的弗里蒙(Frimon)先生问好,就像金苏拉的荷兰人那样,司令也拥有少数印度兵守卫安全。他住在一个平房里,该房建在1757年被英国人占领、后被拆除和废弃的城堡上。我们拜访期间,谈话集中在荷兰最近争议的问题上,弗里蒙先生完全允许共和党有充分的理由对其法国朋友感到不满。他说:"我们做了每件力所能及的事;但当我们发现普鲁士和英国决定支持奥林奇王子时,我们与他们之间的战争就不可避免了。如果我们坚守信念,就得以最优雅的姿态放弃共和党人的事业。"由于没有理由继续留在金代那格,我们在中午离开,在船上吃过饭,并在黄昏时分赶到位于塞拉伯(Serampore)的丹麦聚居点。我们在这里发现了我们的马车,仆人把他的命令理解错了,因此他没去金苏拉,而是一直待在此地。在旅馆吃过饭后,我们返回船上,每晚在船上睡觉成了我们的惯例。

次日晨,我们等待公司商馆的首领斯卡韦纽斯(Scavenius)先生,我也有一封要交给他的来自兰伯特先生的介绍信。这位先生把我们引见给皇家总督勒菲弗(Lefevre)先生,他是军中少校,今年约35岁。勒菲弗夫人因为生病,我们就没有荣幸见到她。副首领武登(Wouldern)先生向我们介绍了他的夫人,我们与他们在斯卡韦纽斯先生家共进晚餐。国王的代理克里斯廷(Kristing)先生和约廷(Gothing)先生邀我们次日造访,但我们因返回加尔各答的原定计划而婉拒了他们。下午,科尼尔斯先生和我乘马车兜风,欣赏了邻近郊区的风光。我们共度良宵,并和公司的人们共进晚餐。武登夫人是一个有魅力的绝色佳人,她美丽迷人,光芒四射,其美貌融合了百合花与玫瑰花的娇美鲜艳。她芳龄25岁,由于没有孩子,看上去似乎是18岁的妙龄少女;举止大方,待人亲切率直。尽管她到这个国家已经两年了,但她从没有到过金苏拉或者金代那格，甚至没去过加尔各答。当她提及此时，我感到很吃惊。她的丈夫看起来是个好人，一开始我还误会他们在一起不幸福。他四年前来自塞拉伯，想在广州商馆找份工作；但却在欧洲娶到了这个女子，他认为放弃该职业、而不与他的新娘分离是正确的，于是他带着她来到这个国家；这毫无疑问证明了他的品位和明智，就像约里克(Yorick)说的那样，"男人要带着他的女人走遍世界"。我们在午夜时依依不舍地离开这对佳侣并返回船上。

和河上的其他定居点一样，塞拉伯地理位置优越。丹麦每年有两艘船来往于欧洲和特拉克巴(Tranquebar)，其中一艘在8月来到此地并吸收公司的投资。军人在这里比在金苏拉或是金代那格更受尊敬，尽管在实力上没有什么优势——卫成部队不值一提，河上的炮兵充其量只能算作礼炮队。

这三个外国居住区在某种程度上可被视作类似《圣经》中所说的避难所——特别是对于受到债主逼债的加尔各答的先生们来说。他们整周都在这里；逢周日，在塞拉伯的人可以毫无担忧地再访加尔各答。我认为不好对迪新先生对我的礼遇再次回礼，但我在此地不能不提提他的轶事，作为一个男士，他真的是非常令人尊敬的。布吕埃尔(Bruere)先生是个在加尔各答做生意做得很大的商人，他因在一桩大生意中的失误而欠债、无法来塞拉伯；他发现有必要向迪新先生写信求援，想知道能否在去金苏拉时得到一些补偿。迪新先生的回信如下所述：他不能完全答应布吕埃尔先生的请求，因为担心债主们会来找麻烦。因此他使布吕埃尔先生确信，他对布吕埃尔先生处境的同情只能让他自己惹债上身，他将不索取布吕埃尔先生欠自己的那份债，并希望布吕埃尔先生与其向他吐露隐私，倒不如在麻烦解除之前待在家中，等麻烦解除，就可以安全返回加尔各答了。布吕埃尔先生接受了，但迪新先生还没就此罢住。关于债权人所能获得的债款，迪新先生宣布除利息之外，他将不会索要这笔款项，他将把这份自己应得的15 000卢比用于资助欠债者的儿子，小儿子在父亲生意失败之前不久已前往欧洲求学。这一宣言响亮有力，应该不用畏惧任何诋毁。①

星期六，在旅馆吃过早饭后，我们从塞拉伯过河来到对岸的英军驻地，该地叫巴拉克伯（Barrakpur），之后我们来到陆地上，坐马车走了14英里，在中午抵达加尔各答，同时我们的船也顺河流漂走了。两边景色宜人，土地肥沃。一路走来，乡村风景优美而生机勃勃，就像是一个走不到尽头的花园。我们经过了很多村子，村民看起来富裕而知足。

加尔各答社会的状况在近期有了明显的改善，现在到印度的先生们发现已能没有困难地在此地度过余生；尤其是那些携带妻小，或想在本地建立社交网络的人。这里的生活成本如此之高，以至于一个人必须花费浩大才能回到欧洲，这还算好的。已婚人士除非有一份薪酬颇丰的工作或者成功地经商，否则就别指望回去了。② 简言之，现在加尔各答的主要居民都将印度视为祖国，从英国来的移民中女性是无足轻重的人，数量在迅速增加。抵达此地

---

① 我从孟加拉殖民地的特恩布尔医生那里得到这则消息，他是上述特恩布尔先生的兄弟。一个卢比等于两个先令，六个便士。
② 仆人工资的支出占了很大一部分。仆人都有分工，互不干涉。比如，为你的马喂草的人不会去清洁或是装马鞍，而是由另外一个人去做，因此，每匹马都有两个仆人照料。另外，仆人因为信仰的原因，而不能做很多家务，比如，为你洗脚的仆人不会为你上菜。这就需要各种仆人，兰伯特先生家共有四个人：他自己，哥哥，罗斯先生和他的合作者。他们有八匹马，三辆马车；每个人都有各自的轿子。他们共"不得不"雇用97个仆人。我说"不得不"，是因为这些仆人每人只干分内的事。

的轮船很少有不带3至4位单身女乘客的。她们或者有已婚的哥哥或姨妈，或者有姐妹或堂兄来接她们回去并资助她们。一些人已观察到婚姻市场上女子数量过多的情况。我不能证实这种评论在多大程度上是合理的，我只能说我看到了一份未婚女士名单，共72位，年龄在18到25岁之间。其中许多人既不看重外表，也不注重内涵，只关注一件事——金钱。不幸的是，这已经成为印度婚姻市场中的必要因素，就像世界其他地方一样；这种情形不能催生生活的幸福感，一个不鼓励夫妇幸福生活的社会不存在柏拉图式的感性的自由思想家。

在加尔各答的公共建筑中有两家银行：一家是印度中央银行（General Bank of India），一家是孟加拉银行（Bengal Bank）。兰伯特先生是前者的副董事长和总经理。这里还有一个孤儿院，康沃利斯伯爵是院长，当地6位受尊敬的居民任管理人员。这里不需要宗教集会。数量庞大的葡萄牙人有几个教堂，亚美尼亚人有1个，英国人也有1个，如果其仍在建设中但还算的话。这个由捐献而建造的教堂是主教派的；总督阁下是一个很好的教徒，军人至少得服从其榜样来做礼拜。然而，私人贸易在周日不会停止，因为这个地方大量的本地居民和中国人并不觉得周日有什么特别。

我在加尔各答一直住到4月23日。在这天晚上，我向好友兰伯特先生及其兄罗斯先生告辞，想继续航行；但是西北方面传来一则重大暴力事件消息，这使我接受了特恩布尔先生共进晚餐之邀，兰伯特先生也赏脸光临。当晚我住在朋友乔伊和斯科特家中，次日早晨，与马坎（Macan）先生和贝尼泽特（Benezet）先生吃过早饭后，我们一起上了船，轮船起航了。服务于公司的这些先生将要去马德拉斯疗养身体。马坎先生是该港口的海关官员，是我们离开之前几天由兰伯特先生介绍给我认识的,他当时邀我进餐,我接受了。

除了得到他一直以来的照顾外,兰伯特先生还提供给我关于保险公司以及保险率的打印文章,还有他最近直接管理下的一家保险公司的文章的手稿,以及关于唐提养老金法的文章。从这一机构的数据中,我可以得知该地的当局为保证居民健康而采取的措施的一些情况。该机构建于1785年3月1日,准备运转5年,最初公司成员有50余人。从那时开始到现在,已经增加到103人了,从那时一直到1788年4月20日,我还没接到有人死亡的消息。除了文章之外,兰伯特先生还给了我沃森(Watson)博士的化学研究论文,这部四卷本的著作价值很高。我没有什么可以回馈给他,只能给他一块美国围攻约克敦的版画,以及辛西纳提协会一些支持或反对该决定的小册子,他欣然接受了。很自然地,我对将要离开兰伯特先生感到遗憾,深刻怀念我们之间的崇高友谊。我衷心地祝福他,希望他日再相见,不管是在美国还是欧洲。

当我们从加尔各答驶出时,已是季风的晚期。引航员直到5月7日才离开我们。我利用他返回之机会拜托他转交写给兰伯特先生和乔伊先生的信。6月4日,我们在卡内科巴(Car Nicobar)抛锚,在5日下午上岸,第二天继续航行。我在这里很高兴地遇到了去年在广州结识的亚当斯(Adams)船长。他将在勃固(Pegu)造一艘船,与我们一样在同一天离岛。这里还有一艘将从勃固开往海峡的法国小船;但是,因季风之故,该船已在那里停泊了一个月,甚至还要更久。该岛贸易完全靠可可豆,当地居民把可可豆卖给驶往勃固的港脚船,轮船在那里换取整船的柚木木材。这种木材据说是世界上最好的造船材料,用这种木料造的船可以航行60年以上。除了材质的坚固耐用,该木材的特性还表现在木材中的一种油质可以有效保护螺栓和钉子不会生锈。由于上述特性,它在加尔各答、孟买以及半岛的其他居民点销售得很好。

卡内科巴的居民似乎是世界上最幸福的民族,如果可以用幸福作为国家本质衡量标准的话。可可果和山药是他们的主食;除此之外,他们还有丰富的猪肉、家禽和鱼。他们用可可豆喂猪,使得此地的猪肉成为我尝过的最优质的猪肉;猪肉真的很可口。男人们不穿衣服——只有一小块围在腰间的遮羞布,这块布的一端紧系在大腿后面。女人们都穿小衬裙,一小块棉布用来遮胸。他们的小屋是圆形的,在篱笆桩上盖起来,屋顶集中于一点,呈圆锥状。通常有 12 或 20 个小屋盖在一起,形成一个小村庄。在海岸边就有几个这样的小村,政府——如果能说他们有政府的话——是家长制的。尽管地处热带地区中部,因清新的海风,空气也通常是凉爽的。男人们爬树时显得十分敏捷,他们在脚踝上绑条细绳或柳条,防止脚脱离,然后面对树,双臂抱住树干尽量向上爬,他们每次向上用力爬的距离赶得上一个人的高度;据我的个人观察,这些人爬树的速度无疑和正常人在地上走路的速度一样。这些岛民是世界上最温和的民族;尽管他们经常见到欧洲人,有时还被其贪婪心所伤害,但他们还是对外来者很热情,就像一个文明的国家一样。但与此同时,那些和他们生活在一起的人还有另一个说法,让人震惊,因为居住在一个岛屿群上的安达曼人(Andamans)——仅仅在上述岛民往北几个纬度——却是食人族。

离开尼科巴群岛后,我们向南行走,行走的距离不超过 1 个纬度。我们直到 7 月 1 日前还没抵达位于北纬 13 度到 14 度之间的布利格德(Pulicat);尽管已看到马德拉斯,但直到 7 月 3 日下午才得以抛锚。福尔船长、马坎先生、贝尼泽特先生与我在傍晚上了岸,——这两位先生去了他们朋友家中,我和船长则去了旅馆,我在此住宿到 14 日,傍晚,我登上了前往广州的轮船。

给出对马德拉斯的详细描述将重复很多篇幅,因为前面已提到了差不多的孟加拉,然而前者明显在衰落。比如商业,孟加拉物产富饶,正在以惊人的速度发展。不光是马德拉斯,我之前已提到的孟买及其他英国在海岸上的居住区,以及在苏门答腊岛上的本柯伦(Bencoolen),都无法维持自身需要,还需从孟加拉收入盈余的支持。从战略的角度看来,孟买和马德拉斯对公司的意义极其重大,因为孟买有一个安全的港口,大型轮船能在此整修停顿,后者则让他们方便地对乌木海岸(the coast of Coromandel)发号施令,并可牢牢控制卡纳蒂克(Carnatic)。马德拉斯的防御工事不错,军队由于守卫英国在印度的利益而受到重视。

马德拉斯被分为两个区,一个叫圣乔治堡(Fort St. George),这里住着政府官员和英国居民,尽管他们大都在郊区有房子;另一个区叫黑城(Black town),这里居住着本地人、葡萄牙人和其他外来人口。圣乔治堡的房子大而宽敞,采用欧式风格建筑;无墙的房子则是郊区的房子。马德拉斯的郊区景色宜人,与加尔各答又有不同;大量的乡村别墅点缀在风景中,使得我们在午后的旅程倍添兴致。尽管位置靠南,但马德拉斯并不像加尔各答或广州那么热,因为傍晚的陆风会一直吹到夜里,之后海风紧随而至,尤其是一般在上午 10 点钟到来、被称为"博士"的海风。

经过总体的观察可知,在对外来者的关照方面,孟加拉与马德拉斯有诸多不同,以至于住在孟加拉的绅士们为他们的朋友写引见信给马德拉斯的绅士们时会小心翼翼。然而,兰伯特先生却让我带给他的朋友、也是那里的商人埃莫斯（Amos）先生和鲍登（Bowden）先生一封公开信,他们对我的招待让我没什么可抱怨的;他们对我坦率又友好,我也欣然接受了他们和埃莫斯夫人对我的照顾。除了这些先生外,商人霍尔先生和熟人福尔船长对我特别关照。我与他们及霍尔夫人曾两次共进晚餐。在那里我还见到了每年都要去中国的戴维斯（Davies）先生与吉雷兹（Girez）先生,我和他们是在广州认识的。我与戴维斯先生吃过两次饭,与他们的朋友杨先生吃过一次。

谈到马德拉斯的贵族,这一阶层的"冷淡的客气"阻止了我去认识他们。我从广州起航离开之前,乔治·斯密斯先生曾让我转交一封写给其朋友若西亚斯·普雷·波尔谢（Josias Pré Porcher）阁下的密封信,他说此人将会给我很多关照。我抵达后的那个上午就按照地址把信寄出了,两小时后,波尔谢先生就和我见面了。他正式地感谢我为他捎信,但却既没告诉我他住在哪里,也没表示出想和我认识的意愿,更没有提出要帮助或礼待我。在经过几分钟像路人相遇而进行的谈话之后,波尔谢先生离开了;考虑到这些情况,我认为没有权利奢望去他家坐坐,我把他的前来视作仅仅是出于书信邮费的原因,此后我也不会去打扰他了。波尔谢先生是一个富商,据说还是有风度和教养的人,但我对后一点却不敢苟同。他仅仅是我要送其一封信的公司职员;由于他的疏忽,至少是礼貌不够,我既没见到总督,也没见到本地政府管理部门的任何人;因为没人为我引见,我认为这是不合适的。埃莫斯先生和鲍登先生都是好人,但我还是不怎么信得过;当我与特恩布尔医生（他是我的孟加拉朋友的兄弟）相识后,我向他提到了这件事时,他也指责波尔谢这样做不对,并热情地将我介绍给他的朋友科比特

(Corbet)先生和博伊德(Boyd)先生认识,他说他确信他们可以把我引见给总督,并尽他们所能使我在马德拉斯过得舒服顺利。尽管我感觉到特恩布尔医生对我的关照,我还是认为不表达的好;他对我真是非常体谅。

我在这里见到的其他人中,有奥德诺船长,我和他是在1784年广州认识的,兰德尔先生和我还租下他的船,和他一起前往美国。他刚到美国不久就在巴尔的摩结婚了,现在来印度是要处理一些个人事务。他于7月8日离开马德拉斯前往孟加拉,期望再回那里,并在12月返美。在他离开之前,我请他转交一封写给美国朋友诺克斯将军的介绍信。

当轮船"阿盖尔号"离开加尔各答时,她本应该去特拉科巴、本地治里、马德拉斯和维萨卡帕特南(Vizagapatam)。在最后一站中,她将载着大米前往中国。但是季节不容许我们向南驶往马德拉斯,由于轮船有太多地方需要经过,以至于它不可能在11月初赶到广州。在这种情况下,我在7月7日向约翰·鲁宾逊(John Robinson)船长提出申请,希望搭乘他指挥的"克莱夫号"(Clive)去广州;尽管装着棉花,在已答应其他两名乘客(戴维斯先生与特恩布尔医生,后者病得很严重)上船的情况下,鲁宾逊船长还是同意把我也带过去。我从斯卡韦纽斯先生处得到了他给在特拉科巴的总督和另一个朋友的密封信。我将这些信压在我写给总督的信之下,于6日寄出;同一天,我写信给斯卡韦纽斯先生和兰伯特先生,通过伊德(Ede)船长指挥的"康沃利斯号"带给他们。蒙蒂尼先生写给他在本地治里的朋友的信,以及另一封写给之前金代那格首领的信,都是只关于我本人的公开信,我将带着谢意交给那位先生。9日,福尔船长乘自己的船驶往本地治里,原先在梅特卡夫

(Metcalf)船长手下做事的官员汤普森和罗伯茨两位先生乘坐双桅船从纽约前来。两位先生因对船长不满，就离开这艘轮船，乘坐"阿盖尔号"从加尔各答前来。特恩布尔先生给了他们乘船的便利。他们想借道广州去美国，由于他们举止无可挑剔，我就答应让他们其中一人上我打算返回的船。11日，我写信给波士顿的朋友塞缪尔·帕克曼（Samuel Parkman），并将信交给罗伯特（Robert）船长，信件将随他指挥的回波士顿港口的船返回美国。该船之后驶向北方，将从马德拉斯返回，预计在10月抵达。12号，我写信给加尔各答的朋友本杰明·乔伊，并让莫恩（Maughan）船长捎信，将在数日到达。13日是星期天，我去了教堂。14日我与鲁宾逊船长和船主考克斯先生一同在其朋友图林（Turing）先生的乡村家里吃饭，图林先生希望他们把我带来，对我热情又礼貌，十分有绅士风度。但是，尽管他说对我接受他的邀请并与他进餐感到很荣幸，我还是不能不提到他是为公司做事的。这位先生的举止和波尔谢先生截然不同，并且，当他问我有多喜欢马德拉斯时，我的同伴告诉了他我应该喜欢这里的原因。餐桌前还有其他的先生们，他们没有逃避有关波尔谢先生的话题，对他的行为进行了严厉的批评，我认为这种批评是公正的。当晚，鲁宾逊船长、戴维斯先生和我回到船上（特恩布尔医生在下午就告辞了）。次日凌晨4点，船开始起航。

考虑到印度的欧洲居民点的现状和进展时，我很高兴地发现这里的统治者对人自身的利益有了极大的关注。在巴达维亚为孤儿办的学院已引起了注意，同样引起关注的还有加尔各答的孤儿院。在马德拉斯，有一个由坎贝尔（Campell）女士建立的女子收容所，她是总督阿奇博尔德（Archibald）爵士的夫人，阿奇博尔德先生是这所机构的主席,该机构管理层有 4 个副主席,还有包括军人、平民、公司职员在内的 8 位受尊敬的管理者。女董事是坎贝尔女士(她也是赞助人)和本地区的 12 位重要女性。这些公益机构的命名充分显示了其慈善的目的,给民众带来了福祉,而且它们不单给直接的收容对象带来幸福,也给整个社会带来极大的好处。

关于印度本土居民,可以发现他们当下身体力行的苦修足以使任何看起来不可能之事成为现实,这也是他们为了自己的宗教信仰所甘愿遭受的磨炼。据说一个印度教教徒有时会通过匍匐爬行整个恒河的长度的方式进行苦修,他要顺着恒河蜿蜒而下的岸边爬行,从其发源地一直爬到入海口;另一人则尽可能伸开他的胳臂,并且宣誓永不伸回,保持这个姿势直到他死为止;第三个人则让人绑住他的双手,将要忍受指甲刺穿另一手背之苦,通过这种方式将它们固定住,永不分开。或许我行走的地方不多,从没看到过上述修行方式,但我见证过一种最不可思议的修行。在他们的主要节日到来之前,各派宗教信徒广泛召集甘愿受苦以示对神尊敬的人。一些人连续几天用铁矛刺穿他们的舌、脸或身体的其他部分,其他人看到这一惨不忍睹的场面时欢呼叫好。我就曾在加尔各答经历过此类壮观场面。先竖起一个杆,杆上的铁轴能安进一根长柱,以一个角度插进去,柱子的一端靠地,另一端与地面呈七八十度的斜角。上端挂着带有钩子的锁链,钩子用来钩住信徒的后背,在村民的喝彩声中,经受这一洗礼的信徒旋即被柱子吊挂起来,一些人握紧柱子低的一端,这端绳索被系紧,信徒被以最快的速度在空中旋转。洗礼进行中时,幸福的信徒取下头巾,从容不迫地展开头巾,以胜利者的姿态向人头攒动的围观村民挥手致意,并不时向他们撒事先备好的花。之后,他又系上头巾,然后被抬下来。我曾四次见到过这种表演,其中有一人旋在半空长达7分钟;我还好奇地考察了两个人的洗礼,从他们被钩住到抬下来,让我感到满足的是,整个过程不是骗局。

印度玩杂技的人颇引人注目,他们能以令人吃惊的娴熟展示很多技艺。他们中的一些人驯养着毒性最强的毒蛇;我曾见过这些人把12英尺长的蛇缠在自己光着的身子上,并把蛇头伸到他嘴里,毫无畏惧地亲吻蛇,向它吐吐沫,与此同时,毒蛇吐舌发出嘶嘶声,它的身子因受到的待遇而愤怒地膨胀。

7月27日星期日,我们的船在克达(Queda)抛锚,事务长和二副被派上岸;但由于这里没有锡,我们就在第二天继续航行,周二晚抵达槟城。星期三,鲁宾逊船长和特恩布尔医生的密友——格里菲思(Griffiths)先生和他的助手,以及我在去孟加拉路上遇到的格雷来船上用餐,他们坚持让戴维斯先生和我住在他们家,同住的还有鲁宾逊船长和特恩布尔医生。我们欣然接受了这一友好的邀请,一直和他们待到下周二。我很高兴地看到该居民点在短短6个月的时间里所取得的进步,居民人数和贸易显著增长。格里菲思和格雷两位先生在此地的经商中占据很大份额,看起来很快可以挣到钱。他们有岛上最好的房子,是在格雷先生到达后建的,是招待客人的好去处。诸位先生和格雷夫人对我们照顾有加,让我们——尤其是对其来说初次见面的戴维斯先生和我——蒙受了他们颇多的恩惠;他们以后将会被我们愉快而深情地记起。前海军准将皮克特先生的船长一职最近由狄克逊(Dixon)船长接任了,公司的三艘巡洋舰都在其指挥之下。总督莱特先生像往常一样热情接待了我;他家也接待了来自广州、但不是商馆员工的法利(Farley)先生和霍金斯(Hawkins)先生,最新的规定使得他们不能待在广州或澳门。一位来自加尔各答、最近从巴达维亚过来的霍普（Hope）先生在我们离岛前一天抵达，他是来此做生意的。他和埃尔默先生提到了两艘美国轮船，分别以巴里（Barry）先生和特拉克斯顿（Truxton）先生为船长，经过邦卡海峡前往广州。我们在8月5日与朋友告别，特恩布尔医生因身体健康之故仍和他们留在此地。

8月17日，我们在马六甲海峡抛锚。下午，船长、戴维斯先生和我上岸在旅馆住下。当晚，我们参加了一位荷兰公司巡洋舰船长和一个乡村出生的葡萄牙人的婚礼，我们在那里很开心。次日我们拜访了总督。第二天早上返回船上继续航行。

马六甲离众多海峡和邻近海岸的商业中心不远，因此逐渐变成一处休闲之地。它运气不好，在数年里随着公司遍及印度的事务的展开而逐渐衰落；英国在槟城新建的殖民地已经给了马六甲的商业最后的打击。

马六甲的女士主要是乡下人，她们的衣服类似于巴达维亚妇女的；这种相似并非指她们的行为举止。她们非常粗鲁，极度喜欢喧哗嬉戏。在舞会上，她们通常会喝海量的啤酒、葡萄酒和荷兰酒，咀嚼蒌叶、更多时候是槟榔，吃口味很重的晚饭，然后又去跳舞，直到凌晨三四点才离开。这种行为让她们显得如此放荡，以至于男伴们很难尊敬她们，我也不会认为她们是精致、庄重的女人。在上述婚礼中，上等阶层的女子都出席了，当然从印度驶往广州轮船船长的情妇们不包括在内。她们出身于令人尊敬的家庭，通常是家里女主人的伙伴；我在婚礼之后的上午拜访殖民地上层阶级的两位女士时发现，其中一个女士是马来和印度－葡萄牙人的混血儿，我们在面对面的交流中度过了那天。

9月8日星期一,我们到达澳门。下午5点,二副、戴维斯先生和我上了岸。荷兰人和瑞典人已去往广州。我拜访了法国人,在沃格桑先生家与丹麦人共进晚餐,并寄宿在弗里曼先生家中,次日返回船上吃饭。在澳门,我收到了来自纽约商人史密斯(P. N. Smith)阁下的一封信,时间是去年11月24日,还附了一封来自朋友兼搭档兰德尔先生21日的信。我们的引航员直到11日傍晚才上船。15日下午2点,我们在黄埔抛锚,第二天鲁宾逊船长、戴维斯先生和我来到广州。

这样就完成了我的旅行,我很高兴地回忆起很多惬意的画面;当然其中不乏不尽如人意的社会,这是我与福尔船长、鲁宾逊船长、戴维斯先生、主管们和随行乘客一致的看法。大家都满意是不可能的。搭乘港脚船的航线经常遭遇尴尬,因为不是每个指挥官都习惯于收钱,尽管他们并不拒绝同等价值的礼物。在我踏上福尔船长的船之前,我就和他达成协议——我在广州付他200美元作为搭乘其船前往孟加拉的旅费,并且在返回加尔各答以前,给他400卢比作为载我返回的旅费。在马德拉斯,我与鲁宾逊船长未达成协议。他说很高兴能免费载我。他在整个旅程中对我的态度充分证明了这一点。幸运的是,我有一个花了我164美元的旅行衣箱和便携式厨房装备。为了表达感激和尊重,我将这两样送给他,他接受了。

返粤及归航

来到此地时，我非常高兴地看到了三艘美国轮船。它们是来自费城的"亚洲号"(the Asia，船长巴里[Barry])和"广州号"(the Canton，船长特拉克斯顿[Truxton])以及来自纽约的"珍妮号"(the Jenny，船长汤普森[Thompson])。"珍妮号"送来的信上说还有两艘要到的船，一艘是来自罗得岛的"华盛顿将军号"(the General Washington)，另一艘是我的好友和搭档兰德尔船长的"杰伊号"(the Jay，即后来的"希望号"，the Hope)。这些船都于12月从美国出发，向马德拉岛(Madeira，大西洋岛屿)以及印度和中国海岸进发。10月28日从印度马德拉斯出发的"华盛顿号"在黄埔靠岸。这艘船带来了在马德拉岛上的兰德尔先生的来信，说当地的商人使他被迫延误。我已有足够的理由认为他将错过他的贸易季节。除了以上轮船，还有一艘船携带一只单桅附属船从波士顿装备好后，计划绕过合恩角(Cape Horn)到美国西北海岸装载毛皮后向中国进发，再经好望角返回。很遗憾现在我还不知道这些船只到达此地的情况。一艘来自西北海岸的英国小船报告说，补给船已到那里，但与主船在南纬57°的一次恶劣暴风雪中失散。此外，还有一艘从纽约出发的双桅船"埃莉奥诺拉号"(the Eleonora，船长梅特卡夫[Metcalf]),按理去年六月航行就该结束,可是梅特卡夫船长在上季并未将运载着毛皮的"埃莉奥诺拉号"直接驶往中国,而是去了乌木海岸和孟加拉,然后又从那去了巴达维亚。此季初,他从巴达维亚到达了澳门附近的群岛。他在那里逗留,借机通过一些别的船将其毛皮送往广州的毕尔(Beale)先生处。12月的某天,一帮出没在这些岛屿的中国匪徒登上了他的船(这些岛屿因这些匪徒而号称"匪徒群岛"),在击退这帮匪徒的过程中两名高级船员被杀。因为他既不受葡萄牙人的保护,也不受中国人的保护,而且也从未向我这个美国领事请求支援。我不知道他是何想法。

截至1789年1月20日的货运清单如下:

英国①	21
瑞典	2
丹麦	2
法国	1
荷兰	4
西班牙	2
美国	4
	36
葡萄牙,在澳门	7

---

① 这些船都是小船,载重250至400吨,从波特尼海湾驶来,另一艘驶自美洲西北海岸的轮船载重120吨,剩下的船都很大;载重不低于800吨,有些达到1000吨,有两艘为1160吨。还有四艘载重800吨以上的轮船,应是来自孟买和马德拉斯,通过东部航线。

经过好望角的	43
返回印度的港脚船	24
澳门附近的英国船只①	5
美国双桅船 埃莉奥诺拉号	1

尽管英国的船只不如上季度多,但总的来说,这途中4艘轮船②的载货量和之前的总量应该差不多。

由于台湾发生战争,周边地区被封闭,两年来低迷的大米交易量开始上升,这些对当季的贸易非常有利。茶叶的供给也比之前充足,优质茶叶的价格下降了15%到20%。不要认为价格真的下降了,因为中国人发现优质茶叶需求量每年上升后,他们就在优质茶叶中掺入次品茶叶,所以质量和1783、1784年间的二等优质茶差不多。西方国家对茶叶的消耗增长惊人。据估计,1784年英国及其附属国的消耗量在1400万磅,其中一半以上是别国商船运去的。后来对茶叶开始增加关税后,英国对茶叶的消费稍微减少了些。1786年,公司在三月、五月、六月、九月和十二月的销售净重超过15 600 000磅。其中,武夷茶超过总量的三分之一。茶叶的总价值达2 300 000英镑。比较1784-1785和1787-1788年间的数据,增长很明显。在1788年,从公司来看,通过英国船只出口的各种茶叶达到161 303担,净重达21 507 066磅(英国常衡)。其他公司没怎么调整茶叶运输量。

英国运输量的增加自然就导致了丹麦和瑞典的贸易的严重缩

---

① 一艘小船,两艘斯诺双桅船,一艘双桅船,和一艘单桅帆船。
② 上一季1月19日,我们在去孟加拉途中,在安吉利遇到一艘从孟买驶来的英国商船,该船走的是东边航线,在珠江驶过我们。

减。然而这些国家还没意识到这有何不便之处。去年,他们的大部分优质茶叶以高价供给了俄罗斯市场。

过去三四年中,由于没能从欧洲带来足量的货币,荷兰的贸易处于不利局面。他们的公司十分依赖印度到欧洲的汇票,由他们的财政部门从中协调。这迫使他们的大班以公司的名义给中国商人写发票,中方能享受20％到25％的折扣。这种经营方式叫做转让,类似一种股票交易,对公司的利益会有很大损害。

英国也借鉴了荷兰公司的这种转让模式。由于过去两年从英国输入的货币金额每年只有700 000英镑,而从孟加拉国寄来不少汇票,于是他们不得不采用这种权宜之策。之前,在印度的英国臣民往欧洲汇款都直接转移到公司的金库。一美元的固有价值本只有4先令6便士。慢慢从4先令9便士上涨到5先令6便士。可用先令支付,365天内付款交单。这一季的汇率是5先令4便士。汇率的下降很可能导致利润都流向丹麦和瑞典的公司,因为他们给出的汇率是5先令6便士,并且汇票能在伦敦兑现,只要8个月内付款交单。手头有现款的个体交易者,可以直接付给这些国家的公司,或等待时机购买过户凭单。中国商人很不喜欢非现金交易,会用一船棉花或其他商品交换,以一定的折扣按过户凭单交易。要不是这种转让交易形式的存在,折扣肯定能增加卖方的利润。最终,还是增加了相关公司的税收收入。中国人很会算计,他们在1担优质茶叶中掺入一二两次等茶叶,这样他们就不会有什么损失。在易货交易中,英方享受的折扣约为10％,更常见的是,如果是现金交易,中方商人会给出20％的折扣。但公司深受这种股票交易之害。这不是个别现象,主要是公司在广州的内部员工所为。这些人不遵守约定,暗中甚至大大方方地从事这种不法交易,从中获取暴利。事实上,该行为如此臭名昭著,其中有些人这个季度还往英国进发。这已成心照不宣的惯例。这些人现在是志愿帮忙,可能会威胁撒手不干,因为他们现在是主动志愿帮忙,所以也不可能马上解雇他们。英国与广州的交易不断增长,因为这儿是亚洲最有利可图的交易区。这促使英国的先生们相信,公司会思考对目前的管理体系作一些重要改变。

法国和西班牙不缺钱。法国这一季度只有一艘商船,光是货币,就有200 000多美元的盈余资金。这种安排是根据哪条金融原则作出的,估计这对苏利(Sully)①和内克尔(Necker)②来说也是一个很难解开的谜。

1789年1月23日,把他国商业暂时搁置,现在该好好审视我国的情况了。

"亚洲号"于去年7月7日抵达,当日又起航了。"亚洲号"的大班是乔纳森·米夫林(Jonathan Mifflin)先生和约翰·弗雷泽(John Frazier)先生。他们带来瑞典船长查默斯(Chalmers)先生的信,信是写给他的中国合作商侯官的。他们将人参以120美元一担的价格卖给侯官,并给他一些现金,具体金额我不知道。但弗雷泽先生告诉我,我到后不久,他提出以70美元的价格将所有货存卖给周官,外加40 000美元现金,但周官没有接受这个交易。石琼官也不会接受之。当英国的皮古先生从澳门过来时,我国有人给他写了介绍信。信从英国由"珍妮号"带来,他们说公司已与侯官签约,回信说要不是如此,他们很可能已将货物掷入海中。我从皮古先生、米夫林先生和弗雷泽先生那都听到了故事的细节。皮古

---

① 苏利:1560—1641,法国亨利四世时期的政治家和大臣。——译注
② 内克尔:1732—1804,路易十六时期瑞士裔法国金融家和财政大臣。——译注

先生的中肯的观点不久后就被证实。侯官以每担120美元购进的人参，要向户部交60多美元的税，他以100美元的价格卖出（中国的价格），比本钱还要低80美元。他推迟履行合同，几乎从公行消失，开始抽鸦片，12月24日潜逃避债，之后被宣布破产，财产被没收。

12月27日，接下来我来讲讲此事的后续发展。"昨天上午，米夫林先生来找我，通过几分钟的谈话，他告诉我他与侯官的具体关系。听完这不幸的消息后，我发现他担心受侯官的牵连。他说就在不超过12天前，查默斯先生还建议他把所有的钱给侯官。我对此事大为惊讶。他又重复了一遍，还说这事就发生在侯官潜逃前七八天。他接着说，虽然侯官还欠他们6 000美元，但作为抵押，他们手上也有侯官去年货物的票据，是由'联盟号'(the Alliance)大班哈里森(Harrison)先生给出的，货额是这个数额的三倍。最后他说希望能尽快摆脱这事，就像石琼官一样，做完交易就给出承诺。他请求能将一些要给石琼官的钱暂存在我们公司，因为他不愿意别人看到他从米夫林先生的公司接受这笔钱，因为该公司是属于侯官的。"我很快就应允了。这些大班后来从公行①那里进货，根据户部大人的要求办事，于是被迫交出哈里森先生的票据，为了给侯官还债，我拿到的商业登记证明是这么写的："1789年1月7日，于蔡文官的家宅，我见到了米夫林先生，弗雷泽先生将哈里森先生的票据交给侯官，数额分别是18 605美元和1 310美元，总共19 915美元。侯官当时也在场，同意了这项交易，表示对这些先生及他们的员工无任何要求——山茂召，美利坚合众国领事。"

---

① 他们是周官、石琼官、蔡文官（主席）、斌官、鳌官、Equa、侯官和潘启官的儿子。

"广州号"在巴达维亚停留后,于 8 月 10 日抵达,接着和"亚洲号"一起起航。"广州号"船长和弗雷泽先生曾经来过这里,大班威尔科克斯(Wilcox)先生和麦考尔(McCall)先生与 Equa 和 Lysingsang 做过生意。他们将人参以 80 美元的价格卖给这些人。我不知道他们交易用的是什么货币,收到什么货品。我的原则是不过问他们的生意。

我得说一下,米夫林、弗雷泽、威尔科克斯和麦考克都说,要不是皮古先生的调解和帮助,他们的船还不知道什么时候能离开。

8 月 29 日,"珍妮号"抵达,船上没有大班,现在马上准备起航了。船长和医生考德威尔先生被介绍给帕金(Parkin)先生和史密斯先生,他们给这两位先生带了林奇(Lynch)先生和斯托顿(Stoughton)先生的汇款。汇款是"广州号"上次航行时装运的作为盘货抵押的茶叶款项,即 Lysingsang 负责的那次。考德威尔先生常被人叫做黑医生。帕金先生和史密斯先生并不满足于扮演大班的角色,他们劝船长和医生也出面作证,并承诺会帮他们出主意。他们的主意有多好,这不好说,等"珍妮号"上的林奇先生和斯托顿先生回来就知道了。他们将手上 60 000 多磅人参以 70 美元每担的价格卖给了 Lysingsang,总额达 30 000 美元。这个家伙不是公行成员,以 Equa 的名义交易。Equa 当然对户部保密,因为 Lysingsang 交税的截止日期就要到了。Lysingsang 不久就对自身卷入的事情感到局促不安,虽然他尽量避免被牵连,但后来还是被监禁在城中,最后听考德威尔先生说,这人十句话有九句是谎话。在和他交易商品时,此人提供的货物总是偷工减料。

10 月 28 日,船长唐尼森(Donnison)指挥的"华盛顿号"抵达,现在已准备起航。我在美国就认识该船的大班塞缪尔·沃德

(Samuel Ward)阁下,这次在广州又见到他,我十分高兴。因为我一个人住,于是商量好让他来住我家。他运来的人参质量不好,而且抵达时市场已经饱和,所以就以 65 美元一担的价格抛售。总共 140 担,13 000 美元(硬币)。他从蔡文官那里以市场价买到最优质的武夷茶。由于"华盛顿号"上的资金不能买到适于回航的足够多的船货,沃德和我签署协议,将兰德尔先生和我的货物运到船上。在 12 月,这个举措对我而言很有必要,因为"杰伊号"看来不能按期到达,去年,我计划在美国造一艘船,使我能在接下来的夏季无论如何带着多余的资金出现在这里。在这项交易的信用受到影响后,我也顾不得"杰伊号"了,我将给兰德尔先生留下足够信息,后天就和沃德先生上船。

以下信息也许能真实反映这个季度市场上人参的数量:

"亚洲号"	400 担
"广州号"	300
"珍妮号"	450
"华盛顿号"	140
英国公司商船"塔尔博特号"(Talbot)	200
	1490

"塔尔博特号"船长推测了他在英国能收购的人参总量,这足够其他商船以及别国船只运输了,我们将运输量加到 510 担。总量是 2 000 担,比 1786 年的进口量只多出 200 担。我不知道为何人参的价格下降。在我从加尔各答回来前,已和之前提到的三艘商船都签好协议。显然,我们国家的船只从没携带过这么大一笔现金。要是美国人喝茶是必要的,他们必须以最合适的方式,订立

最有利的合约来采购。欧洲人与这个国家的商业往来已经有一个多世纪，他们深信应该通过国立公司和大型商船来交易。美国人是否要模仿这种方式，管理本国的人参出口，这得经过自身的实践才能最终确定。

中方每年付给三位中方商人的英国债主利息，而这三人在1774年到1779年期间相继破产，这很让人震惊。这些商人的其他外国债主也忧心忡忡，我一直为获知此事而感到痛心，找遍报纸上的相关报道，最后得知以下细节。

约翰·克莱顿（John Crichton）先生是1768年到1774年期间居住在广州的个体商和代理人。在这段时期，他曾借给这三家贸易行一大笔钱，利息是20%。本金加利息每年结算一次，最后越滚越大，变成一大笔钱。克莱顿先生就等着赚大钱，1774年，在"亚洲号"待了17年后，他离开广州前往欧洲。那时，他的钱还有三分之二在这些中国人手里。回到英国后，他发现中国人没有按时给他汇款，还时断时续。于是四年后，他发现必须回来解决此事。在马德拉斯，他遇到其他几位债主和代理人，他们通过一个计划，决定让克莱顿作为他们的联合代理人，并送他去中国，尽力从广州政府获取赔偿，弥补这三家贸易行经营不善给他们带来的损失，显然这都是由于他们的欺诈行为所致。于是这些人也参与进来，撰写请愿书，提交给户部和广州海关的负责人，要求中方给出新债券，并表示可以将利息降到12%，祈求从这以后，利息和本金的12%可以按年度付，直到付清。除了给户部写信，克莱顿先生也给潘启官单独写了一封信，并给公行写了封信。信中陈述了他所遭受的不公正待遇，并表明他和其他委托人的提议，让他们考虑，并希望他们支持。

海军少将爱德华·弗农(Edward Vernon)当时是英国皇家舰队驻印度的统领。他认为作为国王的代表，应该帮助英国臣民向中国政府请求补偿，弥补这三家商行破产导致的损失。根据中国的法律和风俗，这些英国商人没有权力向中方法庭申诉。克莱顿先生和其他代理人马上联系上了爱德华少将，爱德华还派潘顿(Panton)船长驾驶"海马号"(the Sea-Horse)护卫舰到广州，来帮助这次申诉。鉴于他的帮助，这些人给了他追回资金的10%。克莱顿先生首先给爱德华少将写了一封信，之后他们开始往来联络，并且这些人与马德拉斯的总督和理事会也有联系。这些信的顺序如下，记录了"海马号"起航向广州进发前各方的行动过程。"海马号"上有潘顿船长和克莱顿先生。

7月8日，克莱顿先生写信给爱德华·弗农先生，信中附上之前提及的文件，请其详阅，并要求"海马号"护卫舰的船长亲自将请愿书送到户部。12日，克莱顿写信给这些人的代理律师。他们身处欧洲或印度，都有钱在这三家中国贸易行手里，所以希望能通过这次官司拿回赔款。这些人的律师和克莱顿先生写信给爱德华·弗农，内容与8日的信件差不多。他们也给马德拉斯的总督和理事会写了同样的信，请求帮助，并声明要和中方斗争到底，本息一起"估计超过一百万先令"。20日，爱德华先生给总督和委员会写信，表示他已答应上述要求，并请求总督等人帮助，允许广州的大班协助护卫舰船长解决此事。爱德华先生还给广州总督写信，让潘顿船长亲自送过去①。

21日，克莱顿先生写信给爱德华先生，请求成为潘顿船长的秘书，作为国王的代表。24日，总督和委员会回信给爱德华先生，提议为表示尊敬，潘顿船长应采纳大班的建议将信件送达广州总督。同时这些人手里应留一份上述信件的备份。26日，爱德华先生回信说他当然会要求潘顿船长亲自送信，并且说要将信件备份给予广州的大班有失他作为国王代表的威信。但是潘顿船长会被派去，并与他们合作，为的是维护公司的整体利益并宽慰这些英国臣

---

① 致广州总督阁下，

阁下请谅解，冒昧在此呈上附函，实在是迫不得已。附函由约翰·克莱顿先生撰写，他在广州经商和居住已多年。这次他代表自己和其他委托人，希望讨回广州商人欠于英国公民的大笔债款。克莱顿先生告知本人，信中内容已经过尚居住在广州的债权人，以及身处欧洲和印度的其他债权人的认可。

我在此代表至高无上的英国国王，国王殿下授权我作为我国的海军少将，东印度公司分遣舰队和武装船只的统领，为维护我国的主权和国家荣誉，我不能眼见我国臣民遭受此等压迫和不幸。具体情况克莱顿先生已在给阁下的信中说明，在此也附上本人的信件。

因此请允许我告知阁下您，鉴于他的请求，我作为大英国国王的代表，下令让"海马号"护卫舰以东印度公司及其他人的名义驶入贵国港口。同时，已向舰队的指挥潘顿船长下达严格且明确的命令，一定要亲自当众把我和克莱顿先生的两封信交给阁下。

同时，为表示我的陈述句句属实，在此附上约翰·克莱顿先生写给我的信，同时还有其他居住此地的英国商人写给我的信，他们也有同样的担忧，请阁下定夺。

我丝毫不怀疑阁下能体会我国臣民在过去六年中遭受的艰辛。阁下肯定会采取适当措施严惩这些人。之所以要将这些人的痛楚述说于阁下，我自认为能帮助阁下更好地处理此事。

我衷心希望此事的处理能让各方满意，因为在此地经商和居住的我国臣民一直深感贵地公民的友好、公正与诚恳。我毫不怀疑，贵国皇帝在了解我国臣民的悲惨遭遇后，也会认可这种处理方式。

请阁下接受我最诚挚的祝福，祝您身体健康。

在此向您致以崇高的敬意。等等。

民。克莱顿先生写信给总督和理事会并表示，在爱德华少将抵达前，他曾将他写给户部的回忆材料的副本交给官员，但官员没进一步询问该材料的细节问题，他希望总督能理解他向爱德华少将请求帮助的举动，因为后者是英王的代表，而他也是为自己及其他臣民办事。同时，他也告诉他们，爱德华少将已准许派遣"海马号"护卫舰，任命潘顿船长为英王代表，尽力为臣民讨回补偿。最后表示希望各位对他的这些举动给予理解。29日，总督和委员会写信给爱德华先生，表示不赞成将国王的战舰派到广州，因为那里的商业交易并不需要军事保护，若因公司事务确需军事保护，"他们应该得到国家相关部门的允许"。31日，爱德华先生回信给总督和委员会，表示他在第一次写信请求他们的建议和帮助时，就希望能和他们面谈，这一直是惯例。但这次他们没有要求和他见面，他就附上他写给潘顿船长的部分书面指示。潘顿船长会在急件到达广州后立即处理此事。指示说，为避免不必要的关税要求，潘顿船长沿着河道最多只能开到珠江，他绝不会付这笔钱，并且潘顿船长要提交爱德华写给广州总督的信，和克莱顿先生给户部的信，奉上信件时必须有一定的见证人，以避免使英国蒙羞。爱德华先生还嘱咐潘顿船长小心避免任何纠纷和不当行为，因为这可能会妨碍英国公司在该地区的商业活动。信中还说，去年，此事的代理已被派往英国，并表示他会询问广州的大班是否已收到政府或董事会的任何指示，将按指示行事。最后，他要求潘顿船长接受克莱顿先生作为他的秘书。

大约 10 月之后，潘顿船长抵达珠江时，他给广州总督写了一封信①。总督答应在城中接见他。于是他先乘坐驳船到达公司的商馆，然后坐轿子抵达总督府。此事相关的中方商人也在场，他将信件交给总督，总督拆信后交给译者翻译。之后，总督阁下向潘顿船长承诺他会调查此事，并告诉他，在 1760 年，皇上就听说这些商人不顾高额利息，向欧洲人借钱，从而遭受严重损失，于是下达敕令，禁止欧洲人以任何方式放贷，否则没收他们的财产，流放相关的中方人员。在广州，不论欧洲人还是中国人，都了解这个法令。法令已按常规形式公布，并被译成多种欧洲语言。他补充说，皇帝不能忍受大家对这个敕令的公然违背，要了解此事的具体情况。潘顿船长明年过来方能得到答复。这次会见后不久，潘顿船长休息小会，就往马德拉斯进发了。在他走之前，他发布公告，禁止任何英国臣民借钱给中国人。

广州总督将所有贸易公司的首领召集到城中，询问这几位破产的商人是否也曾向他们公司借钱，他们都说没有。他又问，他们个人或者朋友是不是有钱在这些商人手中，他们也说没有。他们

---

① 潘顿船长致广州总督，

尊敬的广州总督阁下，

但愿阁下理解，大英"海马号"护卫舰今抵达贵地，我谨代表我国东印度群岛舰队统领爱德华少将，要求阁下公正处理我国臣民在中国遭受损失之事。在此奉上克莱顿先生的两封信，贵国商人尚欠他和其他英国臣民一大笔款项，请求阁下伸张正义。"海马号"护卫舰的统领希望我简单地告知阁下他此行来华的目的。

他想用恭敬友好而坚决的态度恳请中国政府要求中国商人偿还我国臣民的欠款，请阁下调查此事，要求中国商人归还欠款和货物，这些货物是去年东印度公司船只停在珠江时被中国人偷走的。很显然，船上负责这一航段的相关人员与窃取皇家"乔治号"货物的盗窃者有联系。

冒昧给您写信，敬请谅解。

必然会说"没有",因为要是承认曾借钱给中国人,这就违背了与公司签署的承诺。在此事上,英国人有优势,因为英国允许在印度的本国臣民与中方单独交易,不受公司限制。于是英国人说,尽管他们公司或个人都没有借钱给中国人,但作为英国臣民的代理人,他们曾借钱给中国人,并表示要代表这些人,请求总督主持公道,希望总督采取措施帮助这些人,因为他们以及他们的家人因为这几家商行的破产遭受了巨大损失。

第二年,潘顿先生回来,总督在城中接见他并告诉他,尽管皇帝陛下对欧洲人无视颁布的敕令之事受到冒犯,他们辜负了他的厚爱,但出于对所有在华外国人的照顾,陛下愿意在接下来十年中向广州的商行每年征收 60 000 两白银,并要求清算英国臣民的债务,具体如下:在 1760 年敕令发布前的债务连本带息归还,敕令发布后的债务,只归还本金。所有针对这三家商行的债务全都取消,商行的债务债权人为国家本身。第一家商行东家已逝。其他两家商行的负责人已被判处流放。

至此,潘顿船长的任务完成,并且完成得很得体,接着他离开广州,前往印度,后来逝世于马六甲。还要提一句,他第一次来到广州时,总督曾想用 40 000 美元收买他,让他放弃任务,并且说不会正式接见他。商人们很担心政府会采取措施限制他们的生意,1781 年,大班们回澳门前就将 60 000 两白银早早上交。之后每年,同等数额都如期上交,还要再付两年。这加重了荷兰人、丹麦人、瑞典人和法国人的负担,他们的交易额的一部分税收得用来交这部分利息①。尽管他们是破产的中国商行的债主,但都不敢声明此事,于是此事也只能不了了之。

在这件关于财产纠纷的事上,中国政府对外国代表的态度并不能说明他们对某些基督徒的态度也一样宽容。这些狂热的基督徒违反中国的法律规范,不顾中方的明文禁令大肆宣扬宗教信仰,中国皇帝对此敕令如下②:

乾隆皇帝谕旨,乾隆五十年,十月八日,即公元 1785 年 11 月 9 日。前因西洋人吧哋哩唊③等私入内地传教,经湖广省查拏,究出直隶、山东、山西、陕西、四川等省,俱有私自传教之犯,业据各该省陆续解到,交刑部审拟,定为永远监禁。第思此等人犯不过意在传教,尚无别项不法情事,如呈明地方官,料理进京者,原属无罪。因该犯等并不报明地方官,私在各处潜藏,转相传引。如鬼蜮伎俩,必致煽惑滋事,自不得不严加惩治。虽坐以应得之罪,朕仍悯其无

---

① 在写给加尔贝先生的第 6 封指示信和他的回信中都有说明,本书第一次赴广州航行记中曾提到,这些信是写给户部的,总共 10 封,信中表达了他们的不满。维埃亚尔先生起草信件,内容已经各国公司批准。

"第 6 条,每年商人们需向英国交纳税金,用于支付其破产商人十分之一的债务。按照潘顿先生的要求,缴费商人的名字将以汉语顺序排列出来;为了支付这笔款项,汉人向所有出入境的外国商人和他们的祖国征税,以至于那些同样是中国的债权国的国家不但不能收回债款,反而要按贸易的比例向英国支付税金。

"应英国的要求,我首先要向户部表明,该条款不以任何方式牵涉到他们;在债权方面,他们对政府很满意;该条款适用于法国、瑞典、丹麦和荷兰的国民。随后我向他解释了该条款的内容,他答复我说,他很理解。"
② 该敕令由法国传教士格拉蒙神父(Le R. Père Gramont)翻译为法文,他在中国居住长达 20 余年,大部分时间居于北京,最后三年住在广州郊区,他说这是因身体健康之故;但是法庭上的中国人和欧洲人都认为他是间谍。
③ 一个被弄错了名字的方济各会的传教士,在湖广被捕。

知,仅予圈禁。今念该犯等究系外夷,未谙国法,若令其永禁囹圄,情殊可悯,所有吧哒哩哄等十二犯,俱着加恩释放。如有愿留京城者,即准其赴堂安分居住。如情愿回洋者,着该部派司员押送回粤,以示矜恤远人,法外施恩至意。①

至于在广州的欧洲人和美国人之间的往来,就这方面,我已讲到过多次,不再重复。无论是作为国家还是个人,我们的关系都令人满意。但我必须提一下,英国人和我的往来礼节最终得到了很大改善。在听说他们的首领这个季度要去英国的消息后,几位在场的先生在谈论事情时也提到,他们可能要请山茂召先生参加晚宴,后者虽然一直拒绝他们的邀请,但这次表现得很得体。山茂召先生的继任者哈里森先生也表示同意,说一旦他上任,会照常关照我。这段对话是其中一位先生告诉我的,为的是试探我对此事的态度,并问我是否会接受这个邀请。对此我回答说,哈里森先生如果提出邀请,他肯定会处理得当;我也希望自身方面做的合乎礼节。于是,在1月11日,布朗先生离开广州时,我礼节性地拜访了这位新任首领,他也及时地回访了我。然后我就接到英方的晚宴邀请,24日,沃德先生和我的告别宴就设在英国馆。

各国告别宴的特点之前我已说过。第二天中午,也就是1月25日,沃德先生和我离开了广州,傍晚登上停在珠江的"华盛顿号",向美国出发。船上人员包括唐尼森船长,他的水手洛(Low),佩奇(Page)和詹克斯(Jenckes),沃德先生和他的助手马吉(Magee)先生,史密斯先生,爱德华·道斯先生和我,以及其他乘客。

---

① 本谕旨文字参见《清高宗实录》卷1240,乾隆五十年十月甲申。——译注

1月28日下午4时,离开澳门后,引航员离开了我们。2月10日上午10时,我们在邦卡海峡抛锚,让小船靠岸寻找木材,第二天中午重新起航。

14日,周六上午,我们在北岛抛锚,在那遇到"珍妮号",船长为汤普森,该船前一天抵达此地。一艘来自巴达维亚的荷兰船的大副在此地等待从广州来的荷兰船只,一起回欧洲。他登上我们的船,告诉我"杰伊号"上的兰德尔先生以及我兄弟都一切顺利。他们从巴达维亚①航行5周,本月3日抵达北岛,8日开往孟买。从那里再回巴达维亚,然后去广州。按理说听到这消息我应该高兴,但一想到我们前后只差6天,没能见到对方,我还是觉得很遗憾,大概这就是人性的多变吧,我忍不住觉得遗憾。第二天,我写信给巴达维亚的沙班达尔——勒·克雷先生,并附上给兰德尔先生的一封信,让荷兰船的船长带去。

17日,我们离开北岛,往喀拉喀托岛(Krokatoa island)出发。第二天上午,我们抵达该岛。令我惊喜不已的是,"杰伊号"也停在那里。兰德尔和我兄弟马上登上了"华盛顿号",第二天我们愉快地一同起航了。分开那么久,加上各种原因使这段时间更是加倍延长,这次意外但期盼已久的会面真是让人高兴,这种喜悦之情难以言表。让我高兴的还有,我可以让我弟弟待在我身边了,因为他是应我邀请离开美国,过来陪我的。兰德尔和我商量好下次在美国见面,也就是1791年。然后再一起去赚钱。20日,周五上午,我们向他告别,登上"华盛顿号",向王子岛(Prince's island)出发。同行的船只有美国的"杰伊号"和"珍妮号",英国的"海王号"(the

---

① 这充分说明这片海域的季风多么强大,这段路程平时只需2天就能走完。

Neptune)、"阿尔比恩号"(the Albion)和"康沃利斯号"(the Cornwallis),外加两艘葡萄牙船。22日,周日傍晚,风力不大,整个船队,除了"珍妮号",都还在视线内。第二天太阳升起时,能清楚看见大陆,视线内只剩"阿尔比恩号"。①

2月25日,周三下午三四点,我们感到一阵晃动,像是遇到地震,晃动持续了近半分钟,当时船体晃动明显,船上每个人都察觉了。当时天气晴朗,一片死寂。中午,我们的位置是南纬8°16′。经度是离爪哇岛西顶点1.5°。

我们继续航行,3月24日上午11时,碰到一艘来自锡兰(Ceylon)向好望角航行的荷兰船。25日,又碰到另外3艘船。

道斯先生②通过观察太阳和月亮的位置,估算我们当前的经度。自从我们离开爪哇,船比预期开得要快。4月3日下午4时,我们又测量了一次,这次的位置是处于格林尼治东经32°46′。第二天下午,推算的位置是37°21′,差了5°,纬度是南纬29°46′。5日凌晨,我们能清楚看到非洲大陆了,这说明之前的测算是多么准确。当天中午,纬度是31°31′,经度是28°。

4月11日,下午4时,水深为60英寻。发现东南部有一艘斯诺双桅船。中午测量的位置是35°37′,13日下午6时,水深测到85英寻时还没见底,看到前方有船。凌晨6点,看见后方有船只。第二天中午,根据测算,离好望角东北方34英里。14日晚上8点,后方的船只和我们打招呼,太阳落山前我们看到该船上的帝国国旗。这艘船叫"普鲁登夏号"(the Prudentia),从加尔各答开往奥斯

---

① 不能忽略的是,在北岛和喀拉喀托岛,公牛、家禽、鸭、猪、龟和水果很充足,可在马来岛购买。
② 这位先生曾是美国政府的测量员,很有数学天分。

坦德(Ostend)。① 他们询问"阿盖尔号"的行踪,那艘船一直没有消息,他们认为可能失踪了。此时我的感觉说不清楚,该船的福尔船长和其他人都值得尊重,我也很喜欢他们。我为他们担心,又想到自己的境遇。我担心这船会错过去中国的季节,我在马德拉斯离开这只船,登上现在的"华盛顿号"。

4月26日下午1时,我们看见一艘船。6时,我们看清了船的颜色,虽然距离很远,那船回应了我们,船长说应该是美国轮船。次日上午,我们能分辨出这是一艘美国船,我们放慢速度,让它跟上。结果是"珍妮号",中午我们在船上高兴地见到了汤普森船长和其他朋友,一切都很好。因为他不想在圣海伦娜(St. Helena)作停留,半小时后,他们离开了,继续向西航行,日落时离开我们的视线。

29日下午2时,我们向西北行驶看到了圣海伦娜岛,在西偏北10里格远。4时,我们看见三艘船正在靠岸。晚上我们的船一直离岸忽远忽近,到第二天上午终于靠岸。于是我们派一人驾小船去询问是否允许我们靠港,11时我们抛锚停船。海湾里有四艘英国船,两艘瑞典船与我们一同靠岸,还有两艘英国帝国(English Imperialists)的船。与我们一道从喀拉喀托出发的"阿尔比恩号"昨日抵达这里,而比我们早10天出发的"霍克斯伯里号"(the Lord Hawkesbury)今早才抵达。这两艘船都是镀铜船,按理说应该开得很快。瑞典船比我们早17天从黄埔出发。中午,船长、沃德先

---

① 这艘船的船主是英国人,船上主要是英国船员,这种情况挺常见。国家本身不参与贸易,但和平时期,将国旗安插在他国船只上,既不会为他们的王权增光,也不会证明他们的仁慈。背信弃义的英国人,不论是作为帝国的商人还是普鲁士的领事,永远不会得到别人的尊重。

生、我弟弟和我上岸在肯尼迪（Kennedy）先生那里寄宿，因为在第一艘船上的道斯先生热情邀请我们去。在这里，我们听说瑞典人和丹麦人之间发生了战争，丹麦的船15天前才离开。还有英国国王病情恶化的不幸消息，据说他的大脑神经错乱，已经没救了。

我们在岸上度过29日的剩余时间。30日，我们给船装满淡水和食物，那天傍晚回到母船，晚上8时重新起航，往阿森松岛（the island of Ascension）进发。

格思里先生这么描述圣海伦娜岛：

这是好望角这边的第一座岛屿，位于西经6°4′，南纬16°，离非洲大陆西部1 200英里，南美洲东部1 800英里。海岛周长约21英里，海拔很高，崖壁陡峭，只能在登陆处上岸，靠近东部的一个河谷，由一排排与河面持平的机枪守卫。由于海浪不停地拍打海岸，即便要在这停靠也不容易，除了查培湾（Chapel Valley Bay），没有其他下锚点。加上海风一直从东南面吹来，如果船只靠岸时开得太快，后果不堪设想。该地的英国种植园主产土豆、番薯、无花果、大蕉、香蕉、葡萄、菜豆和玉米，然而玉米大部分都被老鼠吃掉，它们住在岩洞中，根本除不掉。因此岛上的面粉主要从英国运来，在缺乏面粉做不了面包时，主要吃番薯和土豆。尽管从四周看，这岛就是一块光秃秃的大石头，但其实山林和原野遍布，点缀着种植园和花园之类。岛上生产猪、牛、鸡、鸭、鹅，还有火鸡。他们把这些卖给过往船只，换些T恤、衬裤，或轻便的衣服、印花布、丝布、平纹细布、亚力酒和糖等。

据说是葡萄牙人首先发现圣海伦娜岛的，那天刚好是海伦娜皇后（the Empress Helena）的庆典，她是享有盛名的康斯坦丁大帝（the Emperor Constantine）的母亲。但葡萄牙人似乎没有占领这个岛，1600年东印度公司将该岛占为己有，直到1673年，荷兰人突袭占领该岛。但英国人在芒登（Munden）船长的率领下，一年内又夺了回来，并劫走三艘停在途中的荷兰东印度公司的船。岛上约200户家庭，大部分是英国移民。东印度公司的船只返航时途经此地补充淡水和食物。但这个岛很小，加上这季风导致靠岸后起航困难，一般船只根本看不到它。

这里公司的事务由一位总督和副总督监管，还有一名仓管员（公司付给固定工资），还有一张精致的公用桌，表示欢迎任何副舰长、船主和重要乘客。

通过我们自己的亲身观察，我觉得上面的描述非常中肯确切。我们靠岸后拜访了布鲁克（Brooke）总督，他礼貌地接待了我们，次日邀请我们共进晚餐。我们接受了邀请，尽管最后只有沃德先生和我前往。道斯先生身体不适，而船长喜欢自己在住处吃饭。总督向我们道歉，因为他不能允许我们进入该岛内部地区，因为公司一直有规定，外国人，甚至外国船只上的英国乘客都没这特权。同时，他还说，他也认为这规定不合宜，根据该岛的性质，各国的陌生人都可以绕过这些防御工事，登陆此岛并可以尽情参观。最近这点改善很多，岛四周高地上的防御工事和要塞对外国人的态度也友好多了。这位总督自己也是军人出身，声称此地牢不可破。但他对阿奇博尔德·坎贝尔（Archibald Campbell）爵士的证实言论似乎不高兴。坎贝尔先生是马德拉斯岛的总督，或许还是本世纪的第一位工程师。5天前，他和他的家人回英国时路过该岛，在我们到达那天的傍晚离开。东印度公司对该岛的经营真是费尽心思，各个天然障碍都被工业技术和艺术克服了。总的来说，圣海伦娜岛是世界上最不寻常的地方之一。每个在印度地区经商的国家都应该保护这座岛屿,而不是想着从现在的领主手中夺取它。收费也很低廉,载水量少于20桶的船征收3英镑,超过的收5英镑,无论总量多少。淡水通过管道输入船舱,所以即便船再大,也能在24小时内装满。我们需要的任何物品,也很容易买到。这个公司所有返航船只都必须在该岛停靠,每年有两艘英国开来的船在此卸货,然后驶往印度或中国。战争时期,海面上会有三艘船,和平时期五艘。港口由专人看守,岛民要履行兵役,参与驻守任务。岛上社会风气良好,大家举止很欧化,尽管很多人都是土生土长。女士们长相清秀,打扮时髦,举止得体。对于进岛的陌生人,最应感谢的是,一上岛,他们就能找到住处,岛上上流的家庭都觉得招待这些人没什么不妥。我们那时就住在一位先生家,他是一位代理秘书。家庭和睦,妻子是一位讨人喜欢的女士,有5个年龄尚小的女儿,最大的约11岁。对于我们在岛上的花费以及买的一些必需品,我以在广州的兰德尔先生的名义开票。默里(Murray)先生作为军需船船长爱德华·曼宁(Edward Manning)的管事,则给了沃德先生现金。借这个机会,我也给我朋友托马斯·弗里曼先生写了一封信。

5月7日傍晚,我们看到了阿森松岛,在北边靠西北的5里格远处。第二天凌晨2时,开快艇去捕捉海龟。天亮时看见两艘法国双桅船停在岛边,在我们靠岸时,这两艘船起锚离开了。我们的小船在靠岸失败后9时回来,接着洛先生上了其中一条小船,但只打探到他们来自法国波尔图(Bordeaux),来此捕捉海龟,还会回去。我们在阿森松岛停留了两天,停靠期间,遇到来自新不伦瑞克的捕鲸船"帕尔号"(the Parr),船长是福尔杰(Folger)先生。我们在岸上度过两晚,举办了两次晚宴,但由于错过季节,我们只捉到三只海龟。这些海龟体型庞大,每只达三四百磅。此外,还吃了一头山羊。那些法国人离我们忽远忽近,所以我们没有机会交谈。或许他们被过往船只劫走了海龟,所以很谨慎,怕再遇到类似事情。周日上午 11 时,我们满载新鲜的鱼肉重新起航。福尔杰船长第二天要去南塔基特岛(Nantucket),我托他带信给波士顿的朋友帕克曼(Parkman)先生。

据格思里先生说,"阿森松岛位于南纬 7°40′,离圣海伦娜西北部 600 海里。因为葡萄牙人发现该岛时正好是阿森松日,所以得名。该岛多山而荒凉,周长约 20 英里,无人居住,但却是个安全便利的港口。东印度公司的船只通常会靠岸捕捉海龟和陆龟,因为这里盛产龟类,而且都特别大,有些体重超过 100 磅。晚上靠岸的海员们常常将两三百只海龟翻个身。这有时很残酷,因为他们并不需要那么多,这些剩余的海龟只能躺在岸上等死"。

离开阿森松岛,我们往西印度群岛进发。5 月 17 日中午,观测的位置是北纬 21 度,测算的经度是西经 25°50′。29 日,我们的航道上迎风处有一艘船。6 月 4 日凌晨 1 时,我们向一艘法国双桅船打招呼,但没有回话。6 日上午 9 时,看见一艘法国单桅船或帆船,我们打招呼,但没回话。一小时后,我们看到了戴西阿达(Deseada),在西南偏西方 6 里格处。下午 2 时,看到瓜达卢佩(Guadaloupe),在南偏西南 6 里格远,还有安提瓜岛(Antigua),在船首右舷方向。6 时,看到蒙特塞拉特岛(Montserrat),11 时经过该岛,午夜经过雷东达岛(Redonda)。第二天凌晨 2 时,经过尼维斯岛(Nevis),白天经过圣克里斯托弗岛(St. Christopher)和萨巴岛(Saba),然后驶向圣尤斯达求斯岛(St. Eustatius),10 时在那抛锚。岛上的重要商人之一亨利·詹宁斯(Henry Jennings)先生登船邀我们共进晚宴。船长沃德先生、道斯先生、我弟弟和我上岸在霍华德(Howard)先生的饭店下榻，与詹宁斯先生度过了一天。

第二天我们拜访了地方总督和财政部长，得到在此地贸易的许可，我们自己预算后提出上缴 2.5% 的收入，总督说这数额挺大。这种情况下，商人的通常做法有个前提，就是上缴税收是出于礼貌，而不是一定要缴。

除了詹宁斯先生一家，我们还认识了他的伙伴塔克(Tucker)先生，以及哈菲(Haffey)先生——我们的主要交易方。我们是通过西亚斯先生认识哈菲先生的(西亚斯先生是我的挚友的儿子，西亚斯已在广州过世)。我在船上愉快地会见了哈菲先生，同时有幸听说他与在多米尼加(Dominica)的妹夫布迪厄(Bourdieu)先生联系频繁。这位先生正筹备结婚，所以我们高兴地见到了三位可爱的女士，偶尔单独拜访前两位或与她们共进晚餐，与第三位女士见面更加频繁，因为我们都认为她更亲切。来自费城的年轻的克拉克森(Clarkson)先生定居此地，我们有幸与他和他的妻子共进早餐。哈德特曼(Hardtman)和克拉克森的家在当地颇受敬重。这两位先生娶了同一家的两姐妹(她们是圣克里斯托弗岛一位商人的女儿)。要只是巧合，我也不会注意到这事。目前定居英国的理查德·詹宁斯先生娶了圣尤斯达求斯岛的一位寡妇。他的弟弟娶了寡妇的一个女儿，而他的伙伴塔克先生则娶了另一个女儿。除了这些享有名望的家族，包括詹姆斯(James)和朗伯·布莱尔(Lambert Blair)，不可忽视的还有其他令人尊重的商人，包括罗伯逊(Robertson)先生和哈珀(Harper)先生。

尽管圣尤斯达求斯岛是荷兰领地，但除了政府官员以及大量犹太人外，整座岛还是很有英国特点。该岛很多年处于管理权空白区,我们抵达时被告知,新总督戈丁(Godin)先生在邻岛,他已上任一段时间,每日期待着去拜访那些欧洲人管辖的岛屿,为的是让自己能在管理上更称职。这消息,加上听说他自己也经商,与纽约生意往来特别多,在那里也认识了与这些岛交易的美国人,岛民对他颇有好评,迫不及待地期待他的到来。令人高兴的是,周日傍晚,在我们离开之前,总督阁下恰好秘密地抵达了。第二天上午,辞别新任的行政官雷诺兹(Reynolds)先生,道斯和我去拜访了新总督。他礼貌地接见我们,亲切地说能见到并与美国人认识是多么高兴,能为美国公民服务他很荣幸。我们被告知,这个岛不久就会从公司转手给国家,正考虑任命戈丁先生为新的政府总督。

通过新总督,我们找到爱尔兰人奥赖利(O'Reiley)上校,我几天前见过他。他曾在英美战争中服务于法国军队,后来在美国陆军谋了一个职位,1776年在加拿大被俘虏。后来到了佐治亚州(Georgia),在德斯丹(D'Estaing)伯爵手下做事,接着和德布耶(De Bouillie)侯爵来到圣克里斯托弗岛。据说在战争期间,在这片海域,他还曾为一艘英国军舰义务服务。不管如何,他现在是荷兰在岛上军队和要塞的统领。这得归功于德布耶侯爵的帮忙,那时他在阿姆斯特丹(Amsterdam)巧遇奥赖利先生,他正要去西印度商行,于是就带奥赖利前往。那时理事们正在讨论任命谁为圣尤斯达求斯岛的军事主管,奥赖利先生借机恭维德布耶侯爵。这位侯爵凭着法国人的快活精神和自身的好品性,拍拍奥赖利先生的肩膀,把他推荐给了这些理事,说"你们看这人怎样"。于是奥赖利先生在惊喜又意料之中就成了圣尤斯达求斯岛的军事统领。他性格随和,约35岁,看起来举止谦逊。他到了该岛后不久,就娶了一位家境不错的女士,这位女士死后,他又娶了个不错的妻子。我们到后两天，他因为要去圣克里斯托弗岛拜访可能的新任总督，没能邀我们去他家，他表示很遗憾。对此我也觉得遗憾，听说他的现任妻子很和气。而且我觉得能和这么一位幸运的士兵进一步认识也很有趣。

格思里先生说，"圣尤斯达求斯岛位于北纬 17°29'，西经 63°10'，离圣克里斯托弗岛西北部约 3 里格。该岛由一整座山构成，周长约 29 英里，如金字塔般屹立海中，几乎呈圆形。尽管岛屿不大，与外界天然隔离，勤劳的荷兰人将其改建得很好。岛上据说有 5 000 白人，15 000 黑人。山坡和缓，但没有泉水或河流。他们主要种植糖类作物和烟草。和库拉斯岛（Currassou）一样，该岛也与西班牙有走私生意，但这不太合适，该贸易的兴盛得益于它长期的中立地位。但当英国和荷兰关系紧张时，1781 年 2 月 3 日，英国派遣罗德尼（Rodney）上将率领可观的海陆军队来攻击圣尤斯达求斯岛。而后者根本没有防御能力，孤零零地屹立在那，于是岛上居民被英国人抢劫一空，遭到无情而严酷的报复，这与英国国民的文明和慷慨性格是多么不符。英国给出的理由是，圣尤斯达求斯岛的居民曾用海军和其他物品支援起来反抗的英国殖民地。同年 11 月 27 日，圣尤斯达求斯岛被法军重新夺取，指挥是德布耶侯爵，他率领的军队只有 3 艘双桅船和几只小船，总共就三百人"。

当前的情况也证实了这些说法。尽管美国与西印度群岛的这些大国交易频繁，但他们对美国船只不是关闭港口，就是严格看守，但圣尤斯达求斯岛却没有因为打赢了之前的战争而趾高气扬，因为被英国人抢劫着实丢脸。此事发生前，其中立地位使居民们赚了不少钱，于是现在更觉得身份悬殊了。但毫无疑问，不用多久，圣尤斯达求斯岛就会重获信心。

周日上午,我们离岛之前,热情的哈菲先生为我们准备了马匹,带我们环岛游览,此间我们看到了圣巴斯洛麦夫岛(St. Bartholomew)和圣马丁岛(St. Martin)。初看圣尤斯达求斯岛,人们会觉得该岛很荒凉,所以我们进入里面参观后,更觉得惊奇不断,和想象的完全不同。该岛看起来只是块大岩石,但每年的糖产量从1 000到1 200大桶。参观回来,我们与哈菲夫妇共进早餐。之后,我们的朋友非常客气,他还邀请我们去圣公会教堂。在那我们认识了思维清晰、举止得体的奥戴因(Audain)先生,他的品格也令人尊敬。遗憾的是我们之前与他人有约,所以不得不拒绝这位朋友的午餐邀请。之前约我们共进午餐的是霍维(Hovey)先生,他五天前就邀请我们,并承诺要带我们看看他的"伊甸园"。这位先生来自波士顿附近的马尔登(Malden),在岛上住了约30年。他说他很乐意帮助美国人,更多的是北方美国人,他们开心他也感到高兴。他十分好客,战争期间,家中总是住满人。他的确是个很奇怪的人。他的家位于山顶,当然不是真的伊甸园,但确实很舒适。他的妻子举止端庄,是巴萨岛前任总督的女儿。他说他妻子年轻时很漂亮,其实现在也还看得出来。她性格善良,饭间与一名叫波莉(Polly)的年轻女士之间十分亲密,那人其实是她丈夫的情人。这位女士也住他们家,还有一个小女儿,她们俩都很疼这个女儿。这事是我们离开霍维先生家才得知的,加上霍维先生的其他一些奇怪举动,使旁人不好太刨根问底。他其实算是一个不错的人,那天餐桌上还有来自波士顿的一位年轻女士,是他一位伙伴或助手的妻子,还是有两个可爱儿子的母亲。

我们在圣尤斯达求斯岛待到6月16日,周二。当天傍晚登船,8时出发。之后,除了看到几艘出航的船并和他们打招呼外,一切顺利,我们终于到了美国海岸。7月2日中午,水深为60寻。次日黄昏,由于空气能见度太低,我们看不到大陆,我们只好在夜里离海岸忽近忽远地航行。接下来两天雾很大,甚至看不清船体全身。这样持续多日,最后在7月5日早上10时,一艘早晨从纽波特(Newport)出发的单桅帆船告诉我们灯塔的方向和距离。下午2时,我们经过纽波特并鸣枪7声表示庆祝。6时,我们将船停靠在普罗维登斯(Providence)南面5英里处。旅行结束。

附 录

附录 A

致尊敬的美国外交部长

1785年5月19日,纽约

先生,——上帝保佑,美国国民装备的、用于开拓与中华帝国之贸易的第一艘轮船安全返回了这一港口,我的职责让我写这封信给您,我将介绍这个国家的历史,描述美商受到接待的情况,以及我们的国家在那个遥远的国度所受到的尊重,尤其是发生的一些情况吸引了中国人对于一个民族的注意力,迄今为止他们对这个民族的概念仍然是十分模糊的,古老而广袤的帝国把美国人放在比其他民族更高的位置。

来到中国的轮船"中国皇后号"载重约360吨,建于美国,有43名船员,船长为约翰·格林先生,赞助商感到非常荣幸能被任命为此次活动的代理商,其投资赞助的这第一次商业出行是有风险的。

1784年2月22日,轮船从纽约出发,3月21日抵达佛得角群岛首府圣雅各。我们拜见了葡萄牙总督,并和他共进例行茶点。我们于27日离开这里继续航行。经过一段无异常之事发生的愉快旅程后,7月18日,我们在巽他海峡抛锚。我们在这里欣喜地发现了好伙伴——两艘法国轮船。海军准将奥德林先生和他的军官们热情地欢迎我们;并且,由于他的轮船直接驶往广州,他邀请我们与他同行。我们非常高兴地接受了这一友好的邀请,准将告诉我们他的轮船的白天和夜间信号,并提供给我经过中国海域当情况不利时要注意的一些事项,这对我们非常有益。我们于是愉快地一起前行。抵达澳门岛屿时,法国驻中国领事维埃亚尔先生和该国其他几位先生来到船上庆祝并欢迎我们来到这里;并且友好地为我们引见了葡萄牙长官。我们在那里逗留的短暂时间主要是和该国的领事官员和先生们一起度过。驻留澳门的还有瑞典人和其他帝国主义者,其他欧洲国家的人已经返粤。3天之后,我们结束了这次航行。在抛锚之前,我们向河上的船舶鸣枪13响以致礼,收到了欧洲国家几个准将的回礼炮声,他们都派出官员前来庆贺我们的到来。我们在下午也前往拜访他们,当离开时,各艘船又向我们致礼。当法国人派出官员欢迎我们时,他们还为我们提供多余的服务,如人力、船只和锚,以帮助我们的船停在安全和方便的地方,他们还为我们提供他们自己的堆栈岛,坚持让我们在安定下来之前和他们住在一块。

8月30日,我们到达广州。在接下来的两天,中国商人与在这里有据点的几个欧洲国家的首领和先生接待了我们,他们把我们看成是来自一个自由独立国家的公民。我们在逗留期间即被视为美国公民。中国人对我们很宽容,尽管我们是来到中国的第一艘美国轮船,他们用了很长时间才分清我们和英国人的区别,称我们为"新民族",当我们对着地图向他们指出我国的版图、现状,以及日益增加的人口时,他们为看到本国产品如此广阔的市场前景而感到非常高兴。

欧洲人在粤情况已广为人知,故无必要赘述。他们和中国人之间存在的良好的理解在某种程度上却被两种情形所干扰。因为他们自命不凡,这也导致了双方更加全面地观察我们美国的立场。如果您允许,我将给出详细的描述。

广州的治安总是非常严格,住在那里的欧洲人的活动范围颇受局限。他们发现有时自己的人身权利遭到了侵犯。基于此,他们决定向下次视察海运的粤海关监督户部大人申请纠正这一政策。欧洲各国都派出代表,我也作为美国代表参加。我们在一艘英国轮船上会见了户部大人,不久这些抱怨的事由被户部下令解决了。

另一件事导致了"广州战争"的发生,我请求给予关注。"广州战争"差点产生非常严重的后果。11月25日,一艘英国轮船在对停泊的他船鸣炮致礼时误炸到旁边在中国官船里的中国人,中国人有一死两伤。中国法规定"杀人偿命",他们要求交出那个可怜的炮手。交出炮手意味着送他去死。出于仁慈,英方不肯交出此人。在中英之间举行几次会议之后,中方宣布他们非常满意,大家以为这件事已经圆满解决了。然而,在最后一次会议(27日)的第二天早晨,这艘船的大班被逮捕并被运往城里,关进了监狱。这一挑衅个人自由的暴行为我们敲响了警钟,欧洲人一致同意从货轮中挑出配有武装的船只,以保护个人和财产安全,直到该事件圆满解决为止。船只因此驶来,我们的也列在其中;一只船被攻击,一人受伤,所有的贸易停止。中国士兵逼近了商馆。欧洲人要求交出大班史密斯先生,但中方提出要我们交出炮手来交换大班。与此同时,省里的军队集结在广州附近,中国人在地方官的指挥下离开商馆,郊区的大门被关闭,所有的交流方式被打断,海军仍在增兵,很多部队出现在船上,等候登陆,战争似乎一触即发。没人能知道在双方无协商的情况下会发生什么极端事件。中国人要求与除英国之外的所有欧洲国家举行一次会谈。我作为美国代表加入代表团,参见了这位广州巡抚以及省城主要官员。翻译官组织我们出发之后,告诉我们帝王拥有决定法律的权力,他要求炮手必须在3天之内交出;宣称他将保证审判的公正,并且如果事发偶然,他将被毫发无伤地释放。与此同时,巡抚命令恢复除英国之外、与一切国家的贸易,在赠送给我们每人两块象征友谊的丝绸之后,就把我们遣散了。其他国家在中国旗帜的保护下陆续把船只解散,像往常一样进行贸易。英国人被迫屈服,交出炮手,史密斯先生被释放,英国人在被迫请求官员原谅之后,也恢复了正常贸易。在这种场合下,我很高兴地指出,我们是最后解散我们的船只的,就不用因中国旗帜的存在而蒙羞;并且英国人也亲自感谢我们的船与他们的同在。在恢复和平后,英国首领和其他四位先生拜访了包括我国在内的几个国家,感激我们在事件期间对他们的支持。炮手到了中国人那里就下落不明了。

尽管我们从各方都得到极为恭敬有礼的接待,我们对来自友国法国给我们的招待还是感到特别满意,他们以实际行动证明了对我们的友谊。他们说,"如果我们能在任何时候都能给你们帮助,我们将非常高兴;我们只希望能有更多机会让你们得知我们对你们的友谊,并且别无他求。"我们与法国人之间的默契被英国人特别注意到了，对此他们不止一次惊讶地发现，英国人的后裔竟能在如此短的时间内抛去偏见，他们本以为这种习性不仅世代相承，而且与生俱来。

我们在12月27日离开广州，归途中在好望角停留歇息，在这里也得到非常友好的接待。5天之后，我们驶往美国，并在11日抵达了这一港口。

对于每一个热爱自己祖国以及很快从事商业贸易的人来说，能与地球东方的国度愉快地开启贸易，真是令人兴奋；更令人高兴的是，这次航行费时甚少，人员损失只有一人。对格林船长和他的手下们来说，他们获得了很多赞誉，人们称赞其无畏和壮举使得中美贸易有了广泛的前景，他们的成功也使人们对从事这项事业的诸位先生给予了厚望。

先生，请允许我将广州巡抚赠送的两块丝绸附于信中，这是他对美利坚民族表示友好的见证。由此看来，我荣幸地将其视为本人得到中国人友谊的标志，我们在此后数年里，将一直和其他任何国家一样，在与那个帝国的国民进行贸易往来时，享受平等的贸易权利。

非常荣幸地给您写信，致以最美好的敬意，

您最顺从的，谦虚的仆人，

山茂召

致山茂召，

外交事务部，1785年6月23日

先生，——我已将你在19日的信呈交国会，信中提到你与格林船长乘坐轮船"中国皇后号"到广州的航行；我非常高兴地向你转述国会的命令，"国会对美国国民第一次建立与中国直接贸易的努力感到非常满意，这也为此项事业的从事者和执行者们倍添荣誉。"

很荣幸地给你去信。

约翰·杰伊

另外，你随信附上的丝绸已妥善保存，将由送信人送至你处。

附录 B

致尊敬的美国外交事务秘书约翰·杰伊

1787年1月，中国广州

先生，——在我们的轮船返回美国之际，我很荣幸利用这一机会向您陈述世界各国与中国进行贸易往来的情况，我第二次航海来到中国后在此短暂逗留，使得我能够获取这些信息。我并不期待本次交流在总体上是完美的。这里与各国的商业极端相似，几乎没有变化。因此我可以说，我有理由相信下面的描述是可信的；并且，如果他们对我此信中描述到之事提出建议，并为此感到一丁点的满意，我对此将非常高兴。

欧洲人与中国的商业往来看起来很简单，或许就像世界其他地区一样。丹麦、西班牙、英国、瑞典、法国及荷兰，在广州都设立常驻机构，并且由公司负责经营贸易。葡萄牙人尽管占据澳门，却不像其他国家一样有一个公共的殖民地，而是与来自欧洲、之后随船返回的代理商开展贸易。装卸货的事务在澳门特别随意，获利增多，其他国家需付的税也相应增加了。

英国轮船从欧洲带来铅和大量布匹；由于国内棉毛纺织业的发展，公司必须持有特许执照才能每年把布匹运往中国。他们剩下的船货主要是供给公司在印度的机构，此类来自欧洲的商品将满足沿海地区不同市场的需要。处理完船货后，他们把棉花、铅、布匹等带到中国。英国从发给私船的许可中获得极为有利的优势，这些私船由其在印度、专门从事对华贸易的国民所有。除了从沿海地区带来棉花、沉香木、花根、乌木、鸦片、鱼翅、燕窝外，这些船只还在马六甲及附近地区的荷兰据点进行烟草生意，他们卖给当地居民大烟和布匹，以换取胡椒、锡块和香料。纯收益与从印度拿到的白银和商品达到三分之一，这些是为适应印度市场而进行的买卖。剩下的货物，不是兑取现金，就是卖给中国商人，利润进入公司金库，这些人从英国的公司取得现金,汇率是一美元兑换 5 先令 6 便士,在见票一年后得到报酬。

然而,谈到英国从其在印度的国民得到的好处,以及他们从中国人那里贷款时,可以发现,两者都会在能够承受的水平上达成协议。去年,他们的轮船极大地依赖于贷款以获得运回国的商品,公司在当年从英国运来的硬币就超过 3 亿美元。

除了对华贸易,这些港脚船(之所以这样称呼,是因为他们不必向西经过好望角)有时也能从荷兰驻印殖民地首府巴达维亚大获收益。他们带去了各种棉纺织产品、丝绸制品以及硝石。作为交换,他们带胡椒和锡块到广州;并且,返回海岸时,他们又通常带回方糖,为此也支付了一大笔运费。

荷兰在爪哇、苏门答腊、马六甲及其在印度的其他据点有很多资源,这使得他们能够与中国开展平等的贸易活动,如果说这种贸易并不比其他国家对华贸易的条件更优越的话。

其他公司主要依赖于从欧洲运来的铅和白银,有时在印度海岸的英国船长们以白银和他们交换钞票。这一交易是被英国公司所禁止的,而且任何人一经查出,就将丧失权利,并被作为囚徒运回英国。然而,这一刑罚从未被施行过,所以并不被当回事。在印度想要将其财产运回欧洲的英国国民将会找到除了通过公司金库之外的其他途径。他们会得到一便士、有时两便士,这就是他们的短见了。

一些文章在谈到与中国进行贸易往来的国家时,已经指出:战争结束之后这里就没有法国公司了。1783 年,国王为自身利益而派出 4 艘轮船的远征队。1784 年,他又借给一家公司 3 艘大船,该公司的商人们必须出售一部分股票给那些被选中做投机生意的个人;并且去年只有一艘轮船。这些活动的结果有可能是导致一家新公司的组建;今年,他们又雇佣了 8 艘船——6 艘驶往印度,2 艘驶往中国——其中的一艘船曾途经好望角前往毛里求斯。他们在印度的轮船带着货物去了毛里求斯和波旁岛,以及他们在印度半岛的据点；从那之后，他们载着胡椒、咖啡、药物、硝石，以及诸如细布匹、棉布、印度棉布等小商品，还有包括丝绸和棉花在内的其他商品等回到法国。一位法国领事现在还留住在这里。他有国王专为他提供的一所房子和桌子，报酬是每年6000里弗。如果法国国民之间发生纠纷，他将在法庭上做出决断，他有最终判决权，除非当事者不服再上诉到国王和议会。

帝国主义者的商业暂时关闭了，德国的力量还没有到达这里。自从1783年之后这里就没有公司的船了，并且中国人提供了价值15万美元的货物，他们还欠着账。他们的代理商雷德先生在本季返回欧洲。

瑞典和丹麦在这里的据点迄今为止主要依靠走私贸易，该项贸易在海峡及不列颠海岸之间进行。但是由于英国议会已决定不再对本国轮船进口的茶叶征税，有理由期待，这一政策将会极大地减少这两个国家的获利，也将对他们的商业分支机构造成极大打击。一般的观点是，这两个国家与中国之间的贸易将会因此而逐渐衰落。

在私船进行贸易之后，西班牙人在马尼拉成立了一家公司，注册资金据说有800万美金。他们现在在此有两艘轮船，船只将返回马尼拉，在那里处理船货。一些货物就是为那里的市场准备的——有些将经由阿卡普尔科（Acapulco）运到其在美洲的殖民地，供应那里的市场——剩余的货物将通过其他轮船运往欧洲。这个国家主要依赖于白银。

葡萄牙人几乎不受原有贸易的负面影响。在澳门和他们在印度残留的殖民地，由个人拥有的几艘船一直从事跨国贸易，他们以和英国人很相似的方式管理贸易。正如所发现的那样，他们同欧洲的贸易同样由私人进行；他们很少从印度获得财富，从中国人那里赊购了大量货物回国。他们的船只很少有从欧洲带来足够资金的；而且，如果不是由于有赊购，如果不是有来自欧洲驻印度公司帮他们将财产运回本国的相助，这个国家的对华贸易将毫无疑问是失败的。

除了这些欧洲国家外，亚美尼亚人和摩尔人与中国人做着珍珠和其他商品的生意,这些货物是他们从红海、波斯湾以及印度半岛获得,并通过葡萄牙和英国的船只运来的。

自从1783年以后,在印度和澳门,一些由私人装备的小船一直在与凯姆特卡和美洲西北海岸进行毛皮贸易。他们的成功满足了冒险者的期待,而且也极大地降低了从欧洲运到此地的毛皮价格。

以上就是中欧贸易的概况。大班们被提供以华丽的商馆和所需的住宿环境。所有的费用都已付过,他们也被授权可以参与交易。英国商馆里一个年轻的先生(其父亲,也或许是他的近亲,是公司成员之一)在十四五岁就已成为作家,他的行程费用都可报销,每年还能获得100英镑先令的报酬。当他任大班5年期满之后,政府就停止给他薪水,但仍保留他的部分职责,职责大小取决于轮船数量。当年有25艘船抵达,有5艘是超出预期的。① 据猜想,英国首领及其助手的薪水大约是每人1200至1500英镑。

服务于公司的英国船长和所有官员被允许拥有进行私人贸易的权利;当他们的轮船一旦在黄埔停泊,船长们就掌管了各自位于广州的商馆。他们的投机买卖除了从印度海岸带来的商品以外,还主要出售各种各样的钟表(也为中国人所钟爱)、餐具、玻璃、毛皮、白银和人参。船长拥有载装60吨重货物的特权。对此,它通常是装载上等茶叶、肉桂、丝绸、瓷器等,轮船一旦驶入英国海峡,他就把一些货物处理给走私者,对此他与海关官员通常有非常默契的沟通。轮船由私商建造和装备,他们将其包租给公司,允许公司租用一定的吨位。轮船载重量通常有800至1000吨,并且一艘船通常不能进行超过4次的航行。船长对得到其中的一艘轮船有极大的兴趣,为此他需要付5000至7000英镑。这种情况下他可能会再卖掉,如果他在航海中不幸去世,他的权利由后代或指定的人继承。这一安排适用于其下属官员。港脚船的船长们同样在广州掌管商馆,也有特权与他们的买

---

① 1月24日,其中的4艘已经抵达。

家讨价还价。

其他国家没有和他们的长官进行私人贸易的特权,而是根据其职位要交出一定的赏钱。每个船长在商馆里都有公寓,公司也为其办公准备了房间,在那里还有为其他到广州的官员准备的碟盘。

欧洲人不用整年都待在广州。等轮船离开,他们与中国人处理完商业事务后,他们便返回澳门。在澳门,每个国家都有各自的据点。在下个季节他们的轮船到来之前,他们就一直住在澳门,之后便返回广州。

船只无论公私一旦停在黄埔,船只卸货之前,需要有一位担保人。这个人是一位主要商人,通常情况下,商品交易是同这个人进行的,尽管并不排除与其他人做买卖的可能。他负责帝国的海关税务事宜,通常每船要交大约 4000 至 5000 美元的税。除此之外,对于每件进出口商品都要征税;但这没有什么困难,与中国人做任何交易时这都是被理解的,甭管买或卖,他们都要为商品交税。

在中国这边,贸易是由把自己归为"公行"的数位商人组成,这个词是贸易商号的意思,公行由 12 至 13 名具有与欧洲进行贸易特权的商人组成,他们为此向政府交纳可观数量的金钱;除去无足轻重的店主之外,没有其他同样需由政府发给营业执照的经销商可在政府许可之下聚集。公行商人逢必要时集合,交流各自得到的有关市场上商品的信息,商定所需购买商品的价格,并决定出口商品的价格。当一艘外国船仅有很少的货物时,没有任何一位公行商人愿意做它的担保人,因为盈利可能还不够交税的。这种情况下,就由公行任命担保人,与此轮船的买卖收益放到共同的账户中。价格一旦由公行商人确定,一般就不会有什么变更了。

每一艘船和每一个商馆同样必须有一位买办,这个人负责供应各种必需品,对于这些,他以一定的价格签下合同。这些条文中有很多强加于人的条款,如果船很小,买办除了要为所有的货物买单外,还得支付 100 或

150两白银的小费①。不管船大船小,政府都要从每艘船上征税纳入国库,这是买办必须做的。

来到黄埔的所有船只在岸上都有一个堆栈岛,用来存放他们的水桶、桅杆、帆和船上的木头,这里还有供病人休息的居所。法国人的堆栈岛在一个岛上,和其他欧洲国家的分开了,所以岛就被称为法国岛。其他国家的在对面,局限于他们所占据的地盘;其他地方是玉米田地,通常被水灌溉了,使得人们无法走到堆栈岛之外去;这样,法国岛就成了一个好去处和所有国家的绅士欲乘兴游览的胜地。除了法国人和美国人,一般的水手是不允许到那里的。这个岛的另外一个特点就是,每艘法国船都要因给海关的主要官员买礼物另加100两银子。堆栈岛主干由竹竿建成,覆盖以垫子和芦苇,外形比较大。它们由中国人建起来,当外国人离开后就被拆掉,以便以后可以建立新的堆栈岛。一个堆栈岛的价格是约200美元。

除了担保人和买办外,每艘船还得有一个翻译,翻译的酬劳是120两白银。翻译是绝对必要的,因为在海关办理所有事务都要雇用这个人。海关在城里,那里不允许任何欧洲人进入,那里还提供"舢板"以供卸货和装货,翻译是随叫随到的。

当海关大人来视察黄埔的海运时,经常有公行商人随行。这种情况下,船长们便展示出他们的钟表或其他新奇玩意,粤海关监督大人就按照他喜欢的方式摆放它们。船的担保人被迫将他喜欢的玩意送给他。过一段时间,大人会问起价格,以表示他并不以礼物的名义收下。懂得内行的商人就告诉他大约值其价值二十分之一的价格,并收下钱。

船只视察完毕,担保人就拿出卸货许可证,翻译提供两只小船接收货物,这些货物在两位官员面前被抬着运出船外。货物到达广州后,一位主要官员及其助手就到席,他们对所有货物进行称重、测量,并记录详情,之后方允许货物出售。担保人或公行商人不需要的商品就会被卖给其他任

---

① 100美元相当于72两白银。

何人，翻译就从这个人身上收税，并与担保人达成协议。当返回的货物即将被运到船上时，官员们就像原来一样来到这里，检查所有货物并做记录。整理好的每个包装箱都要印上卖者的印章，这样翻译就可以知道去哪里收税了。买者或卖者都不用给这些官员小费，他们的薪水是由皇帝定的。卸载的费用由欧洲人付，中国人把返回的船货运到船边，不用缴任何费用。所有的货物必须由中国船只运输。

和世界其他地方一样，广州海关有时也会有流氓行为。为丝绸所缴纳的税额可以和官员商量，官员会接受相当于税额一半价格的一件礼物，这样丝绸便可以不缴关税了。在这些情况下，携带各国旗帜的中国小船会在指定的时间和地点出现、装货，并得到官员许可证而不必再接受进一步检查。在来到广州或从广州出发时，所有的小船都要接受检查，必须有许可证；除此之外，除非携带国家的国旗，否则在河上经过时就要被3所不同的检验处检查。

广州的商馆占据了不到四分之一平方英里的空间，位于河的岸边。被栅栏所围绕的码头还有从水上通往每家商馆的阶梯和开着的门，所有的货物就在这里被接收和发送。欧洲人的活动范围被严格地限制住了；除码头之外，只能去郊区的少数几条街，这里充斥着被允许频繁出入的生意人。欧洲人在这里住了12年之后所看到的并不比他刚到这里第一个月所见到的东西多。他们有时被中国商人邀去进餐，在河的另一岸，是中国商人的家和花园；但就算是那个时候也不能得到什么新信息。家里的一切都被严格地隐藏起来；他们的妻妾和女儿们住在那里，但没有人见过她们。

广州的欧洲人并不像所想的那样可以自由地聚会，各自商馆里的绅士们大都独居，当然也不排除少数时候会有一些隆重的集会。在丹麦的商馆，每周日晚上都由几个国家的绅士表演的音乐会。这是他们交流的唯一场合。总体上来说，欧洲人的处境并不令人羡慕；考虑到他们在这个国家居住的时间、他们必须服从的禁令、他们之间较远的地理距离，以及他们对社交和娱乐的需求，中国政府应该允许他们多挣点钱。

关于中国人尤其是商人阶层中的流氓行为已经说得很多。然而,也会有例外;尽管小贩几乎无一例外是流氓,得对他们严加警视,但公行商人和在世界其他地方所看到的一样,是一些令人尊敬的人。我们正是主要与他们进行商业往来。他们是聪明智慧、算账精确的会计师,他们遵守承诺,自视甚高,具有良好的品质。其他欧洲人对他们的异口同声的印象证明了这一点。

参与这一贸易的轮船每艘平均载重约700吨,有些高达1400吨,但没有低于500吨的,在过去三年里,轮船的数目有着显著差异。1783年,除去返回印度的船只外,驶自广州和澳门的45艘船将驶往欧洲,其中有16艘英国轮船。1784年,有11艘英国轮船,4艘法国轮船(包括一艘在毛里求斯获许可的),5艘荷兰的,3艘丹麦的和4艘葡萄牙的,均驶往欧洲;一艘丹麦轮船和8艘英国乡村轮船将驶往海岸;还有一艘美国轮船。瑞典轮船那年没来。1785年,有18艘英国轮船,4艘荷兰轮船,1艘法国轮船,4艘西班牙轮船,3艘丹麦轮船,4艘瑞典轮船以及一艘升着帝国国旗的英美轮船,这些船驶往欧洲和美国。英国乡村轮船返回了海岸。在当季,轮船目录如下:29艘英国轮船,5艘荷兰轮船,1艘法国轮船,2艘西班牙轮船,2艘丹麦轮船,1艘瑞典轮船,5艘美国轮船,将驶往欧洲和美国;还有23艘英国港脚船,将返回海岸;同样还有来自澳门、去往欧洲的5艘葡萄牙轮船。这是目前已知的到来船只数目最多的一年,其对商业的影响自然可以预料。除去武夷茶之外,每种茶叶价格至少比1784年上涨了25%,其他出口商品的价格也相应地增加了。

介绍完其他各国对华贸易的情况后,我相信说说我们国家自身的情况是有必要的。

美国国民必须喝茶,而且,对茶叶的消费将随着我国人口的增加而必然增多。这样,在欧洲绝大部分国家不得不以充足的金钱购买这种商品的同时,美国人一定会为本国能以更简便的方式购买茶叶而高兴;她的高山和森林里的那些原本没用的物产将为这一高雅的消费品买单。这对美国人来说尤为有利；她与这个国家已经开始了贸易往来，其贸易方式为欧洲国家鸣起警钟。欧洲国家已经看到，第一年只来了一艘船，用了不到五分之一的资金做现金，获得了与运来商品同等价值的船货，和他们国内的船只一样与中国进行平等贸易往来，主要按照商品的不同种类购买。欧洲国家再次看到了美国船只第二次来到这里，而且又加了4艘船。他们还看到，这些轮船主要依靠本国充足的产品来交换中国商品；而且，即使美国船只的资金中，商品只占很小的比例，然而他们满载回了有价值的货物。这就是美国从她国产的人参中得到的好处。

谈到中国对美国人参的需求，或许可以说，中国认为人参对国民身体有益，正如她的白银和黄金对其他国家有用一样。在美国旗帜在这个季度出现之前，人们通常认为每年的消费量是四五十担。但事实却相反。1784年，美国第一艘轮船运来超过450担人参，这还不能和同季从欧洲运来的人参相比，其中很大一部分一定是先前由美国国民带去的。当季，超过1800担人参被卖出，而其中的一半是由美国船只带过来的。尽管自1784年以后数量在增加，销售额却还没有受到很明显的影响；对人参的需求成为换取同等价值商品的有力保证。

对于人参问题的关注，调查似乎还在进行，它对该国国民在历史上比现在更加有益吗？这一商品的文化在多大程度上是可行的——通过什么方式可以被更好地推广——它是否满足了美国人利益的需要？这些都是值得我国国民关注的问题。

在同中国进行直接贸易的过程中，美国人除了从人参中受益外，还可以从航行中的迂回路线中受益，而这样航行也不会浪费多少时间。在第二次前往中国的航行途中，我们在巴达维亚做了停留，巴达维亚是荷兰在印度殖民地的首都，我们在那里收获颇丰，跟其他国家一样在平等的条款下开展贸易往来。我们国家生产的铁和舰船装备在那里有很好的销路；除此之外，我们处理了那些与其他国家交换来的商品。有时候，也在巴达维亚到广州的途中赚了些外快。不用怀疑，这一受益应归因于美国到广州来的航线采取了迂回路线,即,我们是沿着马拉巴尔海岸、乌木海岸和马六甲海峡过来的。

总而言之,每个美国人都应该感到特别满意,因为他的祖国和中国进行的商业往来是有利的,也许在很多方面并没享有特权,然而至少是平等的,就像其他国家一样。

因此,先生,我尽我最大的努力来与你一起分享我所能得到的、世界其他国家对华贸易的所有信息。如果这些观察能引起我国一丁点注意的话,我会感到最大的欣慰。这些话提到的内容是值得信赖的,但是表达方式可能由于我太兴奋地参与其中而有点不拘小节。

我不能不提到西亚斯先生的去世,他是我们的老朋友和搭档,与我们的关系是如此亲近以至于兰德尔先生有必要返美处理这些私人事务。希望这没有使您感到不悦。对于上述我提到的细节,如果有必要,他也可以给出进一步的信息。与此同时,我将前往孟加拉,并在下个季节返回此地。如果我能在此行中获得新的信息,我将很乐意再次向您传达。

很荣幸给您去信,向您致以最真诚的敬意和祝福,

感念您恩惠的,您谦逊的仆人,
山茂召

注:轮船"希望号"在 2 月 1 日经过澳门。

附录 C

致尊敬的美国外交事务秘书约翰·杰伊

中国广州，1787年12月21日

先生，——很荣幸地在上季结束之际给您写信，在信中我提到了我所发现的在中国与欧洲人商业往来中的几件事。我只对此做出一个总的评论，因为对这些事情的详细描述，我之前已经花大量篇幅写过了。因此，如果要说的话，我只简述之，而不再赘述本年度商业形式的具体情况。

自从1784年之后，这里的贸易形势已经开始不利于欧洲人。进口商品的利润远远不够支出成本，出口货物则超出想象地增加了。按照最保守估计，每种茶叶（除去武夷茶）的价格平均上涨了40%以上，并且现在还没上涨到最高点。这就是对于这种商品的需求，然而还不知中国人到底还想要涨多少；如果这种趋势持续下去，价格在来年增加一倍也不是没有可能的事。为了让你得知更多信息，我将附上在黄埔停泊的船舶清单。尽管英国轮船的数量没有去年的多，但是他们还是具有很大优势，其吨位显著上涨了。明智的观察家认为，英国看起来不仅仅想要垄断整个欧洲的茶叶贸易，而且还想在全球范围内掌控全部茶叶市场。他们在孟加拉及其附属国有着扩张计划，最新建立了向东和向西的殖民据点，还向在印度的英国国民下达了禁止向外国人出售货轮的命令，等等，简言之，他们的所有行动都强有力地证明了这一猜想。英国人的这一目标对他们来说很重要，是英国所狂热追求的；其结果是，公司认为合适而采取了鸦片贸易政策，并且鸦片贸易迅速兴起。我们的共和党朋友——荷兰最关注他们的行动，荷兰朋友在多大程度上受到英国这种行为的影响，还需要数年才能发现。英国在槟城的殖民地使其得以掌控印度半岛、马来亚以及苏门答腊岛的海运，这让荷兰深为警觉；他们在新荷兰东南海岸的波特尼海湾的殖民地更加深了荷兰对英国野心的忧惧。要说英国人不想从瑞典和丹麦（这两个国家也当然发现可以从该贸易中获利），以及从对手法国那里有什么企图，我是不相信的。或许，这些国家为共同利益而组成一个商业联盟——就像他们在战争后期所持的中立立场一样——的策略是可以采纳的，因为这将是对付此类狂傲自负之野心的最佳手段。

关于我们自己在此季还处于刚刚开启阶段的贸易，我只能发现，我们原来的母国对我们有着强烈的嫉妒心。来自世界各地的先生们不管是哪国人，都对彼此很尊敬；但是英国人和美国人不管在哪里、包括广州，前者都感到对后者有着优越感，两者都不能以礼貌的方式对待对方。——因为我发现，英国人因他们的民族感到颇为自豪。他们在广州对我们没有礼貌；但是在澳门，他们中间有一个人邀请我进餐。对此，我认为毫无理由地谢绝之是合适的，因为一切解释都没有必要。从个人角度来说，我并不抱怨。来访与回访之间，我们经常赞美对方，并且，我们经常在对方处所进餐。他们每周还举行一次音乐会，但是，由于上面提到的原因，我从来没参加过。说完英国人之后，如果不说说其他国家的先生们对我的礼待，那就是我的不对了。我在广州以及在澳门6个月的逗留期间，都得到了来自他们有礼貌的、很多时候非常友好的邀请和接待。

尽管在这里做生意的外商因行动被局限在很小的范围而不能获知中国的情况，然而我们看到的事情已足以使我们对该国政府产生不好的想法。法律很好，然而其治安管理极差。如果要描述一下这里每天上演的悲剧，真的是没有人性；并且，让每个外国人都感到义愤填膺的是，由于这些不幸的人被视为是微不足道的，这里的官员们很显然能给他们提供衣食所需。这并非唯一与中国政府的管理文明卓越的已知观点相矛盾的事例。当下，帝国很多地方都出现大规模的骚乱，台湾及邻近地区的起义已经达到很严重的程度。这个季节的叛乱已经产生了一整年的负面影响。政府的压迫使得当地居民陷入绝望的境地，这对农业生产和商业发展产生极其恶劣的影响，而且消极影响还波及周边的省份。

专制统治造成了这样的悲剧。当我看到美国人在这里享受的权利时，我感到了些许安慰。在这里，我们处于平等的法律之下，并且中国政府对我们管理温和。显然，如果我们把自身经验和其他国家相比较，并因此发现上帝在保佑我们在此地享有权利时，我们就可以因身为伟大、幸福民族的一员而感到快乐了。

上封信中我提到了人参，在这个季节，我依然发现这种商品在此处很有市场，这让我相信，我国能从人参中获取巨大的利润。附出的目录将表明带到这里的人参数量。最好的人参价格已经从每担130美元涨到200美元，在最后一艘船离开之时，其价格可能还会再涨二三十美元。

在上个季节派出我们的轮船后，我想要去孟加拉；但是我所乘坐的轮船在澳门滞留了太长时间，以至于其改变了目的地，驶往马尼拉，我只好继续等待。我现在又有了新计划，我想在1月的第一周出发。8月返回此地，然后与来自美国的兰德尔先生见面，我将为自己准备行程的盘缠，在这个季节结束之际返回美国。因此，我冒昧地向您请求，希望您能将此情况报于国会；我虔诚地希望国会能容忍我未经允许而采取此行的做法。因等待许可而浪费的时间将极大地使我们的利益受损；并且，我作为驻广州领事，因考虑到这一点而为进行正常的商业贸易作出行程的必要调整，我为能够代表美国行使此种权利深感荣幸，请原谅我将其作为这种行为的理由。

先生，我很荣幸地收到您的来信，并且，请相信我对您的无比的尊敬，向您致以最高的敬意和问候，

您的顺从的、充满敬意的、谦虚的仆人，
山茂召

轮船目录等等，在1787年抵达黄埔，12月20日离开。

附 录　275

			担	家畜
英国,①	28	人参	500	38
荷兰,	5	—	25	5
瑞典,	2	—	19	51
丹麦,	2	—	9	48
法国,	3	—	115	99
普鲁士,	1	—	3	69
托斯卡纳,	1	—	—	—
美国,	1	—	52	18
	—	—	726	28
	43,	均经过好望角		
港脚船,	31,	不经过好望角		
在澳门的,	4,	葡萄牙驶往里斯本的船只		

---

① 另外还有两艘英国的船,一艘直接来自英国,另一艘经由孟买而至。

附录 D

致尊敬的巴达维亚沙班达尔,恩格尔哈德(Englehard)先生

巴达维亚,1790年9月4日

先生,——我们乘坐载重820吨、驶自波士顿、驶往中国广州的美国轮船"马萨诸塞号"于30日抵达巴达维亚,能在此等待您检查我的货物报告,我感到很荣幸,并且请求得到在世界任何其他地方所能许诺的贸易权利。我请求您接受我信函的要求,并要求拜访总督与议员,要求他们允许处理我专为这一市场准备的商品(我遵守本地法律和风俗),在1786年来此时已有先例。先生,考虑到当时,我很惊讶地得到绝对禁止与美国人进行一切贸易的答复。我对各国法律的熟悉与尊重告诉我,含蓄的顺从是美德——我也相应地在次日继续我的航行——并且告诉你,作为上述轮船及其船货的主人,我在逗留期间没有卖出一件商品,也没在此地购买一件商品,除了水、蔬菜和其他为去广州而需的点心外。

与此同时,我要发表这一宣言。先生,请允许我向您指出:我有理由相信这一禁令是由于对我国国民的恶意报道,造成广泛传播的偏见的该报道是由对荷美两国都不友好的人所写的。因此,作为美国领事,我有责任就此问题在此处向贵政府作出陈述,并且也要求您能尽快将我的信函呈递议会。作为市政官和好公民,我为我的祖国感到光荣。作为一名商人,我对这条损害我利益的禁令深感不满。先生,出于上述动机我说出这些话,我为此事打扰到您而请求您的宽恕,请您相信我。我十分尊敬您,对您友好的关注表示深深的感激。

您最顺从的仆人;

山茂召

附录 E

一位在信下签名的人——美利坚合众国驻广州领事山茂召,他感到很荣幸能向巴达维亚的总督及议会做出如下宣言。

他乘坐轮船"希望号"从纽约前来,在 1786 年 7 月抵达巴达维亚,是这艘轮船的大班和共有人。他在那里逗留 20 天后就驶往广州;在此期间,他在任何情况下都没有因走私胡椒粉、咖啡或香料而触犯当地贸易法律;也未以任何方式对抗政府的法律法规,正如此后任沙班达尔的勒·克雷先生对他的评价中所说的那样。

之后在 1786 年余下的时间、1787 年以及 1788 年,他作为美国领事驻留广州。1789 年 1 月,他乘船返美,于当年 7 月抵达。

美国的其他轮船也在 1786 年以后驻留在巴达维亚和中国,他相信这些轮船的船长和船主的管理方式与他所在的轮船差不多。或许能发现,来自法国和波旁岛的咖啡、印度马拉巴尔海岸和其他地方的胡椒粉,以及来自巴达维亚的香料,可由美商在广州从英国港脚船和中国人那里购买,这样可以在回国后赚取利润;并且,他有理由相信:已有一小部分这些商品时不时地通过此种方式运往了大洋彼岸。

签名者很遗憾地指出,巴达维亚当局政府对他的同胞持有偏见,美商不仅被禁止在此处从事任何形式的贸易,而且还被视为走私者。走私者是那种在商业行为中不像文明国家遵循已有的海关法规那样,而是不择手段地非法牟利;他感到这是国家、他个人以及来到巴达维亚或即将来到这里的守法美国公民的耻辱,——由于该政府不知道这种报道是恶意攻击,管理部门下令禁止一切对美贸易。对他自己来说,他带来了专为巴达维亚市场而准备、并非要走私的各种美国商品,让他受伤的是,这里不允许带美国货;但是,与他的期望相反,他必须把这些货物运到广州,而那里并不需要这些商品。

　　这样,签名者作为领事,就感到有责任尽一切努力来澄清此地的本国国民所承受的诽谤,为自己辩护;他声称自己能很快就搬走货物;在这件事情中,他相信荷兰当局会做出公正的判断;并且在巴达维亚,美国国民今后将享受和其他任何国家一样所享有的权利;特别是,由于该共和国和美国之间存在着友好关系,在贸易中更应遵循公平互惠的原则。

　　带着这些思虑,以及对卓越的荷兰共和国及其在地球上所有殖民地的无比尊敬,签名者很荣幸在于巴达维亚写下的信上署名,1790年9月4日。

山茂召

附录 F

致函美利坚合众国总统

中国广州，1790 年 12 月 7 日

先生，——我国出于商业目的关注与中国的贸易往来，将其作为主要贸易国，并任命我为美国驻广州领事，我希望能不辱使命。在此向您汇报一下我国公民与荷兰联省共和国驻印度殖民地首府巴达维亚的居民的通商情况。

3 月下旬，我乘坐一艘由美国公民建造、引航和所有的新轮船从波士顿出发，在 8 月 30 日抵达第一个目的地——巴达维亚。我被当地海关的长官告知，荷兰政府已下令禁止与美国进行一切通商往来。尽管有此禁令，我认为我应该行使领事的权力，向总督和议会申述并请求像此前一样能在此地通商；随后在第二天早晨，我被总督阁下接见，两小时后，我在桌前递交了请愿书，然而答复是他们不能准许我的请求。

勒·克雷先生告知了我禁止美国在巴达维亚贸易的原因，作为美国的领事，我义不容辞地向总督和议会做出申述，提出这已关系到我国的国家利益。在与勒·克雷先生沟通时，他赞同这种说法，并且发现，如果美国公民有机会、但却没有向广受尊敬的最高权力部门申诉，使之关注荷兰当局对此事处理态度的话，该禁令将会以最严重的程度损害美国人民和巴达维亚居民的利益。因此，在 9 月 4 日星期六，我向总督和议会呈递抗议书，也递交给他一份。在这种情况下，他向我保证请愿书会在下周二的会议中作为议题讨论，应该会顺利通过——当地居民和巴达维亚政府都希望能让美国得到其他任何国家的待遇，在这里自由地进行贸易。

至于上述的细节,我将连同上面提到的声明一起附在信中,并请求先生您相信,我对您尊敬无比。

您的无比忠诚的和谦虚的仆人,
山茂召

参考书目

《世界人名翻译大辞典》,新华通讯社译名室编,中国对外翻译出版公司,1993年。

《世界地名翻译大辞典》,周定国主编,中国对外翻译出版公司,2007年。

《法语姓名译名手册》,新华通讯社译名室编,商务印书馆,1996年。

《新世纪英汉多功能词典》,上海外语教育出版社,2004年。

《新时代英汉大辞典》,张柏然主编,商务印书馆,2004年。

《注音英汉人名词典》,余富林主编,化学工业出版社,2009年。

注:部分人名在词典软件 lingos 中查出,里面有各类词典,综合参照得出。

译名对照表

A

Acapulco　阿卡普尔科

Addison　艾迪生

Aferdson, Peter　彼得·阿佛孙

Agnew　阿格纽

Albany　奥尔巴尼

Amboy　安博伊

Amos　埃莫斯

Amsterdam　阿姆斯特丹

Andamans　安达曼人

Anderson, John　约翰·安德森

André　安德烈

Antigua　安提瓜岛

Arbuthnot　阿巴斯诺特

Archibald　阿奇博尔德

Argyle　阿盖尔

Arnold　阿诺德

Artillery Park　阿蒂勒里公园

The island of Ascension　阿森松岛（南大西洋岛屿）

Audain　奥戴因

B

Bagaduce　巴格杜斯

Bahar 巴哈尔

Banca 邦卡岛

Bandel 班德尔

Banks 班克斯

Bantem 班特姆

Bantam 般塔

Barrakpur 巴拉克伯

Barry 巴里

Bartholomev 巴斯洛麦夫

Batavia 巴达维亚

Beale 毕尔

Bean 比恩

Belvidere 贝尔迪维尔

Bencoolen 本柯伦

Benezet 贝尼泽特

Bengal 孟加拉

Benthem 本瑟姆

Biliton 比立顿

Bird 伯德

Blume, Carl 卡尔·布卢姆

Boavista 博阿维斯塔岛

Boca Tigris 博卡底格里斯

Boers 伯尔斯

Bombay 孟买

Boston 波士顿

Boston Marine Society 波士顿航海协会

Botany Bay 波特尼海湾

Bound Brook　班布鲁克

Bourdieu　布迪厄

Bourgogne　布戈尼

Brandywine　布兰迪万

Brooke　布鲁克

Brooks　布鲁克斯

Bowden　鲍登

Boyd　博伊德

Browne　布朗

Bruere　布吕埃尔

Brunswick　不伦瑞克

Brunswickers　不伦瑞克人

Bryant　布赖恩特

Bunker, Soloon　索隆·班克

Bunker's Hill　邦克山

Burbeck　博贝克

Burgoyne　伯戈因

Buskirk　巴斯柯克

Bynon　拜农

Byron　拜伦

C

Caldwell, Andrew　安德鲁·考德威尔

Caleton, Guy　盖伊·卡尔顿

Cambridge　坎布里奇

Camoens　加摩斯

Campbell　坎贝尔

Cantaya　坎塔亚

Cape Ann　奥恩角

Cape de Verde islands　佛得角群岛

Cape Francois　弗朗索瓦角

Cape of Goodhope　好望角

Cape Horn　合恩角

Capes of Delaware　特拉华海角

Car Nicobar　卡内科巴

Carnatic　卡纳蒂克

Carter　卡特

Carthagena　卡沙及那

Ceylon　锡兰

Chadds Ford　查兹福德

Chalmers　查默斯

Chambers　钱伯斯

Chandernagore　金代那格

Chapel Valley Bay　查培湾

Charleston　查尔斯敦

Chesapeake　切萨皮克

Chester　切斯特

Chinsura　金苏拉

Clarkson　克拉克森

Clé, Le　勒·克雷

Clinton　克林顿

Cobble Hill　科布尔山

Cockerell　科克雷尔

Collier, George　乔治·考里尔

Colombe　柯隆布

Colvin　科尔文

Connecticut　康涅狄格

Conyers　科尼尔斯

Cook　库克

Corbet　科比特

Cordeaz　柯戴兹

Cornwallis　康沃利斯

Cotton　科顿

Courtlandt　考特兰德

Cowpens　考彭斯

Cox　考克斯

Crane　克兰

Crapp　克拉普

Crichton　克莱顿

Cumings　卡明斯

Currassou　库拉斯岛

D

Dan River　戴恩河

Dana　达那

Dangereux　当热勒

Davies　戴维斯

De Bouillie　德布耶

De Castries　德卡斯特里

De Grasse　德格拉斯

De la Pérouse　德拉彼鲁兹

De Lacey 德拉凯

De Souza 德苏扎

Deane 迪安

Dedham 戴德姆

Delaware 特拉华

Demetrius 迪米特里厄斯

Deniston 德尼斯顿

Derby 德比

Deseada 戴西阿达

Desmoulins 德穆兰

D'Estaing 德斯丹

Digby 迪格比

Dixon 狄克逊

Dobbs's Ferry 多布渡口

Dodge, James 詹姆斯·道奇

Doggers 多戈斯

Dominica 多米尼加

Donnison 唐尼森

Dorchester Heights 多切斯特高地

Dorea 多雷亚

Dowse, Edward 爱德华·道斯

Dozy 多齐

Drummond 德拉蒙德

Dufort 迪福

Duncan 邓肯

E

East River 东江

Ede　伊德
Eliot, John　约翰·艾略特
Elizabethtown　伊丽莎白镇
Ellis　埃利斯
Elmore　埃尔默
Englehard　恩格尔哈德
English Cove　英吉利湾
Esculapius　埃斯库累普
Eustis　尤斯蒂斯

F

Farley　法利
Farquhar　法夸尔
Fishkill　菲什基尔
Fitch, Abel　埃布尔·菲奇
Fitzhugh　菲茨休
Flushing　弗拉兴
Fogo　福古岛
Folger　福尔杰
Fort Lee　李堡
Fort St. George　圣乔治堡
Fort Washington　华盛顿堡
Fort William　威廉堡
Fowle, Robert Martin　罗伯特·马丁·福尔
Francis　弗朗西斯
Frazier, John　约翰·弗雷泽
Fredericksburg　弗雷德里克斯堡

Freedman, Thomas 托马斯·弗里德曼

Frimon 弗里蒙

Frothingham 弗罗辛厄姆

Frost, Jack 杰克·弗罗斯特

G

Galbert 加尔贝

Gaspar 加斯帕尔

Gate 盖特

Germantown 日耳曼敦

Georgia 佐治亚

Ghurhutty 古哈蒂

Gilfilling 盖尔夫林

Gillon 吉伦

Girez 吉雷兹

Glass 格拉斯

Goa 果阿

Godin 戈丁

Goldsborough 戈尔兹伯勒

Goldsmith 戈德史密斯

Gorton 戈顿

Gothing 约廷

Gramont 格拉蒙

Green, Jr. John 小约翰·格林

Greene 格林

Greek 希腊人

Gregory 格雷戈里

Grenville 格伦维尔

Griffiths 格里菲思

Guadaloupe 瓜达卢佩

Guinea 几内亚

Guthrie 格思里

H

Haffey 哈菲

Halifax 哈利法克斯

Hall 霍尔

Hannah 汉娜

Hanoverians 汉诺威人

Hardtman 哈特曼

Harper 哈珀

Harrison, Benjamin 本杰明·哈里森

Harrison, George 乔治·哈里森

Harry 哈利

Hartford 哈特福德

Haverstraw 哈弗斯特罗

Havre de Grâce 哈佛代格雷斯

Hawkins 霍金斯

Hayden 海登

Heath 希思

Hemingson 何明森

Hemmy 哈米

Henley, Thomas 托马斯·亨利

Hepworth 赫普沃思

Hewman 赫曼

Hessians 黑赛人

Highlander 高地人

Hobbs 霍布斯

Hodgkinson, Peter 彼得·霍金森

Hoogs, John 约翰·胡格斯

Hope 霍普

Hopkins 霍普金斯

Horace 贺拉斯

Hovey 霍维

Howe 豪

Hudson 哈德孙

Hudson's River 哈德孙河

Humphreys 汉弗莱斯

Huntington 亨廷顿

Hutton 赫顿

I

The West Indies 西印度群岛

Ingersoll 英格索尔

J

Jack 杰克

James 詹姆斯

Java Head 爪哇角

Jennings 詹宁斯

Jerseys 泽西

Johannes, Mattheus　马特乌斯・约翰尼斯

Johnson, Robert　罗伯特・约翰逊

Johnstone　约翰斯通

Jorge　乔治

Joy, Benjamin　本杰明・乔伊

K

Kamtschatka　凯姆特卡

Keighly　基思利

KennetSquare　肯尼特斯奎尔

Kier　基尔

Kingsbridge　金斯布里奇

Kristing　克里斯廷

Kosciuszko　科希丘什科

Krokatoa　喀拉喀托

L

La Baronne　拉巴罗尼

La Fayette　拉法耶特

La Governante　拉戈韦尔南蒂

Lambert　朗伯

Lance　朗斯

Lane　莱恩

Lansbert, Anthony　安东尼・兰伯特

Laurens　劳伦斯

Leavitt　列维特

Lee, Henry　亨利・李

Lefevre 勒菲弗

Lexington 列克星敦

Light,Francis 弗朗西斯·莱特

Lillie 利利

Lincoln 林肯

Lion 莱昂

Lisbon 里斯本

Livington 利文顿

Long Island 长岛

Low 洛

Lynch 林奇

M

Macan 马坎

Macrea 马克雷亚

Madras 马德拉斯

Magee,James 詹姆斯·马吉

Malden 马尔登

Mallet 马利特

Manila 马尼拉

Manly 曼利

Manning 曼宁

Maria,Dona 多娜·玛丽亚

Maryland 马里兰

Mason 梅森

Maughan 莫恩

McCall 麦考尔

McCaver, Robert　罗伯特·麦卡沃

McDougall　麦克杜格尔

McIntosh　麦金托什

McIntyre　麦金太尔

McQuin　麦奎因

Metcalf　梅特卡夫

Methuselah　玛士撒拉

Mew Island　缪岛

Mifflin, Jonathan　乔纳森·米夫林

Molineaux, Frederick　弗雷德里克·默利纳克斯

Monckton　蒙克顿

Monmouth　蒙茅斯

Montresor's Island　蒙特雷索尔岛

Montserrat　蒙特塞拉特岛

Morgan　摩根

Morris, Robert　罗伯特·莫里斯

Morristown　莫里斯顿

Munden　芒登

Murray　默里

Myers, Thomas　托马斯·迈尔斯

N

Nair　耐尔

Nantucket　南塔基特岛

Nash　纳什

Nat　纳特

Nathaniel　纳撒尼尔

Necker 内克

Neversink 内弗辛克

Nevis 尼维斯岛

New Brunswick 新不伦瑞克

New Endland 新英格兰

New Haven 纽黑文

New London 新伦敦

New Windsor 新温莎

New York 纽约

Newburg 纽堡

Newport 纽波特

North Carolina 北卡罗莱纳州

North Island 北岛

North River 北河

O

O'Donnell, John 约翰·奥德诺

Ogden 奥格登

Ordelin 奥德林

Orvilliers 奥维利耶

O'Reiley 奥赖利

Ostend 奥斯坦德

P

Palladium 帕拉蒂姆

Panton 潘顿

Parker, Daniel 丹尼尔·帕克

Parkin　帕金

Parkman，Samuel　塞缪尔・帕克曼

Parsons　帕森斯

Paulus Hook　保卢斯胡克

Pavolini　帕沃利尼

Peach　皮奇

Pécot　皮科特

Pegu　勃固

Penn　佩恩

Penobscot　佩诺布斯科特

Pennell　彭内尔

Pennsylvania　宾夕法尼亚

Philadelphia　费城

Pickering，Timothy　蒂莫西・皮克林

Pickett　皮克特

Pigou　皮古

Pitcairn　皮特凯恩

Plessis，Mauduit　莫迪・普拉西斯

Pluckemin　普拉克明

Polonius　波洛尼厄斯

Pondichery　本地治里

Porcher，Josias Pré　若西亚斯・普雷・波尔谢

Port Praya　普拉亚港口

Porter　波特

Prince Of Wales Island　威尔士王子岛

Princess Orange　奥林奇公主

Princeton　普林斯顿

Prospect Hill 普罗斯佩特克山

Pulicat 布利格德

Pulo Timon 普罗提蒙

Putnam 帕特南

Q

Quebec 魁北克

Queda 克达

R

Raburn 莱伯恩

Randall, Thomas 托马斯·兰德尔

Red Bank 雷德般克

Red Hook 雷德胡克

Redonda 雷东达岛

Reid 雷德

Reynolds 雷诺兹

Reynst 雷因斯特

Rhode Island 罗德岛

Rivington 里温顿

Robinson, John 约翰·鲁宾逊

Rochambeau 罗尚博

Rodney 罗德尼

Roebuck 罗巴克

Rugeley 鲁吉利

Russia 沙俄

S

Saba 萨巴岛

Saldanha Bay 萨尔达尼亚湾

Salem 萨拉姆

Sandy Hook 沙嘴沟半岛

Schuylkill 斯库尔基尔河

Scavenius 斯卡韦纽斯

Scott 斯科特

Sears, Isaac 伊萨克·西亚斯

Sebire 塞比尔

Senegal 塞内加尔

Serampore 塞拉伯

Shaw, Benjamin 本杰明·肖

Shaw, Francis 弗朗西斯·肖

Shaw, Mary 玛丽·肖

Shaw, Robert Gould 罗伯特·古尔德·肖

Short Hills 肖特山

Skelliberg 斯科立博

Skippack 斯基帕克

Smith, Joshua 约书亚·史密斯

Soarez 索列兹

Spencer 斯宾塞

Staten Island 斯塔藤岛

St.Anthony 圣安多尼岛

St.Bartholomew 圣巴萨罗穆

St.Christopher 圣克里斯托弗岛

St.Domingo 圣多明戈

St.Eustaria 圣优斯塔利亚

St.Eustatius 圣尤斯达求斯岛

St.Helena 圣海伦娜

St.Jago 圣雅各

St.Louis 圣路易

St.Patrick 圣帕特里克

St.Peter 圣彼得

Sterling 斯特林

Steven 史蒂文

Stony Point 石点

Stoughton 斯托顿

Straits of Sunda 巽他海峡

Suffrein 萨夫林

Sully 萨利

Sullivan 沙利文

Sumpter 桑普特

Swift, John White 约翰·怀特·斯威夫特

T

Table Bay 泰伯海湾

Tappan Bay 塔潘湾

Tarleton 塔尔顿

Tartarel 塔塔里尔

Terence 特伦斯

Ticonderoga 泰孔德罗加

Titsingh 迪新

Tranquebar　特拉克巴

Treat　特里特

Trenton　特伦顿

Trolliez　特罗利耶

Truxton　特拉克斯顿

Totowa　特拖瓦

Tucker　塔克

Tupper　塔珀

Turing　图林

Turnbull, Adam　亚当·特恩布尔

Typa　凼仔

V

Valley Forge　瓦莱弗戈

Van Haugwitz　范豪格维茨

Van Hogendorp　范霍根德

Vandyke　范德克

Vernon, Edward　爱德华·弗农

Vieillard　维埃亚尔

Virginia　弗吉尼亚

Vizagapatam　维萨卡帕特南

Vogelsang　沃格桑

W

Waldeckers　瓦尔德埃克人

Ward, Samuel　塞缪尔·沃德

Watson　沃森

Wayne 韦恩

Wheatley 惠特利

Webb 韦伯

Weedon 威登

West Point 西点

Whampoa 黄埔

Wilcox 威尔科克斯

Wilkinson 威尔金森

William 威廉

Williams 威廉姆斯

Wilton 威尔顿

White Marsh 白沼号

White Plains 怀特平原

Winter Hill 温特山

Wouldern 武登

Wragg 雷格

Y

Yorick 约里克

译后记

我与《山茂召少校日记及其生平》(简称《山茂召日记》)的英文原著结缘是在硕士期间,对美国建国初期中国观的关注使我无意中走近其人,我希望通过研究这个人物来窥视美国建国初期的中国认识。当硕士论文告一段落,一个偶然的机缘使我在攻读博士学位期间实现与本书的第二次亲密接触,感谢导师朱政惠先生和复旦大学周振鹤先生的引荐,也感谢广西师范大学出版社出版"晚清驻华外交官传记丛书"的计划,我得以幸运地翻译此书。

山茂召是美国建国以后派出的第一位驻华外交官,《山茂召日记》是山茂召的传记和日记,传记部分记录了他在美国独立战争时期的军中生活、历次战役以及中美交往开端时期的历史图景,日记部分描述了主人公数次来华途中、在华及周边地区的见闻并参与对亚洲贸易的航行日记,附录部分系山茂召与美国政界首脑等的通信往来。本书是一部了解和研究美国独立战争、开国前后民众心态与政党政治的重要历史文献,对于研究美国对华政策和美国视野中的中国形象变迁也具有珍贵的价值。

乾隆晚期,"夕阳无限好,只是近黄昏",强大的中华帝国已显出衰迹,在国门洞开之前、早于马嘎尔尼使团来华之际,山茂召及其同行即漂洋过海来到中国,并成为目前已发现的留下观感和记录的最早一批美国人。作为外来者,山茂召见证了中国这一由盛转衰的时期,其记载虽有止于零散和浅尝辄止的倾向,但在一定程度上是真实、客观而冷静的,有利于我们从另外的视角去观察当时的中国社会。这块"他山之石"值得引起我们的足够重视。

美国的对华政策一脉相承,作为首位驻广州领事,他向国会陈述的中国资讯成为当局制定最初对华政策的重要依据。此外,《山茂召日记》在美国中国学的发展史上也具有重要意义,集中表现在它在美国开国时期中国认识中的作用。西欧的传教士汉学阶段,耶稣会士塑造了一个既善且美、进步富强的中国形象。美国人山茂召与其迥异,他在中国乃至亚洲发现了众多异教徒的世界,带给美国公众一个"灰色"的中国描述,改变了西方影响下的美国之中国认识,从中不难看出西方资本主义上升时期一位基督教徒面对异域文化时的优越心态。

穿越岁月的迷雾,我在文字中回到两个多世纪以前,倾听主人公心灵的诉说,与他一起行走悲喜,也随之进行了一次华丽艰险的跨越辽阔海洋及亚洲各地的书面旅行。他的人生在历史的漫漫尘沙中由模糊变得清晰,这是一个军人、学者、外交官和教士的内心世界。作为译者,让我深有感触的是他平凡而高尚的品格以及对祖国的热爱与忠诚。作为研究者,又不能不清醒地认识到其基督徒的身份和西方中心观的局限。这是广大读者在阅读时亦需注意的。

我要感谢我的同窗挚友。肖琦、吕杰对本书几处法语文献、拉丁语词语的理解给了我重要的帮助,蒋晖是翻译稿的第一位读者,提出很多颇有价值的建议。

我还要特别感谢广西师范大学出版社负责本译著编辑出版的所有老师。本书的顺利出版离不开出版社的大力支持和帮助。特别是责任编辑李琳工作认真细致，从文字到排版，各项均细心负责，校译的老师也非常认真地审阅了书稿，逐一解决了书中出现的问题和疑惑。

　　正如一位青年学人所说，校正翻译错误有如挖地雷，每个知识点背后都可能隐藏着一个"门修斯"。因此，虽然为本书的翻译、校对做出许多努力，但因时间、精力所限，疏误之处不可避免，不当之处均由我本人负责，恳请专家读者批评指正。

褚艳红

2015 年 5 月 20 日　于沪上